KB040311

복지 정책의 국제동향과 일본의 선택

에스핑 안데르센의 '세 개의 세계'론 그 이후

국립중앙도서관 출판시도서목록(CIP)

복지 정책의 국제동향과 일본의 선택:
에스핑 안데르센의 '세 개의 세계'론 그 이후 /
지은이: 우즈하시 다카후미
옮긴이: 최은주, 윤성국.
– 서울: 논형, 2014
    p. ;   cm. – (논형학술: 80)

원표제: 福祉政策の國際動向と日本の選択:
ポスト「三つの世界」論
원저자명: 埋橋孝文
일본어 원작을 한국어로 번역
ISBN 978-89-6357-152-2 94330 : ₩22000

사회 복지 정책[社會福祉政策]

338-KDC5
361-DDC21   CIP2013028609

복지 정책의 국제동향과 일본의 선택

에스핑 안데르센의 '세 개의 세계'론 그 이후

우즈하시 다카후미 지음 / 최은주 · 윤성국 옮김

노형

복지 정책의 국제동향과 일본의 선택
에스핑 안데르센의 '세 개의 세계'론 그 이후

지은이 우즈하시 다카후미

옮긴이 최은주 · 윤성국

초판 1쇄 인쇄 2014년 1월 10일

초판 1쇄 발행 2014년 1월 20일

펴낸곳 논형

펴낸이 소재두

등록번호 제2003-000019호

등록일자 2003년 3월 5일

주소 서울시 관악구 성현동 7-77 한림토이프라자 6층

전화 02-887-3561

팩스 02-887-6690

ISBN 978-89-6357-152-2 94330

값 22,000원

한국어판 서문

　이번에 최은주·윤성국 두 분의 노고로 필자의 저서『복지국가의 국제동향과 일본의 선택―『세 개의 세계』론 그 이후』가 한국어로 번역 출판되게 되어 대단히 기쁘게 생각한다. 필자는 최근 20년 동안, 사회보장과 복지국가의 국제비교연구를 해왔다. 국제비교는 자국의 모습을 비추는 거울과 같은 역할을 할 수 있다는 점에서 매력적이다.

　그렇지만 이전에 발간된 저서(『현대복지국가의 국제비교―일본 모델의 위치와 전망』, 1997년)와 달리, 이 책에서는 국제적 동향으로부터 얻어지는 정책적 지향 혹은 함의(policy orientation and policy implication)의 검토에 더 역점을 두고 있다. 어떤 서평에서는 이 책의 1부가 '지도'이며, 2부가 '나침판'에 해당한다고 했지만, 이 책은 후자의 나침판 즉, '글로벌화라는 새로운 상황이 요구하는 새로운 분석지침과 정책방향'의 검토를 중요한 목적으로 하고 있다고 할 수 있다.

　이전에 발간된 저서와의 또 한 가지 차이점은, 이 책에서는 한국, 중국 등 동아시아 각국을 다루고 있으며, 또 그 양국의 동향에 대하여도 언급하고 있다는 점이다. 토지측량의 '삼각점관측'과 마찬가지로 단순히 OECD 국가들 중에서의 일본의 위치를 검토하는 것 뿐만 아니라 아시아에 있어서 일본의 위치를 측정하고 검토함으로써 일본의 정확한 위치를 파악할 수 있다. 이것은 한국에 대해서도 적용될 수 있다. 즉, OECD국가들 중에서 한국의 위치와 아시아에서 한국의 위치, 이 두 가지를 확인하는 것이 중요하다고 생각할 수 있다.

이하에서는 좋은 기회이기도 하기 때문에, 조금 이론적인 부분에 대하여 보충설명을 하겠다. 그것은 '세 개의 세계 그 이후'론은 '세 개의 세계'론과 무엇이 다른가, 이 두 가지의 관계에 대하여 관심을 가진다는 점이다.

말할 것도 없이, 에스핑 안데르센의 '세 개의 세계'론에서는 노동력의 탈상품화가 분석의 중심이 되는 개념이다. 탈상품화의 달성도를 척도로 하여 세계의 복지국가를 국제비교하고, 유형화하고 있다. 이에 대하여 이 책에서는 1990년대 이후에 현저하게 나타나고 있는 근로빈곤층과 급부 조건부 세액공제제도를 통한 making work pay 등의 움직임을 '원(援)상품화' 혹은 '조(助)상품화'라고 하였다.

이러한 노동력의 '원(援)상품화' 혹은 '조(助)상품화'를 통하여 볼 수 있는 것은, 오늘날 많은 복지국가에서는 상품화⇔탈상품화라는 대립축 이외에 세금을 재원으로 한 일종의 임금보조라고 할 수 있는 '취로복지급부'(in-work benefit, 그 대표적인 것이 급부 조건부 세액공제제도)에 의하여 경영자에게는 싼 임금으로 근로자를 고용할 수 있게 되고, 근로자 입장에서 보면 저소득자의 소득이 유지되도록 뒷받침하는 새로운 관계축이 생겨나고 있다. 저자는 물론 탈상품화라는 지표의 의의를 부정하고 있는 것은 아니지만, 1990년대 이후의 새로운 전개 상황을 보면, '탈상품화'만으로 판단할 수 있는 성격은 아니며, 이러한 '원(援)상품화' 혹은 '조(助)상품화'라는 새로운 관계축을 시야에 넣었을 때에 비로소 이해할 수 있는 것이라고 생각하고 있다. 예를 들어 설명하면, 상품화⇔탈상품화라는 '직구' 승부의 세계에 새로이 '변화구' 또는 '변종'이 출현한 것과 같은 것이다.

'원(援)상품화' 혹은 '조(助)상품화'로의 움직임은 일찍이 영국의 스핀햄랜드법(구 구빈법)이, 주로 지주계층이 부담하는 세금을 재원으로 하여 임금을 보조하고, 결과적으로 당시에 매우 초보적 단계였던 자본주의의 자립을 지원하고, 그 발흥을 가져왔다는 역사적 사실을 다시 되새겨 보게 한다. 오늘날의 자본주의 사회는 글로벌화라는 새로운 상황이 전개되고 있는 가운데 과거와 같은 '임금보조'라는 일종의 '지팡이'에 의한 뒷받침을 필요로 하게 되었을까? 그 '지팡이'는 누구에게 도움이 되는 것일까? 그 '지팡이'는 누구의 부담으로 유지되어야 하는 것일까? 많은 이해관계자가 그 지팡이에 의하여 편익을 누리기 때문에 앞으로 더 많이 보급되어 갈 수 있을까? 이러한 점들은 매우 흥미로운 부분이다.

필자는 한국을 최근 20년 동안에 20회 정도 방문하여 한국사회의 급속한 변화를 피부로 느끼고 있다. 또 그 동안 많은 한국사람들과 친구가 되었다. 그것은 저에게 있어서 큰 지적 재산이다. 물론 한국에 대한 저의 이해나 지식은 그다지 깊이 있는 것은 아니며, 한국과 일본에서는 사회보장을 둘러싼 환경이나 양국이 각각 직면해 있는 과제에는 많은 차이가 있다고 생각하고 있다. 그러나 본서가 한국의 사회보장의 향후 방향성에 대하여 조금이나마 시사를 제공할 수 있다면, 그것은 저자에게 있어서는 매우 뜻깊고 기쁜 일이다. 이 책의 출판을 계기로 지금까지보다 더 활발한 공동연구와 대화를 촉진시켜 갈 수 있기를 바란다. 마지막으로, 한국도 일본과 마찬가지로 학술서적 출판이 용이한 일은 아니라고 들었다. 그러한 가운데에서도, 저의 알량한 저서를 흔쾌히 출판해주신 논형출판사 소재두 사장님께 진심으로 깊은 감사의 말씀을 드린다.

2013년 12월
겨울 정취가 가득한 교토의 연구실에서
우즈하시 다카후미(埋橋孝文)

머리말

　필자가 사회 보장이나 복지 정책의 횡단적인 국제비교 연구에 관심을 가지기 시작한 1990년대 초기에는 아직 이 분야의 연구가 활발하지 않았기에 적절한 연구방법론을 모색하면서, 연구자 개인의 직감에 의존하여 연구를 진행하지 않을 수 없었다. 연구 대상국의 내발적인 역사적 전개를 근거로 한 정통적인 외국의 연구와는 큰 차이가 있었으며 그 당시에는 '이단(異端), 변종, 화려하게 주목받는 연구'라고 자칭하고 있었다. 그러나 1990년대를 통해 국제비교 연구는 국내외에서 크게 진전되었다. 그것은 무엇보다도 에스핑 안데르센의 공헌에 의한 것이 크다. 요즘은 그의 저서인 『복지 자본주의의 세 개의 세계』는 일종의 고전으로서의 위치를 차지하고 있으며, 또한 정설이 되어 있다.

　그 후 한편으로 국제비교 연구가 진전되어 확실한 지반을 다지는 동시에, 다른 한편으로는 지금까지는 다루지 못했던 새로운 현상들이 발생하였다.

　에스핑 안데르센의 비교의 축은 사회보장에 주목하여 '탈(脫)상품화' 개념 및 급부 · 서비스의 공급과 관련된 '국가 · 시장 · 가족의 상호 관계'였다.

　그러나 1990년대 이후 '노동과 복지의 관계의 재편'이나 급부 조건부 세액공제제도 등의 세제를 이용한 '소득 보장의 새로운 형태' 그리고 글로벌화(globalization)의 진전과 함께 '근로빈곤층(working poor) 문제', '최저소득보장 문제' 등이 부상하였다. 이러한 현상은 '포스트(post) 복지 국가'와 관련되어 다루어지는 경우가 있다. 필자는 아직 그 형태와 개념이 명확하지 않다고 생각하고 있으며, 그 때문에 이 용어(포스트 복지 국가)를 사용하지 않는다. 그러나 위에서 언급한 것처럼 새로운 현상의 발생(=복지 정책의 새로운 국제동향)은 연구에 있어서 포스트(post) '세 개의 세계'론 혹은 포스트(post) '에스핑 안데르센'론을 필요로 하고 있다고 생각한다.

최근의 복지 정책의 국제동향을 보면, 워크 페어, 디센트 워크, 메이킹 워크 페이, 세액공제(tax credit), 베이직 인컴 등의 개념이 주목받고 있다. 일본에서는 가타카나로 표기하고 있는데 이것은 외국에서 수입된 개념이기 때문이 아니라 개념 그 자체가 새로운 것이고, 일본에서 사용되어진 종래의 한자표현으로는 자연스러운 표기가 쉽지 않았기 때문일 것이다. 이 개념은 모두 포스트(post) '세 개의 세계'론에서는 중요한 것이며, 이 개념의 정확한 이해와 일본에 시사하는 점을 정확하게 이해하는 것이 중요하다.

이 책은 2부로 되어 있다. 1부에서는 비교연구의 시야를 지리적으로 넓히는 시도를 하면서, 남유럽 제국, 일본, 중국, 한국에서의 정책상의 중요한 논점을 검토한다. 2부에서는 국제동향 중에서도 가장 임펙트가 큰 워크 페어와 메이킹 워크 페이를 중심으로 일본에서의 의의와 문제점을 살펴본다.

이 책의 목적과 구성은 다음과 같다.

첫째, 국제비교적인 관점에서 저자의 저서(우즈하시[埋橋], 1997)에서 제시한 일본 모델('워크페어체제로서의 일본 모델')의 변용과 변화에 대응한 새로운 사회 보장·복지 정책론을 제시하는 것이다(1, 7, 8장). 이 부분에서는 워크 페어에 주목하면서도, 워크 페어가 제대로 기능하기 위하여 필수불가결한 메이킹 워크 페이 시스템 구축의 중요성이 강조되어 있다. 또한 서장에서는 『세 개의 세계』 이후의 연구 동향에 주목하면서, 이 책 전체의 방향을 제시하고 있다.

둘째, 에스핑 안데르센이 자세히 고찰하지 않고 있는 복지국가의 남유럽 모델과 아시아의 복지 정책과의 관계에 있어서 일본의 '모습'과 향후의 과제에 관한 새로운 지견(知見)을 얻는 것이다(2, 3, 4장). 2장에서는, 일본 모델의 또 하나의 특징인 '자유주의 유형의 요소를 많이 가지는 보수주의 유형'에 주목한다. 3장에서는 중국의 복지 정책에 대하여 4장에서는 한국의 복지 정책에 대하여 일본의 경험을 되돌아보면서 시사를 얻을 수 있는 점에 대해 언급하고 있다.

셋째, 1990년대 이후 급격하게 진전된 '고용지향적 사회 정책', '노동과 복지의 관계의 재편'에 주목하여 다른 국가에 앞서서 진행된 구미국가들의 경험을 검토함으로써 앞으로 일본에 대해 시사하는 바를 얻고자 하는 것이다 (5·6장). 이 부분에서는 유럽이나 미국과는 다른 환경·위치에 있는 일본의 현재 상황을 확인하면서, 7장, 8장의 정책논의에 연결된다.

한편, 가타카나 표기로 제시되어진 새로운 전개상황을 비교의 축으로 설정한 본격적인 비교 연구는 그 전개 자체가 현재 진행 중이기 때문에 아직 나오지 않고 있다. 이 책에서도 국제비교연구라고 할 수 있는 것은 2장과 7장 정도이다. 그 이외에는 '통일적인 비교기준의 설정과 그 기준에 근거하는 평가가 불가결하며, 그것은 『사실의 기술』을 넘어 서는 명시적인 개념적 조작을 필요로 하는'(우즈하시[埋橋], 1997, p. 9) 국제비교연구가 아니라 국제동향의 검토라고 해야 할 것이다. 이 책의 제목을 '복지 정책의 국제동향'이라고 한 것도 이러한 이유 때문이다.

마지막으로 용어에 대해서 설명해두겠다. 이 책에서의 '복지 정책'은 사회보장을 포함하는 넓은 개념으로 사용하고 있다. 경우에 따라서는 (특히 3장) '사회 정책'이라는 용어도 사용하고 있지만, 사회보장이라는 용어와 별로 큰 차이는 없다. '복지 정책'을 사용한 것은 그 용어를 쓰는 것이 이해하기 쉽기 때문이다. 마찬가지로 일본에서는 '생활보호'가 대표적인 '공적부조'라고 할 수 있는데, 공적부조라는 말도 다른 문헌에서 인용한 경우에는 '사회부조'라는 용어를 사용한 부분도 있다(7장).

목차

서장
복지 정책에 있어서의 국제비교 연구

1. 네 가지 다른 접근방법

1980년대 후반부터 해외에서는 복지국가에 관한 국제비교연구가 현저하게 진전되었고, 일본에서도 이러한 영향을 받아 1990년대 중반 이후 많은 연구가 이루어지게 되었다.

이러한 국제비교연구는 2개국 간 비교와 다국 간 비교로 구별되지만, '비교의 대상'으로는 분류의 편의상 이하의 네 가지 다른 접근방법으로 구별된다(Hauser, 1993).

a. 문제별 비교(problem-by-problem)
b. 그룹 간 비교(group-by-group)
c. 제도 간 비교(system-by-system)
d. 국가와 국가 간 비교(state-by-state)

'분류의 편의상'이라고 한 것은 a, b, c는 서로 관련되어 있는 경우가 많다는 것이 그 이유라고 할 수 있지만, 각각 어떤 구체적인 비교 연구가 포함 되는지에 대하여 각각 하나씩 예를 들어 설명하면 다음과 같다.

a: 고령자 개호(介護) 케어의 국제비교(케어서비스 제공에 있어서의 국가, 민간, 가족, 지역의 연계의 형태, 지원네트워크의 형성)

b: 모자가정에 대한 국제비교(인구에서 차지하는 비율, 소득수준, 근로소
   득과 사회보장급부, 양육비가 소득 전체에서 차지하는 비율, 취업지원
   서비스의 내용과 효과 등)

c: 공적부조제도 간의 국제비교('보충성'의 원리의 적용상황과 제도의 이
   용에 있어서의 스티그마(stigma)의 강약, 보호기준의 고저, 수급인원의
   비율, 한계유효세율 등)

d: 사회보장지출이 GDP에서 차지하는 비율이 국가에 따라 다른 이유를
   어디에서 찾을 것인가(고령화 정도, GDP 규모, 좌파세력의 영향력 등에
   대하여 지금까지 검토되어 왔다).

위의 c의 경우의 '제도'에 대해서는 어느 정도 유보가 필요하지만, '정책'
을 포함하고 있다고 해석해도 좋을 것이다. 그 경우 주로 사회보장이나 사회
복지제도에 대하여 언급되어 왔지만, 최저임금제도나 실업 · 고용 정책이나
노사관계 등의 노동 정책도 많지는 않았지만 검토되어 왔다. 즉, 복지국가에
관한 국제비교 연구에서는 '넓은 의미의 사회 정책'의 본연의 모습에 주목하
고, 분석해왔던 것이다. 정치학이나 경제학 등의 다른 분야(discipline)의 연
구자와 함께 사회 정책연구자가 이 분야에서 상당히 주도적인 역할을 해 온
배경에는 이러한 이유가 있었던 것이다.

이하의 논의에서는 우선, 최근의 연구에서 밝혀진 점과 하나의 큰 전환점
에 있다고 할 수 있는 국제비교 연구의 현 시점에서의 특징을 확인하고, 그것
들을 근거로 하면서 앞으로의 방향과 전망에 대하여 논의를 진행하고자 한
다. 복지 정책연구의 개별 분야에 대해서는 깊이 있게 다루지 않고, 비교복지
국가 · 레짐론을 중심으로 검토한다. 서장은 복지 정책의 국제비교연구의 도
달점과 함께 그 과제와 방향을 제시하는 것을 주목적으로 하고 있고, 여기에
서 언급하는 몇 가지 중요한 논점은 이 책의 각 장에서 자세하게 논의하고 있
으며, 그 경우에는 해당하는 부분을 각주에서 설명하고 있다.

2. 비교복지국가론의 전개

이 분야의 연구를 현저하게 진전시킨 기념비적인 저서는 에스핑 안데르센의『복지 자본주의의 세 개의 세계』(원서는 1990년에 출판, 일본어 번역 2001년)이었다. 종래의 연구는 위렌스키(H. Wilenski, 일본어 번역, 1984년)에 의하여 대표되어지는 것처럼, '국가와 국가의 비교'에서 예시한 것과 같은 GDP에서 차지하는 사회보장지출의 비율에 주목하여 그 비율이 높은 나라='복지선진국(leaders)'과 낮은 나라='복지후진국(laggards)'이라는 두 가지로 나뉘어지는 이유를 규명하는 데 연구의 초점이 맞추어져 있었던 것이다. 직선적(linear)인 잣대 위에 있어서의 위치가 연구 과제로 여겨졌다. 그것과는 달리 에스핑 안데르센의『세 개의 세계』는 탈(脫)상품화와 계층화라고 하는 두 가지 지표에 근거하여 현실의 복지국가를 다원적·입체적으로 분석하고, 제도설계의 원리를 달리하는 세 가지 복지국가 유형 즉, 자유주의적 유형, 보수주의적 유형, 사회민주주의적 유형의 각 레짐이 동시에 존재한다는 것을 명확히 하였다. 또 이것을 복지 정책연구라는 문맥에서 재검토해보면, 사회보장지출이라고 하는 'input'(=자원컨트롤)뿐만 아니라 제도·정책을 블랙박스화하지 않고 '생산'의 내용에까지 깊이 파고 들어 '아웃풋(output)' 혹은 '성과'까지를 연구의 범위에 포함시킨 것이라고 말할 수 있다(아래의 〈도표 서-1〉 참조).

지금은 널리 알려진 사실이지만, 각각의 유형의 특징을 요약하면 다음과 같다.

자유주의적 복지레짐: 탈(脫)상품화의 정도는 낮고, 국가의 생활보장은 최저수준보장에 머무른다. 선별적 급부(자산조사를 수반하는 급부)가 사회보장급부 전체에서 차지하는 비율이 높다. 대표적인 국가는 미국, 캐나다.

〈도표 서-1〉복지의 생산 모델

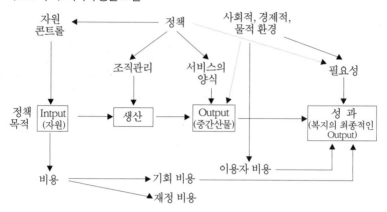

출처: 우즈하시([埋橋], 1997), p. 11.

보수주의적 복지레짐: 탈(脫)상품화의 정도는 중간 정도이며, 국가의 급부는 가족의 각종 케어서비스 기능과 능력이 소진되었을 경우에만 제공된다. 제도적으로는 사회보험제도가 직업별·지위별로 분립되어 있다. 대표적인 국가는 오스트리아, 독일, 프랑스.

사회민주주의적 복지레짐: 사회보장제도는 보편주의와 탈(脫)상품화라고 하는 두 가지 원리에 의하여 편성되어 있고, 강력한 소득재분배를 통한 평등화를 도모하고 있다. 대표적인 국가는 스칸디나비아 제국(스웨덴, 덴마크, 노르웨이 등).

일본에서도 에스핑 안데르센의 저서의 영향으로 예를 들면, 일본은 세 가지 복지레짐 유형 중에서 어느 유형에 속하는지 등에 대한 검토가 이루어졌다. 이 점에 대해서는 자유주의 유형과 보수주의 유형의 두 가지 성격을 동시에 갖는 혼합(하이브리드) 모델이라는 의견이 많다. 일본에서의 연구에 의하여 이러한 견해가 제기되었고, 그것과는 달리 에스핑 안데르센 자신도 거의 같은 시기에 같은 견해를 밝혔다(우즈하시[埋橋], 1997, Esping-Andersen, 1997).

<도표 서-2> 레짐 유형의 특징

	탈상품화	계층화	민간섹터의 비율
자유주의적 레짐	낮음	낮음	높음
보수주의적 레짐	중간	높음	중간
사회민주주의적 레짐	높음	낮음	낮음
일본	중간	높음	높음

출처: 필자 작성.

<도표 서-2>는 그 근거의 하나를 단적으로 보여 주고 있다. 일본은 탈(脫)상품화의 정도=중(中), 보수주의적 계층화의 정도=고(高), 시장·민간 부문의 역할=대(大)라고 하는 특징이 있는 것이다. 또 사회보험제도가 직업별로 분립되어 있는 점이나 전통적 가족 기능이 강한 점 등의 보수주의적 성격도 가지고 있으며, 다른 한편으로는, 사회보장지출이 GDP에서 차지하는 비율이 낮은 점 등에서는 자유주의적 성격을 겸비하고 있다.[1]

3. 에스핑 안데르센『세 개의 세계』그 이후 (1)

에스핑 안데르센의 획기적인 저서의 출판으로부터 약 20년이 지난 지금 다음과 같은 이론적인 과제가 제기되고 있다.

첫째, 에스핑 안데르센의 탈(脫)상품화 지표는 '남성 부양자 모델'을 암묵

---

1) 현재의 시점에서 보면, 왜 일본은 보수주의와 자유주의의 혼합(하이브리드) 모델이 되었는지 그 이유에 대한 물음을 던지게 된다. 이 점에 대해서는 엄밀한 역사적 검토가 필요하겠지만, 이러한 문제의식을 갖고 있는 연구는 존재하지 않는다. 본서 제2장은 지금까지의 비교복지국가론의 시야를 '공간'적으로 넓히려는 시도이기는 하지만, '남유럽-지중해 모델'과의 공통점과 차이점을 검토하고, 기초적인 사회안전망의 취약성이라고 하는 양자의 공통성으로부터 나타나는 미래에 대한 냉엄한 전망이 나오고 있다. 또 일본의 복지 레짐에 혼합 모델적인 성격이 나타나고 있는 배경에 관한 새로운 해석을 제시하고 있다. 거기에서 제도의 구조는 기본적으로는 보수주의 모델이지만, 사회보장지출이 GDP에서 차지하는 비율이 낮다고 하는 자유주의적 성격을 가지고 있는 것은 급속한 경제성장이라고 하는 전후 일본이 경험한 조건에 의한 것이라는 견해가 제시되어 있다.

적인 전제로 거기에 잠재하고 있는 성차별의 문제를 경시하고 있다는 비판이 유력하게 제기되어 왔다. 예를 들면, 남성부양자의 탈(脫)상품화를 기본으로 여성피부양자를 포함하는 세대의 소득보장을 도모했다고 해도, 그것은 양성 평등이라는 관점에서 보면 큰 문제를 안고 있다. 양성평등/불평등의 척도를 명시적으로 포함시킨 비교연구나 여성에게 초점을 맞춘 '국가 · 시장 · 가족'의 관계 및 가족관계에 있어서의 양성의 권력 관계의 비교 연구 등이 필요한 것이다. 에스핑 안데르센 자신도 그 후 '탈(脫)가족화'의 개념을 제기하였으며, 또 '남성의 라이프스타일을 여성화시킨다'고 주장하는 등 이러한 문맥에서의 비교 연구를 진행하고 있다(에스핑 안데르센, 2008).

둘째, 에스핑 안데르센의 3개의 유형에 속하지 않는 바꿔 말하면, '어느 유형에도 속하지 않는' 국가가 존재한다. 오스트레일리아나 스위스, 네덜란드, 그리고 일본 등이다. 이러한 국가들에 대해서는 해당국가 출신의 연구자를 중심으로 에스핑 안데르센의 이론과의 정합성이나 그 나라의 특수성 등에 관한 연구가 진행되었다.

예를 들면, 보수주의 유형에 있어서의 하나의 아종(亞種)으로서 이탈리아, 그리스, 스페인, 포르투갈 등의 남유럽-지중해 모델의 존재가 밝혀졌다. 이러한 연구는 일본이나 아시아의 특징을 다른 측면에서 조명한다는 점에서도 주목을 받는다. 왜냐하면 아시아의 경우, 유교의 영향력으로 인하여 '가족'의 역할이 크다는 점이 하나의 특징으로 지적되어 있지만, 그러한 언설(言說)에 비교, 참조할 수 있는 사례를 제공하여 '상대화'할 수 있기 때문이다. 즉, 어느 지역에 있어서나 전통적인 농촌의 경우, 혹은 후발자본주의의 경우에 이러한 가족주의를 광범위하게 볼 수 있다. 동아시아의 경우, 그것을 명확히 정치적으로 언설화한 점에 특징이 있으며, 가족주의가 동아시아라는 지역에만 국한된 것이라고는 할 수 없다. 또 남유럽-지중해 모델에 있어서는 보수주의 유형의 특징인 '인사이더 · 아웃사이더' 간의 단절과 격차가 극명하게 나타나고 있다는 점에 큰 특징이 있지만, 사실은 일본도 같은 성격을 가지고 있다. 그러한 비교연구로부터도 유익한 시사를 얻을 수 있다(본서 2장 참조).

위와 같은 '어느 유형에도 속하지 않는다'라는 의미에 대하여 부연설명을 하면, 우선 이념형으로서의 의미를 가지는 '세 개의 세계'를 순수하게 구현하고 있는 나라는 있을 수 없다고 하는 것이다. 이념형이라고 하는 것은 원래 그런 것이다. 그러나 그로부터 한 걸음 나아가 기존의 분석틀에서 '벗어나는' 해당 국가의 부분을 비교대상에 올려 놓는다고 하는 방향이 있을 수 있다. 비교복지국가론이 특정한 유형에 '짜맞추기' 이상의 것이 되어야 한다고 한다면, 이러한 방향이 한층 더 많은 연구 성과를 가져오는 것은 틀림 없는 사실이다. 경우에 따라서는, 새로운 비교축의 고안과 그것에 근거하는 비교 실증연구가 기대되는 것이다. 남유럽-지중해 모델이나 동아시아 모델을 탐구하려는 시도는 이러한 가능성을 잠재적으로 내포하고 있다.

우즈하시(埋橋, 1997, 결[結])에서는 다음과 같은 에스핑 안데르센의 분석 틀로부터 '벗어나는' 부분에 주목하여 그의 유형론이 완벽하게 적용된다고 는 할 수 없는 일본 모델의 특징을 시사했다.

① 고용보장과 사회보장과의 관계(→ '워크페어체제로서의 일본 모델')
② 인구 · 가족 구조상의 배경
③ '후발성의 이익'의 향수(享受)와 상실

이러한 '벗어나는' 부분의 대부분은 역사적인 발전 '단계'의 차이, 혹은 역사적 인 발전 '경로'의 차이에 유래한다. 다음에 설명할 '시간축'을 고려한 분석이 필요 한 이유이다. 1990년대초 이후의 20년간을 보아도 일본 모델에 관련된 국제적 · 국내적 환경은 크게 변화하였다. 그 결과, 지금은 '워크페어체제로서의 일본 모 델'은 크게 변용하고 있으며, 수정이 요구되고 있다(본서 1장 참조).

4. 에스핑 안데르센『세 개의 세계』그 이후 (2)

1) '시간축'의 중요성

셋째, 종래의 유형론은 특정한 시기의 복지국가를 분석하는 '스냅'사진이라는 성격을 가지고 있어 그 이후의 변화를 시야에 넣지 않는다는 한계가 있다. 그런 의미에서 '정태론(靜態論)'이라고 할 수 있다. 물론 에스핑 안데르센의 이론에 있어서 소위 '유형론'은 그 연구의 일부이며, 그 전부가 아니다. 오히려 그의 연구관심은 '권력자원동원'론에 따르면서 복지레짐의 차이를 가져온 역사적·구조적 역학(dynamism)을 밝히는 것에 있다고 해야 할 지도 모른다. 그러나 권력자원동원론의 입장에 서는 논자는 그 외에도 있지만, 에스핑 안데르센의 주장이 주목받는 이유는 그러한 복지국가 '형성'의 논리와 귀결을 세 가지 레짐 유형으로 정리했기 때문이며, 그 의미에 있어서 그의 이름이 '유형론'과 결부되어 이해되어지는 것도 꼭 틀린 것만은 아니라고 하겠다.

따라서 위와 같은 상황으로 보아 각각의 유형의 그 이후의 움직임을 설명하는 '동태론'의 필요성이 강조된다. 에스핑 안데르센 자신도 이러한 과제의 해결에 착수하고 있지만, 그는 글로벌경제화와 후기공업화의 시기에 각 레짐의 대응(경로)은 그 이전에 확립된 세 가지 유형의 구조에 의하여 기본적으로 방향이 결정되어 있다고 생각하고 있다. 즉, 에스핑 안데르센의 경우 각 레짐이 내포하고 있는 모순이나 '자기보강적인 부(負)의 연쇄'가 다음 단계의 변화, 동태(動態)를 가져오는 원인이라고 생각하고 있는 점이 특징적이며, 그러한 관점은 지금도 시사하는 바가 크다.[2]

---

2) 예를 들면 '복지국가의 미래의 시나리오'를 확정하기 위한 에스핑 안데르센을 중심으로 하는 공동연구프로젝트에서 각 시나리오는 각각의 레짐의 특정으로부터 논리적으로 유도됨과

어쨌든 지금까지의 비교복지국가론의 정태적(static)인 성격에서 벗어나 시간축을 명시적으로 포함시키면서 동태적으로 복지국가를 분석하고자 하는 시도가 필요하다. 참고로, 시간축을 포함시킨 분석이라는 것은 과거의 동태(動態)에 관한 역사적인 연구일 경우도 있으며, 앞으로의 전개에 관한 정책론적 연구일 수도 있을 것이다. 여기에서 지적해두고 싶은 점은, 에스핑 안데르센 이전의 연구는 이미 앞에서 언급한 것처럼 GDP에서 차지하는 사회보장지출의 비율을 기준으로 '복지선진국(leaders)'과 '복지후진국(laggards)'의 두 가지로 나뉘어지는 이유를 밝힌다는 문제의식을 가지고 있었지만, 거기에는 어떤 형태로든 '시간축'이 포함되어 있었던 것이다. 그렇지만 그것은 '직선적'(linear)이며, 역사적 구조의 '실체'에 대하여 정면으로 접근하는 것은 아니다. 지금 필요한 분석은 에스핑 안데르센의 논의를 근거로 하면서, '다양성'을 그려 넣은 후의 '동태론'인 것이다.

그러나 그것은 '말은 쉽지만 실천하기는 어려운' 일이다. 발전단계가 다른 복지 레짐 간의 비교를 어떻게 해야 하는가라는 문제도 미해결 상태이며, 또 '시간축'을 국제비교 연구에 어떻게 적용시킬 것인지에 대하여 ① '후발성의 효과와 그 상실', ② '인구보너스와 인구오너스', ③ '경로의존성과 경로단절성', ④ 비공식(informal)섹터의 존재와 그것을 어떻게 다룰지에 대한 문제, ⑤ 복지 국가화가 진행될 때의 국제환경 등의 요인을 들 수 있다. 연구사를 되돌아볼 때 나타나는 이러한 분석의 관점 등을 참고로 하면서 역학

동시에 그것이 일종의 '경로의존성'을 낳고 그 이후의 동태(動態)를 기본적으로 규정해간다. 첫째, 미국 유형의 '저임금전략'은 실업을 최소화한다고 하는 측면을 가지면서도, 결과적으로 생산성이 낮은 기업을 암묵적으로 원조하게 되며, 또 대규모의 불평등을 낳는다. 임금의 저하는 '빈곤의 올가미'의 문제를 가져와서 복지국가의 사회보장급부 수준을 낮추게 된다. 둘째, 유럽에서의 노동시장의 경직성을 온존시킨채로 추진되고 있는, 조기은퇴에 의한 '노동삭감전략'은 유연성이 없어 인사이더와 아웃사이더 간의 단절과 사회적 배제를 낳는다. 셋째, 북유럽(北歐) 제국의 '공적고용어프로치'는 비숙련자의 저임금 문제를 (임금보조를 받는) 공적고용으로 해결하지만, '재정적인 측면에서는 국제경쟁에 노출되어 있는 분야에 대하여 더 많은 세금을 낼 것을 요구하고 있으며, 그리고 /혹은 공공 부문에 있어서의 적자의 증대를 초래한다'(Esping-Andersen ed., [일본어 번역, 2003], p. 279).

(dynamism)을 설명하는 진일보한 분석틀의 개발과 세밀한 조사가 요구되어 진다.

　2) 서비스의 중요성

　넷째로, 에스핑 안데르센은 각국의 연금, 상병(傷病)급부, 실업급부 등의 소득보장제도에 주목하여 비교하고 있으며, 복지레짐을 구성하는 그 이외의 중요한 변수 예를 들면, 의료서비스, 복지(케어)서비스나 조세지출(tax expenditure)에 대해서는 검토하지 않고 있다. 그러나 앞으로는 이러한 점의 비교검토도 필수불가결한 것이다.

　여기에서 말하는 복지서비스는 대인(對人)사회서비스를 의미하지만, 사회보장, 사회복지에서 차지하는 그 의의도 점점 커져 갈 것이라고 생각된다. 그 이유는 복지 정책의 분야에서 현금급부보다도 서비스(보육케어나 개호케어와 같은 직접적인 서비스와 사회사업[social work]과 같은 간접적인 대인상담 업무의 양자를 포함)가 증가될 것이라고 예상되기 때문이다. 그 배경으로는 현금급부가 노동인센티브에는 부(負)의 영향을 미칠 가능성이 있는데 대하여 서비스급부는 취업자립지원서비스나 보육, 개호서비스에서 전형적으로 볼 수 있는 것처럼 서비스를 제공받는 본인 혹은 그 가족의 근로가능성을 높이며, 또한 노동력의 공급을 증가시키는 효과가 있다.

　그러나 이러한 복지서비스의 국제비교의 분야에서는 아직 체계적이며 본격적인 연구는 이루어지지 않고 있다. 그 이유는 다음과 같은 어려움이 있기 때문이다.

　첫째, 사회서비스의 범위가 넓고, 또 케어서비스와 사회사업(social work)은 소득 보장이나 의료서비스 등과 비교하여 공통의 정의에 따른 개념이 확립되고 있지 않으며, 그 때문에 데이터가 부족하다는 문제가 있다. 둘째, 서비스를 비교하는 경우에는 수량만으로는 비교가 곤란하다는 점이다. 대인 사회서비스는 사람에 의하여 제공되어지며, 그 때문에 서비스 질의 평가와 비교가 필요하지만, 질의 평가는 수량의 평가와 비교보다도 어렵다는 점을 지적할 수 있다(이 점에 대해서는 우즈하시[埋橋], 2000을 참조).

위와 같은 곤란성은 있지만, 복지서비스의 국제비교의 필요성이 증대되고 있다. 그 방법론이 아직 확립되어 있는 것은 아니지만, 다음의 두 가지 접근방법이 유력한 것으로 생각된다. 첫째, 서비스의 생산도 상품의 생산처럼 〈자원 투입〉→〈생산〉→〈아웃풋(output)〉이라는 일련의 과정을 거친다. 따라서 〈도표 서-1〉에서 설명한 형태로 국제비교가 가능하다. 서비스의 생산은 가장 노동집약적이어서 소위 복지의 맨파워와 밀접하게 결부되어 있는 것 등에 유의할 필요가 있는데, 앞으로는 이러한 분야의 연구가 진전될 것이라고 생각된다.

또 하나는, 유엔 사회개발 연구소(UNRISD)의 연구프로젝트로 개발된 케어·다이아몬드의 사고방식이다. 이것은 육아서비스나 고령자개호 서비스의 분야에 있어서 국가, 시장, 가족, 커뮤니티의 역할분담을 비교축으로 설정하는 접근방법이며, 소위 복지다원주의나 에스핑 안데르센의 '국가·시장·가족의 상호관계'와도 관련되는 접근방법이다. 이런 의미에 있어서 새로운 것이 아니지만, ① 케어에 초점을 맞춤으로써 앞에서 언급한 남녀의 역할분담=성차별 문제를 부각시킬 수 있다는 점, ② 선진국과 개발도상국을 동시에 비교할 수 있다는 점 등의 이점이 있다(라자비, 2010; 오치아이[落合] 외, 2010; 사이토[齋藤], 2010을 참조).

한편, 의료서비스의 제공이나 그 재정방식에서는 세금을 재원으로 하는 국민보건 서비스 방식의 영국과 민간의료보험(고용주가 제공하는 의료보험을 포함) 중심의 미국은 양 극단에 서 있다고 해도 좋을 만큼 다르다. 에스핑 안데르센과 같이 소득보장의 측면에만 주목한다면 이러한 차이를 발견할 수 없다. 널리 알려진 것처럼 의료 서비스의 측면에서는 '영미' 혹은 '구미'라고 일률적으로 말할 수 없는 것이다(니키[二木], 1994, 다나카[田中]·니키[二木], 2007).

3) 조세지출 측면에서 보면

조세지출의 측면에서 보면, 최근의 '복지에서 취직으로'라는 내용의 워크 페어의 움직임과 연동하여 미국, 영국, 오스트레일리아 등의 앵글로색슨(Anglo-Saxon) 제국에서 취업조건부급부 세액공제(refundable tax credits)제도가 급속히 보급되어 왔다. 워크 페어는 일을 하는 것이 채산이 맞지 않는다면, 일시적인 효과에 그치거나 '강제'의 범위를 벗어나지 않을 것이다. 그런 경우에는 워크 페어 정책의 지속 가능성이 확보되지 않는다. 일을 하는 것이 채산이 맞도록 하기 위해서는 '빈곤의 올가미'를 피하는 것이 필요하며, 이를 위해서는 메이킹·워크·페이(Making Work Pay) 정책으로 불리는 세제나 조성금에 의한 임금보강이 필요하다. 급부 조건부 세액공제 제도는 현재 이러한 배경하에서 주목받고 있다(본서 6장 5 및 8장을 참조).

위에서 설명한 점에 대해서 좀 더 자세하게 설명하면 다음과 같다. 에스핑 안데르센에 의하면, 앵글로색슨 제국에서는 기본적으로 '저임금전략'이 존재하고 있다(Esping-Andersen, [일본어 번역, 2003], 1장)는 것이 논의의 출발점이다. 다른 한편으로는, 복지수급자의 노동인센티브를 높이자는 목소리가 나오고 있다. 일하지 않고 있는 '복지의존자'에 대해서는 엄격하게 대응하는 것이 이러한 나라들의 문화이기도 하기 때문이다. 그러나 저임금 전략 하에서 불가피하게 생겨나는 '저임금의 올가미'가 존재하고 있기 때문에 노동인센티브는 쉽게 높아지지 않는다. 즉, 복지수급으로부터 이탈하여 일하기 시작하면, 반대로 얻을 수 있는 순소득이 줄어들며, 노동 의욕도 높아지지 않는다. 그 때문에 이러한 상황을 회피하기 위하여 복지급부 수준을 낮추기 위한 움직임이 촉진되고 있지만, 그것은 '빈곤의 올가미'를 해소한 것처럼 보이기는 하나, 그것만으로는 증가하는 근로빈곤층(working poor)의 구제 · 소득보장은 불가능하다. 특히 미국에서는 위에서 언급한 것처럼 일하지 않는 복지수급자에 대해서는 일반여론을 포함해 대응이 엄격하지만, 일하고 있는 빈민(근로빈곤층)에 대하여는 그렇지 않다. 일을 해도 생활이 곤란한 계층을 방치하는 것은 미국의 사회 · 문화의 기반을 붕괴시킬 가능성이 있기 때문이다. 그러나 그렇다고 해도, 최저 임금의 인상이라고 하는 정책적 선택은 글로벌화(globalization)가 진전되는 가운데 기업이 부담하는 노동비용은 인상되지 않아야 한다는 요청에 의하여 회피되는 경향이 있다. 혹은 최저임금의 인상에 대해서는, 타겟효율성이 낮다고 하는 문제와 고용에의 악영향이 지적된다. 이러한 여러 가지 이유들이 겹쳐 이른바 '소거법'의 논리로서 근로조건부로 급부 조건부 세액공제제도가 앵글로색슨 제국을 비롯하여 많은 국가에서 주목받고 있으며 급속히 도입되고 있는 것이다.

부연하면, 글로벌화의 진전과 함께 근로빈곤층의 소득보장 문제가 선진국과 개발도상국에 있어서 공통의 중요한 문제군으로서 나타나고 있고, 이것은 서장의 모두에서 언급한 '문제별 비교(problem-by-problem)'나 '그룹간 비교(group-by-group)'의 새로운 연구대상으로 부상하고 있다. 근로빈곤층의 증가는 종래의 '자립한 노동'의 이미지를 크게 위협하는 것이며, 그 소득보장을 어떻게 할 것인가라는 문제가 초미의 과제로서 부상하고 있다(본서 6 · 7장 참조).

근로빈곤층이란 '그 세대의 구성원 중의 한 사람 혹은 복수의 사람이 풀타임으로 일하고 있거나 혹은 일할 준비가 되어 있음에도 불구하고, 최저생활

수준을 유지할 수 없을 정도의 수입밖에 얻지 못하는 세대를 가리키는 말'
이라고 한다(고토[後藤], 2005). 이 정의에 대해서 설명하자면, 특별히 '풀타
임'으로 일하는 사람에 한정할 필요는 없다고 생각되지만, 이 정의는 〈도표
서-3〉의 A: 근로빈곤층(좁은 의미)에 해당한다. 이 책에서는 그것에 더하여
B: 공적부조 수급자(취업 중), C: 차상위계층도 근로빈곤층에 포함시켜 고찰
하고 있다.

〈도표 서-3〉 근로빈곤층의 정의

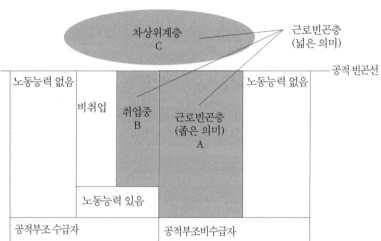

출처: 필자작성

위와 같은 상황은 관점을 바꾸면, 문제해결을 위한 〈노동〉, 〈사회 보장 ·
복지〉, 〈세 · 재정〉 연구자의 공동 작업을 필요로 하고 있다고 할 수 있다. 이
러한 공동작업은 앞으로의 공공섹터에 있어서 복지거버넌스의 문제를 논의
할 때에는 필수적인 작업이 될 것이다.

5. 연구라는 측면에서의 '노동과 복지의 연계'

제2차 세계대전 이후 대략 1950년대말까지 일본의 사회 정책은 노동과 복지 두 가지 모두에 주목하면서 연구를 해 온 역사를 가지고 있다. 제2차 세계대전 이전 일본의 경우, 일하고 있는 사람들의 생활보장마저 충분하지 않았을 때에 사회 정책의 초점이 그것에 맞추어져 있었으며, 한편에서는 일하지 않고 있는 사람들의 케어(사회사업이나 사회복지 서비스 등)는 주변적·부차적인 역할에 만족하지 않을 수 없었다. 따라서 '사회 정책은 노동 정책'이라는 해석의 원형은 제2차 세계대전 이전에 형성된 것이지만, 고도성장기 이전인 1950년대에는 소위 노동계통과 복지(빈곤)계통의 공동 연구가 진행되고 있었다. 그 대표로서 도쿄(東京)대학 사회과학연구소의 다음과 같은 일련의 조사를 들 수 있다.[3]

1953년 '빈곤층의 분포와 발생 과정에 관한 연구'(도시반), 후생성기획실
1955년 '실업대책일용직 노동자 조사'(통칭), 후생성보호과
1958년 '피보호 세대의 노동력조사'(통칭), 후생성보호과

당시의 조사발주자인 후생성의 관심은 피보호층과 차상위계층으로 구성되는 〈일하는 빈민〉에 있었다고 한다. 〈일하는 빈민〉이라는 것은 이 책에서 자주 언급되고 있는 근로빈곤층이다. 부연하면, 당시 피보호세대 가운데 세대주가 일하고 있는 세대의 비율은 높았다(1951년 55% 정도, 그 후 점차 감소, 그렇지만 1959년에는 거의 40% 정도). 위에서 언급한 세 가지 조사는 우지하라 세이지로오(氏原正治郎), 에구치 에이치(江口英一) 두 분의 공

---

3) 과학연구비보조금연구사업 '사회복지조사 프로젝트'(대표·나카가와 기요시[中川 淸] 도오시샤[同志社]대학교수)의 연구회(2005년 7월)에서의 시모다이라(下田平裕身)[신슈[信州]대학)의 보고와 제출 자료에 따른다.

동작업이었지만, 고도성장에 따라 당시 존재한 방대한 차상위계층이 소멸해 감과 동시에 두 사람의 공동작업도 종료되었다. 그 후 우지하라(氏原) 노동·생활 조사와 에구치(江口) 빈곤·복지조사로 나뉘어졌다.

지금도 노동계통과 복지계통이라고 하는 두 가지 계열의 연구는 일본의 사회 정책학회에 공존하고 있다. 그러나 '노동의 자립화'(비교적 높은 임금·노동조건과 노동조합의 조직화 및 안정적인 노사관계라고 하는 세 가지 조건을 내용으로 하는)가 진전된 시기(대체로 1960년 이후)에 두 가지 계열의 거리는 더욱 벌어졌다. 그 결과, 일본에서는 ① 사회 보장·복지 분야 연구자와 ② 노동경제, 노사관계 분야 연구자와의 지적교류는 이전보다 활발하지 않게 되었다. 유럽에서도 다음의 인용문이 지적하고 있는 바와 같이 사정은 거의 비슷하다고 할수 있다.

> 한편에 있어서 사회보장 분야 전문가와 다른 한편에 있어서 노동보호 정책의 형성과 시행에 관련되는 그들의 동료와의 사이에는 넘기 어려운 지적인 거리감이 확대되고 있다(Sarfati and Bonoli, 2002, p. xxi).

그러나 최근에는 자립한 노동자의 내부에서부터 그 자립성의 근거를 빼앗는 현상이 진행되고 있다. 즉, 파트타임 노동자나 계약노동자, 파견노동자 등의 비정규고용의 확대나 임시직 노동자 문제가 등장하였다. 이것은 사회정책에서도 새로운 과제로 대두되고 있다.

일본에서는 연금급부와 의료서비스는 기본적으로 보험방식을 통해서 제공되고 있지만, 그래서 누락되는 비정규고용노동자가 적지 않게 존재한다. 다른 측면에서는, 일본의 생활보호는 일부의 예외를 제외하고는 기본적으로 노동능력이 있는 사람에게는 적용되지 않는다(누노카와[布川], 2006). 여기에서 대두되고 있는 것이 사회보험으로 커버되는 계층과 생활보호 수급층의 '사각지대에 있는' 근로빈곤층이다(본서 7장 2를 참조).

즉, 1950년대의 상황처럼 노동과 복지가 크로스오버하는 국면이 전개되고 있다. 한편으로는, 복지비용의 절감을 이유로 '취직에 의한 자립'의 촉진을 도모하고 있으며, 복지의 입장에서 노동에 대하여 일종의 '추파'를 던지게 된 것이다. 다른 한편으로는, 비정규고용의 증대가 노동의 자립성을 위협하여 그 결과, 어떤 형태로든 복지적 대응, 사전적인 보장 혹은 사후적인 '보상' 조치가 필요하게 되었다. 이러한 양방향의 움직임을 전체적으로 파악하기 위해서는 '지적인 거리감'을 극복한 노동과 복지계열 연구의 공동 작업과 제휴가 필요하게 된 것이다. 이것은 '사회적 배제-사회적 포용'에도 필요한 것이다. 여기에 일본의 사회 정책(연구)의 새로운 과제와 가능성이 있다고 생각된다.

6. 복지레짐의 동아시아 모델?

1) 할리데이(Holiday)와 윌딩(Wilding)의 연구

종래의 국제비교연구는 압도적으로 구미 제국을 대상으로 하는 연구가 많았다. 물론 일본의 연구에 있어서는 일본과 구미 제국의 비교를 시도할 수 있었지만, 국제적으로 보면, 일본을 포함하는 아시아 제국이 비교의 대상이 되는 경우는 적었던 것 같다. 그러나 최근 엄밀한 의미에서의 국제비교 연구는 아직 많지 않지만, 동아시아·동남아시아의 복지 정책이나 복지 시스템에 관한 관심이 국내외에서 높아지고 있다. 그 배경으로서는 1997~98년의 아시아 경제·금융위기 때, 사회안전망의 취약성이 노출된 것이 크다고 할 수 있으며, 또한 1990년대부터 종래와는 다른 새로운 움직임이 이 지역에서 태동하고 있었던 점도 주목해야 한다(본서 3장 참조).

아시아의 복지 정책의 새로운 전개를 배경으로 또 최근에 큰 성과를 거두어 온 비교복지국가(레짐)론에 자극받은 형태로, 동아시아·동남아시아의 복지 정책에 관한 연구가 현재 활발하게 이루어지고 있으며, 이러한 연구를 통하여 몇 가지의 중요한 점들이 밝혀졌다(우즈하시[埋橋], 2006b).

예를 들면, 첫째, 싱가포르나 홍콩 등에서는 식민지시대에 형성된 제도가 변용은 하고 있으나 오늘날에도 주요한 제도적 틀로서 기능하고 있다. 즉, 이 지역에서도 '경로의존성'(path dependency)을 경시할 수 없다.

둘째, 제2차 세계대전 이후의 동아시아·동남아시아의 적지 않은 국가들에서 국제적·국내적 요인으로 인한 정치적 불안정성으로부터 발생하게 된 독재 정권이 정권의 정통성(legitimacy)을 유지·주장하기 위한 '증거'로서 경제성장을 필요로 하였다.

셋째, 이것으로부터 파생된 것이지만, 복지레짐의 전반적인 경향으로서 개발주의적(developmental) 경향이나 생산주의적(productivism) 경향을 볼 수 있다. 아시아 각국을 검토할 때 주목할 점은 후발자본주의국가로서 국가가 경제개발을 우선한다고 하는 기본적 성격(=개발주의적 경향)을 가지고 있다는 것이다. 아시아에 관련된 비교복지 레짐론이나 사회 정책의 국제비교연구의 영역에서도 이러한 점을 중시하는 새로운 연구가 나타나고 있다. 예를 들면, 할리데이와 윌딩(I. Holiday & P. Wilding, 2003, [일본어 번역], 2007)에서는 아시아의 타이거 제국·지역(홍콩, 싱가포르, 한국, 대만)에서의 사회 정책의 특징을 다음의 여섯 가지로 요약하고 있다.

① 정치적 목적이 항상 우선되어 왔다. ② 경제성장과 완전고용이 복지증진의 주된 원동력이다. ③ 생산주의적 복지가 목표이다. ④ 복지주의는 회피되어져 왔다. ⑤ 가족에게 복지기능의 중요한 역할이 주어져 왔다. ⑥ 국가의 권한은 강대하나, 그와 동시에 제약도 받고 있다.

필자도 위의 ②에 주목하여 일본의 특징을 '워크페어체제'라고 말한 적이 있다(우즈하시[埋橋], 1997; Uzuhashi, 2005, 본서 1장 참조).

넷째, 최근 주목받고 있는 아시아이지만, 지금도 정체된 몇 개국은 검토 대상에서 제외되고 있다. 즉, 연구가 진전되고 있는 것은 아시아 전역이 아니다. 또 각각의 독자적인 역사나 다양성 그리고 현재 상황에 관한 지식이 공유되지 않고 있는 가운데 전체적으로 아시아 모델을 논의하는 것은 결코 쉬운 일이 아닐 것이다. 그 점과도 관련되지만, 아시아NIES(한국, 대만, 홍콩, 싱가포르)에 한정한다고 해도, 이들 국가들 사이에서도 다양한 복지 레짐이 관찰된다.

이상과 같은 실증적 연구가 거듭되어짐에 따라 복지레짐의 (동)아시아 모델이 존재하는 것인가 아닌가 만약, 존재한다고 한다면 그 특징은 무엇이며, 향후 그 특징이 어떤 흐름으로 이어질 것인가 등이 밝혀질 것이다. 이하에서는 위의 몇 가지 논점에 대해서 보충적으로 언급하고자 한다.

2) 경로의존성과 '생산주의'

우선, '경로의존성'은 적어도 (동)아시아의 사회보장, 사회 정책에 관하여 한정하는 한, 연금이든 의료이든 제도화 이후의 경과연수가 짧고, 아직 성숙되지 않았기에 싱가포르나 홍콩 등을 제외하고, 그것들이 강력한 '경로'를 형성하고 있다고 파악할 필요는 없다. 〈도표 서-4〉는 이 점을 '보이지 않게 메워 넣어진 이해관계'의 강약으로 설명하고 있다. 즉, 소위 신흥복지레짐의 경우에는, 글로벌화의 진전 등의 국제관계나 인구동향, 정치·경제적 영향이나 충격을 받기 쉽고, 그 때문에 '경로단절성'(path-breaking)을 경험하는 일이 적지 않다.

한편, 〈도표 서-4〉에 대하여 부연하면, ① 복지국가 레짐, 비공식적보장레짐, 비보장레짐의 세 가지로 구분하고, '시간축'과 공적 관여의 정도를 짜넣고 있다(그림의 왼쪽 부분), ② 역삼각형에서는 '보이지 않게 메워넣어진 이 해관계'의 크고 적음으로부터 외적, 내적 변화에 의하여 영향을 받는 정도를 추측, ③ 또 하나의 요소로서 세 가지 실험(사회·인구학적, 정치적, 경제적 테스트)을 고려함으로써 외적·내적 영향과 더불어 동아시아·동남아시아 각국의 앞으로의 방향과 전망이 일직선적인 것이 아니라, 몇 가지의 경로가 있을 수 있다는 점을 추측할 수 있다.

〈도표 서-4〉 복지레짐의 틀과 내적/외적 영향

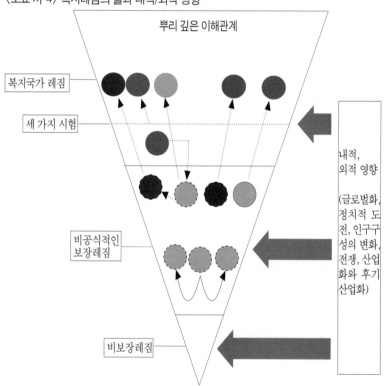

출처: Choi[1997]p. 18

그리고 동아시아의 NIES에서 관측되는 '생산주의'는 우선, 자본주의인 이상 어느 나라의 사회 정책에 있어서도 '생산주의적' 경향을 가지는 것을 이유로 이 개념의 유효성을 부정하는 논의가 있다(신카와[新川], 2005, pp. 277-80). 그러나 여기에서 문제가 되고 있는 것은 '발전단계에 따른 정책선택에 있어서의 우선순위'이지 자본주의의 일반적인 경향이 문제인 것이 아니다. 단, '예를 들면, 사회 정책의 경제 정책에의 종속을 어떻게 측정할 것인가, 『개발주의적 복지국가』를 어떻게 개념조작화할 것인가 등 유효한 경험적인 증거를 제시하지 않고 있다'(Choi, 2007, p. 11)는 등의 문제는 아직도 해결되지 않은 과제라고 할 수 있다.

또 한국은 이미 '생산주의'를 벗어나지 않았는가라는 비판도 있다(Kim, 2006). 물론, 1990년대 이후의 한국의 정치적 민주화의 진전, 보편주의적 사회보장제도의 정비, 노무현 정권에 의한 '사회적 투자전략'의 채택 등 최근의 현저한 변화가 있었다. 대만도 정도는 다르지만 거의 같은 경향을 볼 수 있다. 그 결과, 홍콩·싱가포르와 한국·대만과의 거리가 벌어지고 있다. 그러나 한국의 경우, 2008년 2월의 이명박 정권 탄생 이후에도 과연 계속적으로 생산주의로부터의 탈피라는 방향을 지향하게 될 지 예측할 수 없다.

7. 전환점에 서 있는 비교복지국가론

현재 일본의 비교복지국가·레짐론은 큰 전환점에 서 있다. 지금까지의 논의에 대한 비판이 나타나고 있는 것이다(다케카와[武川], 2005).

> 일본이나 한국이 세 가지 레짐 가운데 어디에 속하는지를 처음에 묻는 것은 복지레짐론의 올바른 사용방법이 아니다. … 처음에 해야 할 것은 복지국가가 형성되어 있는 그 사회의 구조나 역사적 맥락에 주목하여 분석하는 것이다. 이것이 복지 레짐론의 올바른 사용방법이다. 이 말에 따르자면, 일본이 세 가지 레

짐 가운데 어디에 속하는가라는 질문은 잘못된 질문이라고 하지 않을 수 없다
(다케카와[武川], 2005), pp. 110-11).

이러한 다케카와(武川)의 주장은 일본의 연구가 에스핑 안데르센의 저작에 자극받은 형태로 일본의 위치와 "모습", 나아가서는 앞으로의 전망을 유도하려는 것에 대한 비판으로서 또는, 서구에서 개발된 분석 개념·틀을 인용해 온 것에 대한 하나의 반성으로서 제기되어 왔다는 점에 그 특징이 있다.

단, 비교복지국가론이나 유형론 혹은 그것을 동태화하고자 하는 한일 양국의 시도(그것은 '세 가지의 레짐 가운데 어느 것에 속할지를 처음에 묻는' 내용이 아니었다)에 의하여, 해당국가의 내발적이며 고유한 역사나 구조적 특질을 중시하는 연구도 진행되어 왔다.[4] 또 해당 복지레짐의 내발적인 구조나 역사적 맥락에 주목하여 분석한다고 하는 관점은 어떤 의미에서는 정통적인 것이며, 이것과 국제비교라는 관점이 모순되는 것은 아니다. 따라서 세 가지 레짐론과 관련하여 일본이 어느 유형에 속하는지를 분석하려는 시도를 '잘못된 질문'이라고 하는 것은 지나친 말이다. 두 가지의 다른 접근방법은, 이른바 튼튼한 직물을 뽑는 경사(날실)와 횡사(씨실)의 관계에 있다. 특히, 비교복지국가·레짐론이 종래의 정태적인 성격을 탈출하고, 역동적인 움직임을 파악하기 위한 분석 개념·틀을 풍부하게 만들어 나아간다면, 양자의 거리는 좁혀지게 될 것이다.

마지막으로, 복지 정책의 국제비교는 원래 무엇을 위해 하는 것인가라는 점을 생각해보자. 이 비교의 목적은 논자에 따라 다르지만, 어떠한 의미에서는 정책론과 관련되는 점이 많다. 즉, 비교를 통해서 앞으로의 개선점이나 변경해야 하는 점에 관한 시사를 얻고자 하는 자세이다. 이러한 비교연구와

---

4) 에스핑 안데르센의 주장에 영향을 받은 복지국가에 관한 논의는, 한국에서는 '논쟁'으로서 전개되는 등, 일본보다 더 활발하게 진행되었다. 이 점에 대해서는, 김연명 편[2006]을 참조. 또한 '후발성'이라고 하는 시간축에 따르면서 동태화를 시도한 김성원[2008a]을 참조.

정책연구와의 관계는 지금까지 다음과 같은 두 가지의 단계를 거친 후에, 세 번째 역할이 단계적으로 기대된다.

① 특정한 선진국의 제도·사례의 이식·도입의 단계(=캐치업[catch up] 과정)
② 다국 간 비교나 유형론을 통해서 ―이른바 그것을 '거울'에 비춰 보는 ― 자국의 특징이나 위치를 명시적으로 밝히는 '자성'(reflection)의 단계
③ 앞으로의 진로에 관한 정책론의 전개에 기여하는 단계(규범론-정책론-동태론의 교차)

제1단계인 캐치업(catch up)의 과정에서는, 모델이 되는 특정한 국가·지역에 관한 '외국연구', '지역연구'가 중시된다. 또한 새로운 제도를 도입할 필요성에 의하여 '제도'연구가 앞서게 된다. 일본의 경우, 모델이 되는 나라는 한 개 국가가 아닌 여러 나라였다. 이 단계에서는, 이러한 해외로부터의 이식, 도입을 다수경험해 온 이른바 '다른 국가의 다양한 제도를 참고로 하여 조합한' 자국의 모습을 객관적으로 파악할 필요가 있다. 이것이 2단계이다.

에스핑 안데르센의 『세 개의 세계』는, 일본 연구자에게 위의 2단계의 '거울'이라는 역할을 한 것이 아닐까라고 생각된다. 이와 동시에, 그의 논의는 '선택지는 다양하다'는 것을 전달하는 메시지였기 때문에(미야모토[宮本], 2006), '잃어버린 10년', '상실된 15년'이라고 하는 상황에 있었던 일본의 앞으로의 정책 논의도 촉진시켜 주었다. 그의 저작에 뜨거운 시선이 쏟아진 것은 이러한 시대적 배경과 관련되어 있다. 일본이 처해 있던 위와 같은 문맥(context)에서 '희망의 메시지'로 받아들여진 것이다.

그러나 가령 정책논의를 촉진시켰다고 해도 '세 개의 세계'론은 당연한 일이기는 하지만, 1990년대 이후의 변화를 전망하는 것은 아니다. 서장의 서두에서 몇 가지 소개한 것처럼 ' 문제별의 비교(problem-by-problem)', '그룹

간의 비교(group-by-group)'를 필요로 하는 새로운 과제가 에스핑 안데르센의 『세 개의 세계』의 출판 이후에 나타나고 있다. 앞으로의 국제비교연구는 풍부한 해외의 사례, 동향이나 그 장단점을 인식하면서 또한 국제비교라고 하는 거울에 비치는 자국의 모습을 보면서, 앞으로의 진로에 관한 정책논의에 공헌하는 역할을 지금보다 더 기대하게 될 것이다.

1부
비교복지'국가'론에서 '정책'론으로

1장
일본 모델의 변용
사회보장제도의 재설계를 위하여

1. 두 가지 논의의 가교

비교복지국가론의 관심은 글로벌화가 진전되고 있는 가운데, 각국의 다양한 대응을 어떻게 파악할 것인가라는 문제로 옮겨가고 있다. 이것은 원래 '에스핑 안데르센이나 코르피(W. Korpi)를 중심으로 한 비교복지 국가론의 전개는, 정적인 복지국가의 분류학을 목표로 하고 있었던 것은 아니며, 그 위기와 변용의 역학관계(dynamism)를 파악하고자 한 것'(미야모토[宮本], 2000)이라는 점으로 보아 당연한 흐름이라고 말할 수 있다.

그러나 종래의 논의에 대해서는 충분히 검토되지 않은 논점이 몇 가지 있다. 예를 들면, 여기에서 주목하고 있는 워크 페어나 선별주의와 보편주의의 문제가 그렇다. 이것을 재검토함으로써, 지금의 다이너미즘과 향후의 정책 방향을 이해하기 위한 단서를 얻을 수 있지 않을까.

이 장의 목적은 지금까지의 비교복지국가론에 있어서 별로 주목받지는 않았으나 중요한 몇 가지의 전략적 개념을 검토하고, 일본의 사회보장제도의 재설계를 위한 시사점을 얻는 것이다. 지금까지의 복지국가전략을 둘러싼 논의와 사회 보장을 구체적으로 어떻게 재설계해 갈 것인가라는 논의와 접근은 하고 있었으나 어느 정도는 거리가 있었다. 이 장은 그 거리를 단축하는 것 혹은 양자에 가교를 설치하는 것을 목표로 하고 있다.

필자의 저서『현대복지국가의 국제비교―일본 모델의 위치와 전망』(일본평론사, 1997년)에서 다음의 두 가지를 일본 모델의 성격이라고 설명했다.

1) '자유주의(liberal) 유형의 요소를 많이 가지는 보수주의 유형'(pp. 155-60)

2) '워크페어체제로서의 일본 모델'(pp. 190-2)

1)의 성격은 에스핑 안데르센의 분석틀에 준거하여 도출된 것이며, 2)는 그 분석틀에 의한 분석으로는 분석이 불가능한 부분에 주목하여 얻어진 성격이다. 단, 집필하는 데 있어서 이용한 통계자료는 1990년대초까지의 자료가 대부분을 차지하고 있어 90년대 이후의 변화는 시야에 넣고 있지 않다. 그래서 위에서 언급한 저자의 저서에서 제시한 일본 모델의 구성요소 모두를 재검토할 수는 없지만, 소득분배, 워크 페어, 사회보장제도의 보편주의 대 선별주의라고 하는 세 가지 요소의 추이를 고찰하고, 1990년대의 '잃어버린 10년' 및 그 이후의 10년이 일본 모델에 가져온 변화를 살펴보기로 한다. 이와 함께 향후의 정책적 대응에 대해서도 살펴보고자 한다.

또한 여기에서의 논의는 위에서 언급한 2) '워크페어체제로서의 일본 모델'에 관련된 것이다. 1)의 '자유주의(liberal) 유형의 요소를 상당히 가지는 보수주의타입'에 관련되는 부분은 2장에서 검토하겠다.

2. 확대되는 소득격차(1990년대~)

앞에서 설명한 우즈하시(埋橋)의 저서(1997)에서는 '1963년부터 91년 사이의 지니계수(Gini's coefficient)(0과 1사이의 수치. 숫자가 클수록 불평등도가 높다)의 추이는 69년과 77년을 2개의 바닥(bottom), 75년을 정점으로 하는 W모양을 하고 있다', '78년 이후 80년대를 통하여 상승경향이 거의 지속되고 있다'는 것을 설명하였다(3장). 1990년대 이후에는 어떻게 변화한 것일까?

　〈도표 1-1〉에서는 후생성의 '소득재분배조사'에 의한 것이지만, 1981년 이후, 당초소득의 불평등도가 급상승하고 있고, 그 결과, 고도성장기 이전인 1960년대초를 훨씬 웃도는 불평등화가 진전되고 있다는 것을 볼 수 있다. 오늘날 일본적인 평등사회의 종언과 중류계층의 붕괴에 관한 논의가 활발하지만, 그것은 소득분배의 불평등도의 증대가 그 배경에 있다. 새삼스럽게 언급할 필요도 없는 일이지만 사회보장의 중요한 역할의 하나는 수직적 소득재분배이며, 그러한 상황의 진전은 사회보장에의 기대가 높아지고 있다는 것을 의미하고 있다.

〈도표 1-1〉 소득격차의 추이(지니계수)

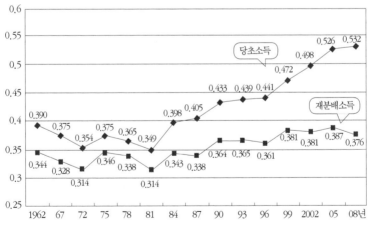

출처: 厚生労働省, 「所得再分配調査」.

한편, 세·사회보장급부에 의한 재분배 효과는 2008년에는 29.3%였으며, '재분배에 의한 균등화가 진행되고 있다'고 전해지고 있다(후생노동성 대신 관방 정책과 조사실 「2008년 소득재분배조사결과」). 단, 이 경우의 '재분배소득'은 의료서비스가 대부분을 차지하는 현물급부를 화폐로 환산한 금액(=사용된 의료비총액)을 당초소득과 합산한 것임에 유의해야 한다. 이것도 하나의 방법이지만, 현금급부에 한정했을 경우보다도 재분배 효과가 높아지고 그만큼 재분배소득은 평등화되게 된다. 세금에 의한 재분배 효과보다도 사회보장에 의한 재분배 효과가 높아지고 있는 것은 그 때문이며, 이 점은 지금까지의 논의에서는 간과되고 있는 부분이다. 또 2002년부터는 종래의 의료와 함께 개호(介護)서비스, 보육서비스의 현금환산액수가 가산되고 있어 재분배소득과 재분배 효과가 높아지고 있다. 이와 관련하여, 이 의료급부가 사회보장 급부합계액수에서 차지하는 비율(2008년)은 총평균으로 32.4%(개호[介護]현물서비스의 비율 7.3%), 고령자세대 28.0%(개호[介護]현물서비스의 비율 6.4%), 모자세대 40.6%(개호[介護]현물서비스의 비율 0%)이다.

3. 흔들리는 '워크페어체제'

우즈하시(埋橋, 1997)에서 언급한 '워크 페어'는 1990년대 이후 전 세계적으로 진행되고 있으며, 상당히 다양한 전개상황을 보여 주고 있다. 또 한 마디로 워크 페어라고 해도 그 내용은 논자에 따라 다르고, 그것이 더욱 더 심도있는 논의를 진행하는 데 있어 하나의 장애물이 되고 있는 것이다. 이하에서는 우선, 다양한 내용, 의미를 가지고 있는 워크 페어를 세 가지로 분류한 후, 각각의 특징에 대해서 살펴보고자 한다(다른 관점에서의 분류에 대해서는 본서 5장을 참조). 다음으로, 워크페어체제가 흔들리고 있는 일본의 상황에서 필요로 하는 사회보장개혁의 관점에 대하여 살펴 보겠다.

A) '복지에서 취직으로' 유형(Welfare to Work)

미국이나 영국에서 전형적으로 볼 수 있는, 실업보험이나 공적부조의 급부 기간의 단축과 수급에 있어서의 취업요건의 엄격화에 의하여(하드 워크 페어), 혹은 직업훈련 기능을 지금보다 더 확충함으로써(소프트 워크 페어), 노동(시장)참가를 촉진하는 것이다.[1] 비혼(非婚) · 편모(single mother)나 청년실업자 등의 사이에서 보여지는 '복지의존자'(welfare dependants)의 수를 줄이고, 사회보장예산의 삭감을 목적으로 하고 있다. 필자가 이전에 지적한 바와 같이, '일하러 가서 스스로 소득을 얻는 깃은 자립 · 사율심과 자존심(self-respect)을 높인다'(우즈하시[埋橋], 1997, p. 135). 문제는 노동시장이 그러한 추가노동공급을 흡수할 여유가 있을 것인가라는 점이다(이 점에 대하여 자세한 내용은 본서 6장을 참조).

B) '취업에 수반되는 복지' 유형(Welfare with Work)

스웨덴이 대표적인 경우인데, 일할 수 있는 사람의 취업을 전제로 하여 그것을 반영한 복지시스템을 가리킨다. 그 특징에 대해서는, 에스핑 안데르센의 다음과 같은 기술이 그 본질을 잘 설명하고 있다.

---

1) 이 유형의 정책은 많든 적든 간에 많은 국가에서 실시되고 있지만, 이하의 항목에의 대응 여하에 의해 상당히 성격을 달리해 왔다. 상세한 점은 각국의 워크 페어를 실증적으로 비교함으로써 밝혀져야 할 앞으로의 과제이다.
• (공적)보육 · 탁아소의 정비상황과 요금을 포함한 이용의 용이함
• 직업훈련의 기간과 질
• NGO나 민간직업 소개 · 알선업자를 포함하는 재취업지원네트워크의 형성
• 노동시장에서의 최저임금규제의 정도와 유효성
• '빈곤의 올가미'가 발생하지 않도록 하기 위한 취업인센티브를 고려한 세금 · 사회보장제도의 실시
• 선택가능성이나 권리성의 정도(반대로 말하면 강제성과 벌칙성의 강약)

"아마 사회민주주의 레짐의 가장 현저한 특질은 복지와 노동의 융합일 것이다. 사회민주주의 레짐은 완전고용의 보장을 위해 진지한 노력을 기울임과 동시에 한편으로는, 완전고용의 달성에 전면적으로 의존하고 있는 것이다. 한편으로는 일할 권리는 소득유지의 권리와 같은 정도의 중요한 의미를 가지고 있다. 또 다른 측면에 있어서는 연대주의, 보편주의를 실현하고, 탈(脫)상품화 효과를 갖는 복지체제를 유지하는 방대한 비용은 복지체제가 사회 문제의 발생을 가능한 한 억제함과 동시에 그 세입을 극대화해야 한다는 것을 의미한다. 분명히 이것은 대부분의 사람이 일을 하고 있고, 사회적인 소득 이전에 의존하는 사람의 숫자를 될 수 있는 한 적게 함으로써 가능하게 된다"(Esping-Andersen ed. [일본어 번역, 2001], p. 31).

역설적인 말이지만, 스웨덴이라는 복지국가는 원래부터 철저한 노동력의 상품화, 경우에 따라서는 재상품화에 의하여 그것을 기반으로 하여 탈(脫)상품도의 정도가 높은 복지시책을 실행할 수 있었던 것이다. '제도에 반영되어 정착화된' 취업요건은 필자가 그 일부를 검증한 공적부조제도 등에도 현저하게 나타나고 있다(우즈하시[埋橋], 1999b).

C) '취업이 전제조건'이 되는 유형(Work First in Developmental Context)
이것은 후발자본주의국 특히, 사회보장제도가 별로 정비되어 있지 않은 개발도상국의 경제발전의 과정에서 볼 수 있는 것이며, 복지급부의 충실화보다도 고용 기회의 창출과 제공이 당면한 최대의 정책과제가 되고 있는 것과 관련되어 있다. 싱가폴의 이관유 수상이 예전에 '동양의 지혜'라고 한 것 다시 말해, '잡은 물고기를 주는 것보다도 물고기의 낚는 방법을 가르치는' 방식에 해당한다. 이 책 서장에서 살펴본 바와 같이, 오늘날 아시아의 사회보장제도의 특징을 '생산주의'에서 찾고자 하는 논의가 있는데, 이 '생산주의'와도 공통점을 갖는다고 할 수 있다.

한편, 종래에는 '대업(待業)'이라는 말이 사용되었던 중국에서도 실업의 존재와 그 명칭이 공인되게 되어, 1999년에는 실업보험조례가 제정되었다. 그것과 전후하여, 취업훈련센터를 새롭게 설치하고, 일시적으로 집에 돌아가서 쉬는 사람에 대하여 상당히 강도높은 재훈련·전환훈련을 실시하고 있다(王, 2001, 3장). 중국에 대하여 C)의 '취업이 전제조건'이 되는 유형에서 설명했지만, 일시적인 수당의 지급이라는 상황에서 노동시장복귀를 기본적인 목적이라고 하고 있다는 점을 중시하면, A)의 '복지에서 취업으로' 유형으로 분류하는 편이 나을 지도 모른다.

이상으로부터 워크 페어라고 한마디로 말해도 그 내용은 매우 다양하다는 것을 알 수 있다. 그와 함께 사회보장(복지)과 노동의 관계의 재편이 현재, 경제발전단계의 차이를 넘어 또한 복지국가 레짐의 차이를 넘어 횡단적으로 관찰되고 있다. 세 가지의 유형 가운데, A)는 '정책의 방향성'에 영향을 미치는 움직임이며, B)와 C)는 '거시적인 사회경제체제에 관련되는 특징'이다. 그 차이에 유의할 필요가 있다.

여기서 일본으로 눈을 돌리면, 위에서 말한 워크 페어의 추세·분석틀과 관련하여 어떤 특징을 발견할 수 있을까?

1980년대까지의 일본은 B) '취직에 수반되는 복지' 유형과 C) 취업이 전제조건이 되는 유형의 두 가지 성격을 함께 가지고 있었다고 생각된다. 이 점에 대해서는 '의도적인 정책의 성과라기보다도, 전후 일본이 누린 급속한 경제성장과 왕성한 노동수요에 의해 유지되었던 측면이 강하지만'(우즈하시[埋橋], 1997, p. 197), '고용·노동시장의 양호한 반응이 사회보장=국가복지의 기능을 대체하고 있는 관계'를 볼 수 있는 것이다(p. 190).

〈도표 1-2〉는 위에서 언급한 필자의 저서에 게재한 것이지만, 복지국가의 위기 이전인 1970년 시점에서는 다음과 같은 위치에 있었다.

고실업률·저사회보장지출: 미국, 캐나다

저실업률·저사회보장지출: 영국, 오스트레일리아, 일본

저실업률·고사회보장지출: 스웨덴, 오스트리아

위기의 시대를 거친 후, 1989년에는 많은 국가들이 실업률의 상승과 사회
보장 지출의 증가를 경험하고, 그림의 오른쪽 위 방향으로 움직이고 있다.
그 결과, 일본만이 제3상한(저실업률·저사회보장지출)에 머물고 있다. 이
제3상한이야말로는 '사회의 다양한 문제를 최소화함과 동시에 수입소득을
최대화하는' 상황이며, 거시적인 의미에서의 워크 페어가 기능하고 있는 상
태라고 할 수 있다.

〈도표 1-2〉 실업률과 SS/GDP의 변화(1970~89년)

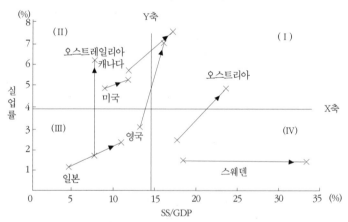

주) X축, Y축은 1970년 시점의 각국의 평균치.
자료) ILO, The Cost of Social Security, 1978-1980. 1987-1989.
OECD統計局 偏, 『OECD経済統計1960－1990』, 原書房, 1992年.
출처: 埋橋, 1997, p. 175.

그러면 이 장에서 직접 대상이 되고 있는 1990년 이후, 이러한 위치는 어
떻게 변화되었을까? 〈도표 1-3〉이 그 점에 대해서 보여주고 있다. 1990년
에 비하여 전반적으로 국가와 국가의 거리가 짧아지는, '수렴'되어지는 경향

을 볼 수 있다. 그 이유는 스웨덴과 일본의 실업률이 높아지고(일본에 한정한다면 2007년에는 3.9%이지만, 2011년 1월에는 4.9%로 상승하고 있다), 또 캐나다, 영국, 미국, 오스트레일리아 등의 앵글로색슨(Anglo-Saxon) 제국에서의 실업률이 저하된 것에 있다고 할 수 있다.

일본에서는 20세기의 '마지막 10년'이 '잃어버린 10년'이 되어 고용상황의 악화와 중간층의 붕괴가 나타났고, 이와 동시에 소득격차가 확대되었다. 이러한 경향은 21세기에 들어와서도 계속되고 있다. 1990년까지 일본의 특징이었던 '워크페어체제'의 독자성은 상실되었고, 그것이 주된 버팀목이었던 종래의 일본 모델은 오늘날 큰 변용을 요구받고 있다. 문제는 이러한 워크페어체제가 흔들리게 된 상황에서 이를 보완하는 사회보장제도 측면에서의 대응이 충분했는가라는 점에 있다. 만약 충분히지 않았다고 한다면, 지금까지는 워크 페어가 잘 기능하고 있었기 때문에 분명하게 드러나지 않은 생활보장 측면에서의 모순이 노출되게 될 것이다. 이하에서는 이러한 사회보장제도 측면에서의 대응을 '보편주의와 선별주의'라는 관점에서 고찰하고자 한다.

〈도표 1-3〉 실업률과 SS/GDP의 변화(1990~2007년)

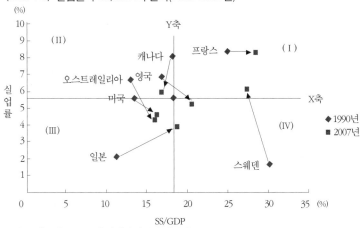

주) X 축, Y축은 1990년 시점의 각국의 평균치.
출처: 필자 작성.

4. 보편주의와 선별주의

1) '보편주의'의 보편화와 '선별주의'의 한정화

일본의 1980년 이후의 사회보장개혁의 방법은 다음의 일곱 가지로 정리할 수 있다(호리[堀], 1997, pp. 28-36).

① 국고부담의 삭감, ② 급부수준의 삭감, ③ 이용자부담의 재검토, ④ 제도 간 재정 조정시스템의 도입, ⑤ 민간활력의 활용, ⑥ 중앙과 지방의 역할의 재검토, ⑦ 계획에 의한 정비

다른 서구복지국가의 개혁과 비교하여 소득제한이 새롭게 도입되거나 확대되는 등의 선별주의적인 지향성이 발견되지 않은 점에서 일본의 특징이 있다고 생각된다. 다른 서구 제국에서는 연금급부 등에 있어서도 소득조사나 자산조사(means test)가 새롭게 도입됨으로써 복지수요가 많은 층에 대한 타겟 효율성을 높이는 방법을 시도할 수 있었던 것이다.

고령자복지 정책은 1980년 이후의 '복지재검토기'에도 진전되었다. 그것은 개호(介護)보험에서 보여지는 보험방식의 채택에 의한 '보편주의'화의 방향에 따르는 것이며(=보험료를 지불한 이후의 보편성), 이를 응능원칙(應能原則)·응익원칙(應益原則)의 기준에서 판단하면, 응능원칙(應能原則)의 후퇴로 이해할 수 있다. 또 하나의 조치제도였던 탁아소입소제도의 재편에 있어서도, 능력에 따라 지불하는 원칙은 후퇴하고 있고, 이용자에 대하여 10%의 자기부담을 규정한 「장애인자립지원법」에서는 서비스의 양에 따라 지불하는 원칙이 전면으로 등장한 것이다.

그러나 선별주의가 강화된 분야도 존재한다. 그것은 바로 생활보호제도이며, 1981년 이후의 '적정'화 정책이 그것에 해당한다. '강화'라고 하는 표현은 오해를 불러 올지도 모른다. 정확하게는 '엄격한 운용' 혹은 '한정'이라고

해야 할 것이다. 왜냐하면 원래 선별주의를 기본으로 하는 생활보호제도에서의 선별주의의 강화는 그 적용범위를 좁히는 것을 의미하고 있기 때문이며, 이러한 생활보호제도의 운영 방식은, 적용인원으로 보거나, 혹은 사회보장제도 전체적으로 본다면, 최근의 보편주의적 제도의 확대와 같은 맥락이라고 할 수 있다(이것은 1985년과 1998년에 소득제한이 강화되었던 아동부양수당제도에도 적용된다). 우회적인 표현이 되었지만, 요컨대 일본의 경우, 위기 시대의 정책으로서 '보편주의의 보편화'가 '선별주의의 한정화'와 병행하여 추진된 것이다. 이하의 논의는 이러한 사실인식을 출발점으로 하고 있다.

2) 수급자와 비용부담자의 중복

사회보장의 기본적인 목적은 오늘날에는 최저생활보장보다도 종전생활보장이라는 성격이 강해지고 있다. 그것이 사회보장제도의 보편주의화를 촉진하는 하나의 배경이지만, 스웨덴에서 이른 시기에 소득비례형 연금제도가 도입된 배경에는 신흥화이트 칼라(white-collar)층의 지지획득이라는 의도와 목적이 있었다. "스웨덴의 사회민주주의자는 '중산계급' 수준의 보편주의를 도입한 선구자였다. 그 방식은 보편적인 자격요건과 고도의 보수비례급부를 조합시키는 것으로, 그것에 의하여 복지국가의 급부·서비스를 중산계급의 기대에 부응하도록 했다"는 것이다(Esping-Andersen [일본어 번역, 2001], p. 77).

이러한 보편주의화의 진전에 따라 수급자와 비용부담자의 중복의 정도가 현저하게 커진다(오오노[大野], 1991, p. 11). 즉, 동일한 개인이 수급자와 비용부담자의 이중성을 가지게 된다.

그러나 중복이라고 해도, 어떻게 겹쳐 있는지가 제도적으로도 금액적으로도 확인할 수 있어 수급자=비용부담자에게 그것이 널리 알려져 있을 경우에는, 바꾸어 말하면 '제도의 투명성'이 확보되어 있으면, 그것은 그것대로 제도의 하나의 모습이라고 할 수 있다. 그러나 일본의 상황은 더 복잡하다. 사회보장전반에 있어서 '보험과 세금의 일체성', 연금의 경우의 '저축/보험과 소득재분배의 일체성'이 현저하기 때문이다(히로이[広井], 1999, 2장).

주택 정책 분야에 한정되는 설명이긴 하지만, 보편주의의 확대에 따르는 '수급자와 비용부담자와의 중복'에 대하여 재미있는 비유를 이용하여 비판한 사람이 후쿠이(福井, 2000)이다.

… 중견근로자를 대상으로 한 주택복지시책이 최근 일반화되고 있지만, 중견근로자의 주택구입능력이 낮기 때문에 중견근로자에게 보조를 한다고 하는 것은 의미가 없다. 다시 말해서, 납세자의 다수를 차지하는 중견근로자의 소득수준이 낮다고 하여 그 중견근로자에게 일반재원으로 보조를 한다고 하는 것은, 이른바 문어가 자기 발을 먹는 시스템이지 복지는 아니다(후쿠이[福井], 2000, p. 197).

이러한 사회보장의 보편주의화(=선별주의의 한정화)에 대한 비판은 그 문맥(context)과 뉘앙스는 다소 다르지만, 핫타 다츠오(八田達夫)나 오시오 다카시(小塩隆士) 등 기본적으로 시장지향적인 입장에 서는 경제학자들 사이에서도 볼 수 있다. 사회보장·사회복지연구자 중에서는 호시노 신야(星野信也)가 배경은 다르지만, 그러한 입장에 서 있는 대표적인 논자이다.

사회보험제도를 보험으로 재구성하는 것은 재분배제도의 재구축에 도움이 된다. 현재의 일본에서는 진정한 약자에 대한 보호시스템이 매우 약하다. … 사회보험제도를 보험의 원점으로 되돌려서 재정적인 여유를 창출하는 것은 진정으로 보호를 필요로 하는 약자들에게만 충분한 재분배를 하는 시스템을 구축하는 것에도 도움이 되는 것이다(핫타[八田]·야쓰시로[八代], 1998, p. 10).

　… '모두가 모두를 돕는다'라고 할 때에 암묵적으로 인식되고 있는 평균적인 근로자나 고령자의 논의는 결코 청년기의 저소득으로 인하여 보험료를 제대로 내지 않은 사람, `보험료 거출액수가 적거나 혹은 짧은 거출기간 때문에 적은 액수의 연금밖에 받을 수 없는 고령자, 혹은 가령 소수라고는 해도 무연금 상태의 고령자, 또는 보호를 받고 있기 때문에 국민건강보험 또는 노인보건제도로부터도 배제되고 있는 고령자를 해소하는 것이 아니라는 것을 명확히 해야 한다. 마이너리티(minority)를 버린 후에만 성립되는 보편성은 **사회 보장, 사회 복지의 목표가 아니다**(호시노[星野], 2000, p. 219, 굵은 글씨체는 원문그대로 인용한 것임).

　그러나 시장을 중시하는 경제학자들 사이에서는, 위의 굵은 글씨체에 나타나 있는 것과 같은 인식에 대하여 의견이 일치(consensus)하는 것은 아니다. 그것은 경제사회의 기본적인 목표인 효율과 공정이라고 하는 2대 원칙에 입각하면, 후자의 공정 혹은 격차에 관한 판단의 차이를 반영하고 있다고 생각된다.

3) 코엔(Cohen) 대 프리드먼(Friedman)

　선별주의 대 보편주의의 문제에 관하여 코엔(Cohen)과 프리드먼(Friedman)의 논쟁을 정리한 코엔과 프리드먼(Cohen & Friedman, 1972)은, 오늘날에도 시사하는 바가 크다고 하겠다. 선별주의의 입장에 서는 프리드먼에 대하여 코엔은 가난한 사람만을 대상으로 하는 제도는 결국 그 수준 및 제도 바로 그 자체가 가난한 것이 되지 않을 수 없다고 주장한다. 그것은 오랜 사회보장 연구의 경험으로부터 길러진 것이다. 즉, 유권자 대다수가 이기적으로 행동할 가능성이 선별주의적 제도의 빈약함, 취약성에 연결되는 것을 간파한 뒤의 주장이었다.

이 점에 관하여, 에스핑 안데르센도 코엔과 같은 입장에 서고 있다. 그는 스웨덴에 있어서의 "중산계급"의 보편주의는 복지반동적인 감정에 대하여 복지 국가를 옹호해 온 것'이라고 주장하고 있다([일본어 번역, 2001] p. 77). 가난한 사람 뿐만 아니라 중산계급도 대상으로 하는 제도의 경우, 전체적으로 사회보장예산의 삭감의 움직임에 대하여는 보다 더 견고할 것이다.

물론 그렇다고는 해도, 스웨덴에서도 복지의 후퇴기에는 유권자 사이에 선별주의적 제도에 대한 강경한 입장이 전면에 대두되었다는 것은 명확한 사실이다(미야모토[宮本], 1999, pp. 168-74). 따라서 추상적인 차원에서 어느 제도가 취약한가를 판단하는 것은 곤란하며, 해당 국가에서의 유권자의 반응을 구체적으로 살펴볼 필요가 있다.

4) 선별주의적 제도 '확충'의 필요성

일본에서는 최근에 '보편주의의 보편화'가 '선별주의의 한정화'와 병행되어 추진되었다. 그러나 그것이 위기의 시대의 정책으로서 옳은 선택이었다고는 생각되지 않는다.

현재의 상황에 비추어 보았을 때 생활보호제도에 있어서 선별주의적 제도의 '확충'이 급선무라고 생각된다. 그 이유는 주로 다음 두 가지로 요약된다.

첫째, 앞에서 설명한 '제도의 투명성'이 일본의 경우, 전혀 실현되지 않고 있기 때문이다. 이러한 상황에서는, 유권자의 반응이 어느 쪽으로 기운다고 해도 명확한 근거에 의한 것이 아니고, 상당히 감정적인 수준에서 결정되는 경향이 있다. 그런 상황에서, 1980년대 이후, 앞에서 살펴본 바와 같이 '선별주의(적 제도)의 한정화'가 진행되고 있다는 점 즉, 생활보호제도를 이용하기가 점점 어려워지고 있다는 점이 우려되기 때문이다.

둘째, 20세기의 '마지막 10년'이 '잃어버린 10년'이 되어 버린 가운데 고용과 실업의 악화가 중간층의 붕괴를 촉진하고, 경제적 격차의 확대를 초래한 것과 관련된다. 워크페어체제를 주된 버팀목으로 삼아 온 종래의 일본 모델은 이러한 변화의 결과, 오늘날 큰 변용에 직면하고 있다. 즉, 지금까지는 워크 페어가 잘 기능하고 있었기 때문에 노출되지 않았던 사회보장제도의 제도적인 문제점이 표면화되어 온 것이다. 그것은 특히 실업자를 대상(타겟)으로 한 고용보험제도 및 선별주의를 중심으로 하고 있는 생활보호제도('최후의 보루[last resort]')에 있어서 현저하였던 점 즉, 이러한 제도에 대한 기대가 높아졌음에도 불구하고 충분하게 그 요청에 응할 수 없었다는 점, 이것이 두 번째 이유이다.

'선별주의의 확충'은 기본적으로 다음의 두 가지 방법에 의하여 가능해진다. 첫째, 연금 등의 보편주의적 제도에도 소득제한의 적용범위를 확대시키는 것이며, 둘째, 생활보호제도나 아동부양수당제도 등의 선별주의적 제도의 소득제한을 완화함으로써 그 적용대상을 늘리는 것이다. 특히 후자의 대응이 긴요한 과제이다. 그 이유는 종래는 워크페어체제와는 불가분한 형태로 사회보장의 보편화를 추구해도 좋다고 하는 배경이 존재하였지만, 그 전제조건이 무너지고 있는 지금, 사회적 저변에 두터운 제도적 확충이 필요하게 되었기 때문이다.

예를 들면, 생활보호법은 각종 사회안전망 중에서도 '최후의 보루'의 위치에 있지만, 2005년 현재의 세대보호율 2.21%, 인원베이스로 본 경우의 보호율 1.16%라고 하는 숫자는 그 저변이 극단적으로 좁혀진, 그 의미에서 실제와는 상당한 거리가 있다고 밖에 볼 수 없다. 노숙자들에 대한 생활보호법의 적용도 중요하지만, 노숙자가 되지 않도록 하는 역할을 생활보호법에 기대하고 있는 것이다.

생활보호에 관한 문제점은 이미 많은 논자에 의하여 지적되고 있으며, '보충성 원칙'의 완화 등 개혁의 방향이 보여지고 있다. 워크 페어와 관련시켜 말한다면, 호시노(星野)가 지적한 것처럼(호시노[星野], 2001, pp. 195-96), '일하는 빈곤자'와 '일할 필요가 없는 빈곤자'를 구별하지 않고 있는 일본의 생활보호법('무차별 평등의 원칙')은 소위 일할 능력이 있는지 없는지에 대한 확인을 필요 이상으로 엄격하게 하고 있으며, 수급에 따른 스티그마(stigma)를 강화시켜 신청자수 그리고 피보호자수를 현저하게 제한하고 있는 측면이 있다. 생활보호법의 기본골격은 60년간 변경되지 않았으며, 최근 30년간, '엄격한 운용'(=선별주의의 한정화)만이 진행되고 있다.[2] '워크 페어에 의존한 제도·정책'의 한계가 드러나고 있는 지금 원칙, 운영 양면에 걸친 근본적인 개정이 급선무가 되고 있다.

---

2) 2004년 12월 사회보장심의회 복지부회 '생활보호의 본연의 모습에 관한 전문위원회'는 '이용하기 쉽고 자립하기 쉬운 제도로'라고 하는 방향성을 내세웠다. 또 보호율은 1996년경을 바닥(bottom)으로(세대보호율 1.4%, 인원보호율 0.71%) 그 후 매년 상승하여 2006년(2.26%, 1.18%), 2007년(2.30%, 1.21%), 2008년(2.40%, 1.25%)이 되어 있다. 그 배경에는 경제불황의 장기화가 있다. 또 2008년의 리먼쇼크 이후, 반빈곤운동의 고조를 배경으로 생활보호행정이 노숙자, 장기실업자에 대한 생활보호적용을 확대한 것도 영향을 미치고 있다. 그러나 그것은 확고한 원칙에 근거한 방침전환이 아니고, 임시방편적이고 일시적인 운용상의 변경에 머무르고 있다.

2장
복지국가의 남유럽 모델과 일본

1. '자유주의 유형의 요소를 많이 가지는 보수주의 유형'

이 장의 목적은 첫째, 1990년대 이후에 새롭게 제창된 복지국가의 '남유럽-지중해 모델'(이하, 남유럽 모델이라고 함)과의 공통점과 차이점의 검토를 통하여 일본형 복지국가의 특징을 재확인하는 것이다. 둘째, 우즈하시(埋橋, 1997, pp. 155-60)가 명백히 밝힌 '자유주의 유형의 요소를 많이 가지는 보수주의 유형'(위에서 언급한 저자의 책에서는 코포라티스트라는 표현을 사용했지만, 그 후 보수주의라는 명칭이 일반화되었기 때문에 이 용어를 사용하고자 한다. 에스핑 안데르센은 양자를 동일하게 사용하고 있다)이라고 하는 일본 모델의 성격이 어떠한 메커니즘을 통해서 형성되어 왔는지에 관한 새로운 해석을 제시하는 것이다.

오늘날 비교복지 국가론의 의의가 복지국가의 자세한 분류표를 만드는 것이 아니라는 점에 대해서는 상당한 의견의 일치가 이루어져 있다. 이 장에서의 관심사는 '유형별 분류' 혹은 '유형찾기' 그 자체가 아니고, 오히려 그 것들을 하나의 경과점이라고 밝힌 뒤, 그 동태를 이해하는 단서를 얻고자 하는 것이다. 남유럽 유형이라고 하는 참고사례를 추가시킨 비교라는 작업을 통하여 일본 모델의 '위치'와 '동태'나 과제(challenge) 등을 조명할 수 있는 힌트를 얻을 것을 기대한다.

2. 남유럽-지중해 모델의 기본적 특징

여기에서 말하는 남유럽은 이탈리아, 그리스, 스페인, 포르투갈의 4개국이다. 에스핑 안데르센은 이 중에서 이탈리아를 '보수주의(코포라티즘) 모델'에 포함시키고 있지만, 이 4개국에는 그 범주에 완벽하게 포함되지 않는 몇 가지의 공통의 성격이 보여지는 것이 아닐까라는 것이 이 논의의 출발점이다.

이러한 논의를 최초로 제기한 사람은 라입프리드(Leibfried, 1992)였다. 그는 오로지 복지 프로그램의 '미발달성(the "rudimentary" character)'을 강조하였지만, 페레라(Ferrera, 1996)는 각종 사회보장제도의 세부적인 부분에까지 파고 들어가서 검토하여 남유럽 모델의 기본적 특징으로서 다음의 네 가지를 발견하였다.[1]

1. 서비스보다 현금이전(특히 연금)의 비중이 크고, 각종 소득보장제도는 직업별로 분립되어 있다.[2] 이것은 보수주의 레짐에 있어서 어느 정도 공통

---

1) 다른 논자에 의하면, 남유럽 모델의 특징은 다음과 같이 요약되고 있다(Alcock and Craig , 2001, [일본어 번역, 2003], p. 231).
• 노동력의 핵심 부분에 대한 과보호와 주변층, 장기실업자와 제도권 밖에 있는 사람들의 미보호
• 특정한 리스크(노령)에 대한 두터운 보장과 기타(실업, 가족적 요구)의 무시
• 많은 시책의 악용 ―공공연한 남용이 아니면―, 예를 들면 장애연금(이것은 이익유도형 관계를 맺고 싶은, 혹은 그것이 가능한 각각의 수급자에게 유리하게 작용한다)이라는 헬스케어 (잘못된 인센티브가 환자보다도 서비스 제공자의 이익에 부합하는 것으로 제도를 바꾼다).

2) 이 점에 대해서는, 미후네(三船, 2002)의 다음과 같은 지적도 참고가 될 것이다. "분명히 1980년경에는 이러한 국가들(보수주의형 복지국가)은 서비스지출의 상대적 비율이 가장 작은 그룹을 형성하고 있었지만, 그 후 각국은 다르게 대응하고 있으며, 이탈리아를 제외한 3개국(독일, 프랑스, 네덜란드)은 정도의 차이는 있지만, 서비스지출의 비중을 높여 갔다. 따라서 현재는 '보수주의형 복지국가'라는 것과 서비스지출의 비율이 상대적으로 작은 것과는 반드시 관련되는 것은 아니라고 할 수 있다"(pp. 149-50).

되게 볼 수 있는 것이지만, 남유럽의 두드러진 특징으로는 '제도화된' 노동시장 내의 핵심노동자에 대한 충분한 보호와 다른 한편으로 불규칙 또는 비제도적 노동시장 내의 노동자에 대한 불충분한 보호이다.

2. 보험방식의 소득보장제도와는 대조적으로 의료보장제도는, 과거 20년간 직역(職域)보험방식에서 세금을 재원으로 하는 국민의료 서비스방식으로 전환되었다(이탈리아 1978년, 스페인 1986년, 포르투갈 1976년, 그리스 1983년).

3. 그러나 의료에서도 세금방식이 모두 커버하고 있는 것은 아니며, 보험방식에 의한 의료나 사적 의료를 상당히 많이 볼 수 있어 독특한 공사믹스(public/private mix)가 형성되어 있다.

4. 각각의 사회보장급부(특히 장애연금)와 서비스는 특정 정당에 대한 유권자의 지지획득을 위하여 도입되어 적용되거나 운영되거나 한다. 이러한 것은 많은 나라에서 일반적인 '정치적 경기순환(political business cycle)'으로 나타날 수 있지만, 남유럽의 경우에는 그것이 특정한 '개별적' 관계라는 점에 그 특징이 있다('후원자-클라이언트[patron-client] 시장'과 고객영합주의[clientelism]의 형성).

이 중에서 2, 3에 대해서는 분명히 일본과는 상황이 다르다. 2에 대해서 부연하면, 이 점이 의료에 대하여 보험방식을 채택하고 있는 독일, 프랑스 등의 다른 보수주의적 레짐 국가와 구별되는 것으로서 주목받는 것이다. 단지, 위의 2.는 바꿔 생각하면 20여 년 전까지는 남유럽 제국도 보험방식이었다는 것을 의미하고 있으며, 비교의 관점을 어떻게 설정할지에 따라 결과가 달라진다.

4에 대해서도 일본과의 직접적인 공통성을 찾아내는 것은 쉬운 일이 아니다. 개별적인 '후원자-클라이언트 시장' 혹은 '고객영합주의(clientelism)'라는 말에 의하여 우리들이 연상하는 것은 사회보장제도가 아니고, 재정지출의

또 하나의 큰 항목인 공공사업이다. '지방공공사업을 통한 이익유도시스템'
은 일종의 소득재분배 정책이며 또 득표머신으로서도 기능해 온 것은 널리
알려진 바와 같다. 이러한 차이가 나타내고 있는 것은 일본의 경우, 급부 등
의 '이전'보다도 고용의 촉진을 통하여 그러한 목적(즉, 소득재분배와 유권
자의 지지 획득)의 실현을 목표로 해 온 것이며, 거기에 고용을 중시한 '개발
지향의 체제'의 일부분을 엿볼 수 있다.

〈도표 2-1〉 전후 일본의 경제시스템(일본주식회사)과 사회보장

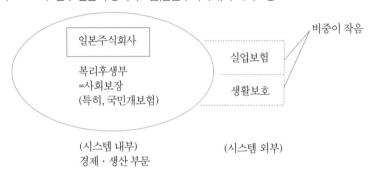

출처: 広井[1999], p. 63.

어쨌든 위의 네 가지 가운데 1.만이 일본과 공통된 특징이라고 할 수 있
다. 이와 관련하여, 일본에 대해서는 히로이(広井, 1999)가 주장한 바와 같
이, 시스템의 내부와 외부에서는 큰 차이를 볼 수 있으며(〈도표 2-1〉 참조),
그것은 남유럽 모델에 관련된 앞에서 설명한 1.의 "'제도화된" 노동시장 안
에서 핵심노동자에 대한 충분한 보호와 다른 한편으로 불규칙 또는 비제도
적 노동시장 안에서 노동자에 대한 불충분한 보호'라고 하는 상황과 잘 부
합되어 있다.

3. 일본형 복지국가와의 공통점

에스핑 안데르센도 남유럽 모델과 일본형 복지국가의 차이에 대하여 주의를 환기시키고 있지만('일본에서는 가족의 의무가 강조되고 있다는 점에서 유럽의 지중해연안 제국 모델의 유력한 변종으로 간주할 수 있다'),[3] 그 후의 연구(Katrougalos and Lazaridis, 2003)에 의하여, 1970년대 중반 이후의 농업 부문의 쇠퇴와 서비스산업화의 진전에 따라 '포디스트(Fordist)생산구조의 전개 이전에 포스트·포디즘(Fordism)을 향한 비약을 경험했다'라고 하는 남유럽 복지국가의 특징이 다방면에 걸쳐 실증적으로 명확하게 되어가고 있다. 그 중에서 일본과 유사한 점을 지적하고, 그 각각에 대해서 일본과 비교한 자료를 가지고 보완하면 이하와 같다.

A) '가족수당과 차일드케어(child care)의 수준은 EU평균보다 상당히 낮다'

사회급부에 있어 고령자와 비고령자의 불균등한 분배(=고령자를 우대하는 분배)는 보수주의적 복지국가 모델에서 공통되게 볼 수 있는 특징이다. 그러나 그것을 인정한다고 해도, 아동지원패키지의 수준(CBP) 등으로 판단하고(〈도표 2-2〉 참조), 또한 OECD의 차일드케어(child care)지표로 판단하면(〈도표 2-3〉 참조), 일본과 남유럽 제국은 매우 근접한 위치에 있으며 동일한 범주에 속한다고 할 수 있을 정도이다. 또 가정에 관련된 정책환경에 있어서 남유럽 제국과 일본은 높은 고용율과 높은 빈곤율이 특징이라고 할 수 있는 '빈곤한 노동자' 그룹의 국가로 분류되고 있다.[4]

---

3) 에스핑 안데르센(일본어 번역, 2000) 일본어판 서문, p. 6.
4) Kilkey(일본어 번역, 2005) 제7장을 참조.

<도표 2-2> 아동지원패키지(CBP)의 수준과 순위

(36개 유형의 가족의 평균(=100)에 대한 비율. 보육비용을 포함)

주거비 공제 전			주거비 공제 후		
순위	국가	편차	순위	국가	편차
1	프랑스	165	1	프랑스	356
2	룩셈부르크	150	2	룩셈부르크	230
3	스웨덴	148	3	벨기에	200
4	노르웨이	134	4	노르웨이	191
5	벨기에	118	5	스웨덴	181
6	독일	43	6	덴마크	76
7	덴마크	39	7	독일	61
8	영국	-12	8	영국	27
9	오스트레일리아	-25	9	오스트레일리아	7
10	네덜란드	-55	10	네덜란드	-42
11	일본	-55	11	이탈리아	-45
12	이탈리아	-61	12	아일랜드	-96
13	아일랜드	-64	13	스페인	-126
14	포르투갈	-73	14	포르투갈	-153
15	스페인	-117	15	뉴질랜드	-177
16	그리스	-117	16	일본	-185
17	뉴질랜드	-126	17	그리스	-199
18	미국	-136	18	미국	-306

출처: 埋橋[1997], p. 114.

<도표 2-3> 30~34세 여성취업률과 Child-Care지표

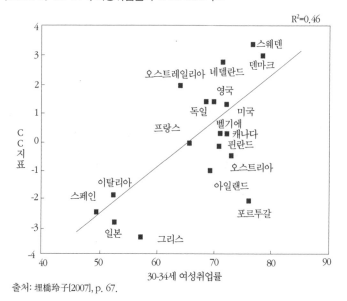

출처: 埋橋玲子[2007], p. 67.

B) '사회보험을 기초로 하는 제도가 지배적이기 때문에 공적부조지출의 비율이 현저하게 낮다'(〈도표 2-4〉 참조)

〈도표 2-4〉 공적부조지출액이 GDP에서 차지하는 비율(1992년) (단위: %)

국가	일반부조 (A)	카테고리별 부조(B)	A+B (C)	주택부조 (D)	A+B+D (E)	기타부조 (F)	A+B+D+F (G)
오스트레일리아	0.1	6.7	6.8	-	6.8	-	6.8
오스트리아	0.1	0.7	0.8	N/A	0.8	0.4	1.2
벨기에	0.1	0.6	0.7	-	0.7	-	0.7
캐나다	1.8	0.7	2.5	N/A	2.5	-	2.5
덴마크	1.4	N/A	1.4	N/A	1.4	-	1.4
핀란드	0.4	-	0.4	N/A	0.4	-	0.4
프랑스	0.2	1.0	1.2	0.8	2.0	-	2.0
독일	0.5	0.3	0.8	0.2	1.1	-0.9	2.0
그리스	-	0.1	0.1	N/A	0.1	-	0.1
아이슬란드	0.1	0.1	0.2	N/A	0.2	-	0.2
아일랜드	0.3	4.8	5.1	-	5.1	-	5.1
이탈리아	0.2	2.7	2.9	-	2.9	0.4	3.3
일본	0.2	0.1	0.3	-	0.3	-	0.3
룩셈부르크	0.4	0.1	0.5	N/A	0.5	-	0.5
네덜란드	0.8	1.4	2.2	N/A	2.2	-	2.2
뉴질랜드	0.1	13.0	13.0	-	13.0	-	13.0
노르웨이	0.5	0.2	0.7	0.2	0.9	-	0.9
포르투갈	N/A	N/A	0.4	N/A	0.4	-	0.4
스페인	0.03	1.0	1.1	-	1.1	-	1.1
스웨덴	0.5	-	0.5	1.0	1.5	-	1.5
스위스	0.2	0.6	0.8	-	0.8	-	0.8
터키	0.5	N/A	0.5	-	0.5	N/A	0.5
영국	2.5	0.1	2.6	1.2	3.9	0.3	4.1
미국	0.4	0.9	1.3	0.3	1.6	2.1	3.7

주) N/A not available. 즉, 이용불가능이라는 것을 의미한다.
출처: 埋橋, 1999b.

이것은 특히 그리스에서 전형적으로 볼 수 있다. 그리스에서는 65세 미만을 대상으로 하는 공적부조제도는 존재하지 않는다. 그 이유 중 한 가지는 탈세행위가 많고, 비공식 부문(informal sector)이 광범위하게 활동하기 때문이라고 한다. 포르투갈에서의 공적부조제도의 도입은 1996년이다. 그 이전까지는 주택, 장애, 노령 등의 각 카테고리별로 자산조사제도가 분립되어 있었고, 또 그 급부수준도 낮았다. 이탈리아도 상황은 거의 같아서 전국적인 공적부조제도는 존재하지 않고, 시당국의 자유재량적인 급부가 그것을 대체하고 있다. 한편, 스페인은 공적부조 수급자수(무거출장애연금과 노령연금, 실업부조를 포함)가 1982~90년에 10배로 증가한 특이한 예이다. 그 배경으로는 EU 안에서도 특히 눈에 띄는 높은 실업률을 들 수 있다.[5] 부연설명하면 일본의 공적부조의 규모는 GDP에 차지하는 비율과 적용 인원의 두 가지 기준으로 보아서 남유럽 제국과 함께 OECD 제국 중에서 가장 낮다(우즈하시[埋橋], 1999b).

C) '실업보험의 급부 기간이 짧다'

1993년에 유럽에 있어서 실업기간 3개월을 넘는 실업자의 25%가 (거출제에 의한) 실업수당을 수령하지 않고 있으나, 포르투갈, 그리스, 이탈리아는 그 비율이 66%에 달하고 있다고 한다(Katrougalos and Lazaridis[2003] p. 25. 일본의 실업보험급부기간이 짧은 것에 대해서는 다치바나키(橘木, 2000; 우즈하시[埋橋], 2003를 참조).

D) 가족이나 성별의 구조 '변화'에 관련된 유사성

또 페레라(Ferrera, 1996)가 남유럽 모델이 제4의 독자적인 유형이라고 주장하고 있는 것에 반하여 카트로갈로스와 라자리디스(Katrougalos and Lazaridis, 2003)는 남유럽 모델이 유럽의 보수주의 모델의 하나의 아종(서브 카테고리)이라고 반론한다. 제4의 유형의 존재를 주장하려면, 분류의 기준은 '세 개의 세계'를 정식화한 에스핑 안데르센의 그것에 준거해야 한다는 것이 그 이유의 하나의 근거가 되고 있다. 일본에서의 일본형 복지국가를 둘러싼 것과 같은 논의가 전개되고 있다는 것이 흥미롭다(이 점에 대해서는 우즈하시[埋橋], 1997; 1999b; 시즈메[鎭目], 1998; Esping-Andersen[1999] Ch.5

---

5) 이들 나라들의 공적부조제도에 대해서는 Eardley et al.[1996b]을 참조.

를 참조). 이 문제에 대하여 본격적으로 깊이있게 언급할 수는 없지만, 카트로갈로스와 라자리디스(Katrougalos and Lazaridis, 2003)가 파악하고 있는 방법이 적절하다고 생각된다. 그러나 만약 그렇다고 한다면, 기본적으로는 보수주의 모델의 범주에 속할 수 있는 일본형 복지국가와 위에서 검토한 것과 같은 공통점이 발견되었다고 해도, 그 자체가 이상한 것은 아니다. 단지, 남유럽 제국과 일본과의 사이에는 지금까지 보아 온 것과 같은 (복지국가의 유형론이 전적으로 주목하는) 복지국가시책 뿐만 아니라 그 기저가 되는 인구·가족이나 젠더의 구조 '변화'를 둘러싸고 많은 유사성이 존재한다. 이러한 점에도 주의해야 한다.

우선, 가족이나 성별의 구조 '변화'에 관련된 유사성은 합계특수출생율의 추세(급속한 저하와 저수준)에 있어서 현저하게 나타나고 있으며(〈도표 2-5〉 참조), 남유럽 제국에서는 1979년부터 96년에 걸쳐 핀란드, 스웨덴과 함께 가장 높은 고령인구비율의 증가를 경험하였다.

〈도표 2-5〉 합계특수출생률

	1970년	1980년	1990년	1995년	2011년
벨기에	2.25	1.68	1.62	1.55	1.65
덴마크	1.95	1.55	1.67	1.80	1.74
독일	2.03	1.56	1.45	1.25	1.41
그리스	2.39	2.21	1.39	1.32	1.38
스페인	2.90	2.20	1.36	1.18	1.47
프랑스	2.47	1.95	1.78	1.70	1.96
아일랜드	3.93	3.25	2.12	1.86	2.02
이탈리아	2.42	1.64	1.34	1.17	1.39
룩셈부르크	1.98	1.49	1.61	1.69	1.77
네덜란드	2.57	1.60	1.62	1.53	1.66
오스트리아	2.29	1.62	1.45	1.40	1.40
포루투갈	2.83	2.18	1.57	1.40	1.50
핀란드	1.83	1.63	1.78	1.81	1.73
스웨덴	1.92	1.68	2.13	1.73	1.67
영국	2.43	1.90	1.83	1.70	1.91
일본	2.13	1.75	1.54	1.42	1.21

출처: 브라드쇼[1997], CIA[2011] The World Fact Book.

이러한 인구동향의 배경에 있다고 생각되는 것이 성별 구성에 관련된 상황이지만, 그것은 널리 알려진 시롭(Siaroff)에 의한 〈도표 2-6〉에서 잘 나타나 있다. 즉, 이탈리아, 스페인, 포르투갈, 그리스, 일본이 〈여성의 노동조건〉과 〈가족을 대상으로 한 복지〉의 2개의 지표값에 있어서 모두 낮은 그룹으로 분류되고 있다. 한편, 공통점은 여성노동력의 동향(낮은 여성노동력율과 최근에 있어서의 그 급속한 상승)에서도 볼 수 있다.[6]

〈도표 2-6〉 여성의 복지 · 노동환경

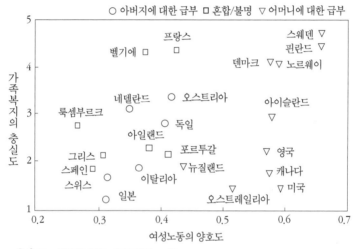

출처: Siaroff[1994], 岡沢 · 宮本[1997], p. 24.

공적부조가 최소한의 역할 밖에 하지 않고 있다는 점과 실업보험의 급부기간이 짧다는 점, 그 때문에 실업보험을 수급하지 않고 있는 장기실업자의 비율이 높다는 점 등은 '기초적 사회안전망'(후술)이 취약하다는 것을 나타내고 있으며, 예를 들면 장기실업자 등의 생활을 곤란하게 하고 있다. 이 장의 2절에서 설명한 남유럽 모델의 기본적 특징 네 가지 중에서 1)의 '불규칙

6) 포르투갈은 예외이며, 이전부터 여성의 노동력율은 높다.

또는 비제도적 노동시장 안에서 노동자에 대한 불충분한 보호'라는 것은 이러한 의미에서 이해되어야 한다. 또 남유럽과 일본에서 공통적으로 볼 수 있는 가족·인구구조의 급속한 '변화'는 종래의 이러한 문제를 사회 문제로 표면화시키지 않는 완충장치로서의 역할을 해왔지만, 그러한 상황이 급속하게 변화하고 있는 것이다.

한편, 일본에서는 최근 (사회)안전망이라고 하는 말이 사회보장전반을 가리키는 의미로 사용되고 있다. 그러나 이 말은 원래 '최후의 보루(the last resort)'로서의 공적부조제도를 의미하고 있었다. 가네코 마사루(金子勝), 다치바나키 도시아키(橘木俊詔) 두 사람의 저서(가네코[金子], 1999; 다치바나키[橘木], 2000)는 큰 사회적 영향력을 가졌으나, 이 점에 관하여 다소 문제를 확산시킨다는 예상 외의 부작용이 따랐다. 그 때문에 필자는 공적부조에 실업보험제도를 추가하여 '기초적 사회안전망'이라고 부른다. 다음의 지적은 그야말로 뛰어난 통찰력의 소산이라고 해야 할 것이다.

"…그렇지만 실업의 다발(多發)과 임금수준의 저하가 계속되고 있는 지금 기생충(parasite)의 관행은 언제까지 계속될 것인가? 최저임금제, 고용보험, 생활보호 등의 통일적인 시스템의 재구축이 그다지 멀지 않은 장래에 사회보장에 있어서 하나의 전문적인 연구초점으로 부상할 것이다"(구마자와[熊澤], 2003, p. 195).

4. 공통점과 차이점으로부터의 시사

남유럽 제국에서의 GDP에서 차지하는 사회보장지출의 비율은 일반적으로 유럽대륙의 보수주의 유형보다도 낮다. 예를 들면, 2007년 시점에서 그리스 21.3%, 이탈리아 24.9%, 포르투갈 22.5%, 스페인 21.6%, 오스트리아

26.4%, 벨기에 26.3%, 프랑스 28.4%, 독일 25.2%로 되어 있다. 이것은 '전반적인 경제발전의 지연', 농업 부문의 비중의 크기와 관련한 '늦어진 그리고 불완전한 산업화' 및 그러한 요인들에 기인하는 '사회보장제도의 후발성'으로 설명되고 있다(Katrougalos and Lazaridis, 2003, pp. 18-19). 이러한 설명은 앞으로의 경제발전 혹은 EU통합과 함께 지금까지 남유럽 제국의 특징이라고 여겨져 왔던 성격들이 약해질 것이라고 하는 다소 단조로운 전망으로 이어질 수 있다. 사실 카트로갈로스와 라자리디스(Katrougalos and Lazaridis, 2003)의 종장의 논의에서는 그러한 논조가 농후하다. 한편, 페레라(Ferrera, 1996)는 외적·내적 도전으로부터 직면하지 않을 수 없는 '구조적 위기'를 예측하고 있다. '구조적 위기'란 EU가입에 따른 재정지출의 삭감 등에 의하여(그리스, 이탈리아는 1993년 당시 유럽에서 재정적자가 가장 컸다), 또 출생률 감소의 영향으로(스페인, 이탈리아는 유럽에서 출생율이 가장 낮은 국가이다), '종래의 개별고객영합주의적 보조방식(the old particularistic-clientelistic forms of subsidization)이 한계에 도달하고, 그 결과, 전통적인 복지에 의해 중개되어 왔던 사회적 통합이 불안정하게 된다'는 것이다(Katrougalos and Lazaridis, 2003, pp. 33-34).

이러한 점에는 일본과의 비교를 시도할 때에도 중요하게 규명되어야 할 문제가 숨어 있다. 일본의 경우도 남유럽 제국과 같이, GDP에서 차지하는 사회보장지출의 비율이 보수주의 유형보다도 낮다. 여기서 주목해야 할 것은 일본이 남유럽 제국과 결정적으로 다른 것은 일본의 전후의 경제성장의 스피드가 상당히 빠르고, 현재는 1인당 GDP에서 남유럽 제국과 상당한 격차가 있다고 하는 사실이다(일본 4만2,325, 이탈리아 3만3,828, 스페인 2만9,875, 그리스 2만7,264, 포르투갈 2만1,030, US달러, 환율환산, 2010년). 이러한 단순하고 특이한 것이 없는 차이점으로부터 그러나 다음과 같은 중요한 함의를 도출해낼 수 있다.

첫째, 일본의 경우, GDP에서 차지하는 사회보장지출의 비율이 낮다는 사실을 '경제적 미발달'(economic underdevelopment, Katrougalos, 1996, p. 43)로는 설명할 수 없다는 점이다. 종래 사회보장지출이 낮은 것에 대하여, 비교적 자유주의적 레짐의 영향으로 설명이 되어져온 것 같으나 새로운 해석이 가능할지도 모른다는 것이다. 즉, 사실은 경제성장의 속도에 사회보장지출이 확대되는 속도가 미치지 못했거나, 혹은 경제확대의 속도가 급격하게 빠른 경우에는, 그 이전의 레짐 유형이 어떤 것이었던가에 관계없이 사회보장지출의 비율이 낮아지는 경우가 있을 수 있다. 이 점은 아시아NIES 제국 등 최근 급속한 경제성장을 경험해온 후발산업국(동시에 후발복지국가이기도 하다)에도 적용될 것이다.

둘째, GDP로 측정한 일본의 경제발전의 수준이 남유럽 제국보다 급속하게 또 오늘날에는 매우 높다는 사실에도 불구하고, 양자 간에는 사회보장제도나 인구, 가족, 성별 구성 등(광의의 인구통계학적 분석의 측면)에서 많은 공통점을 볼 수 있다. 이것은 '경제'의 발전과 '사회'제도의 전개, 변화가 반드시 병행하여 이루어지는 것은 아니라는 점을 시사하고 있으며, 양자의 조합이 몇 가지 형태로 이루어질 수 있다는 것을 보여 주고 있다.

남유럽형의 복지국가는 '세 개의 세계'의 보수주의 모델에 속하는 국가들 중에서는 후발성이 강한 국가들이다. 이것이 일본 혹은 동아시아 모델과도 공통되는 많은 특질을 가지고 있다는 사실은 복지국가 유형에 시간축을 도입하고, '후발복지국가'를 논의하는 데 있어서 주목해야 할 점이다. 그 어느 케이스에서도 가족에 의한 복지국가 기능의 대체현상을 볼 수 있지만, 특히 후자(일본 모델)의 경우, 분모인 GDP의 값이 큰 만큼 사회보장지출이 GDP에서 차지하는 비율이 작아진다. 이것은 사회 정책 비용이 적어도 된다는 점에서 이른바 '후발성 이익'을 누리고 있다고 이해될 수 있다. 한편, '이익'이라고 하는 말은 오해를 불러올 가능성이 있기 때문에 '후발성 효과'라고 하는 것이 적절할 것 같다. 그러한 광의의 인구통계학적 측면에서 볼 수 있는 후발성 효과가 복지국가의 대체기능을 하게 된 것이다(후발성 효과에 대한 자세한 내용은 본서 3장을 참조).

다시 한 번 확인하는 의미에서 부연설명하면, 일본의 경우, '후발성 효과'의 급속한 소실이라는 이른바 고비를 넘은 상황에 있으며, 가족주의나 기업 복지에 계속적으로 의존해가는 것은 곤란한 상황에 처해 있다. 이 점이 남유럽 모델 혹은 동아시아 모델과의 차이를 보여주고 있는 것이다. '후발성 효과의 향수'→ '후발성 효과의 소실'이라고 하는 프로세스는 후발복지국가의 하나의 다이너미즘을 형성한다고 할 수 있다. 그 프로세스의 어디에 위치하느냐에 따라 후발복지국가의 아종이 된 일본, 남유럽, 동아시아 각각의 유형의 위치가 결정된다. 동아시아 모델에 한정하여 말하자면, 그 하나의 중요한 특징은 가족주의가 비교적 강하게 존재하고 있다는 점이지만, 그것은 동아시아에서만 특징적으로 볼 수 있는 것은 아니며, 후발복지국가에서 공통적으로 볼 수 있는 현상이라는 것을 확인할 수 있다.

3장
동아시아 사회 정책의 가능성

1. 동아시아 사회 정책의 새 시대

최근 동아시아의 사회 정책이나 복지시스템을 둘러싼 관심이 국내외에서 고조되어 왔다. 그 배경으로서는, 1997~98년 아시아 경제·금융위기에 직면했을 때, 소위 사회안전망의 취약성이 노출되었다는 점이 크지만, 그와 함께, 1990년대부터 그 때까지와는 다른 새로운 움직임이 이 지역에서 태동하고 있었다는 사실을 간과할 수 없다. 몇 가지의 예를 제시하면 다음과 같다.[1]

- 중국의 1990년대초의 사회보장시스템의 전면적인 개편(사회보험과 일종의 적립기금(provident fund)인 개인계정제도를 통합한 연금, 의료보험제도의 도입)
- 한국의 의료보험제도의 통합과 종래의 생활보호법에 대신하는 「국민기초생활보장법」의 제정, 「노인장기요양보험법」의 시행(2008년)
- 대만의 분립되어 있던 의료보험제도의 통합('전민[全民]건강보험제도의

---

1) Holliday, Ian and Paul Wilding eds. [2003]; Kwon-leung Tang [2000]; Ming-Cheng Kuo, Hans F. Zacher and Hou-Sheng Chan eds. [2002]; Ramesh, M. with M. G. Asher [2000] 등.

도입, 1995년')과 '국민연금제도'의 도입을 위한 움직임

• 동남아시아에서는 태국의 「사회보장법」의 제정(1990년)에 의한 민간피
  고용자를 대상으로 하는 사회보험제도의 도입(이 제도가 도입되기 전까
  지는 노동자재해보상제도 이외의 사회보험제도는 존재하지 않았다)과
  21세기에 들어와서 농촌지역의 '30바트의료'의 시작

이와 같은 움직임에 대하여는 2006년 봄까지 합계 5회에 걸쳐 개최된 사
회 정책학회 아시아 국제교류 분과회와 8회에 걸쳐 개최된 테마별 분과회
('아시아 사회보장')에서 동시대적 관찰이 이루어져 왔다.[2]

이 장에서는 이러한 일련의 연구 축적을 바탕으로 ① 동아시아의 사회 정
책의 전개가 어떤 이론적 문제를 제기하고 있는지에 대하여 주로 한국과 중
국을 중심으로 검토하고, ② 전체적으로 그러한 움직임을 파악하기 위한 분
석틀을 제시하고 ③ 새 시대를 맞이한 동아시아의 사회 정책(학)의 앞으로
의 가능성과 과제를 명확히 하는 것을 목적으로 하고 있다.

2. 동아시아와 일본: 서로 배울 수 있는 공통기반의 형성

동남아시아의 사회보장에 대하여 뛰어난 연구를 하고 있는 스가야 히로
노부(菅谷廣宣)에 의하면, 아시아 제국의 사회보장 연구에는 다음과 같은
의의가 있다고 한다.

"첫째, 아시아 제국의 사회보장의 동향은 현지에 진출하고 있는 많은 일본
계 기업의 노무관리에도 영향을 미치는 문제이다. 둘째, 노동력의 국제적 이

---

2) 2005년 가을까지의 사회 정책학회 테마별 분과회 '아시아의 사회 보장'의 발자취에 대해서
는 우즈하시(埋橋, 2006b)를 참조.

동에 대응하여 사회보장의 국제적 조정이 중요한 과제가 된다. 이것은 현 단계에서는 주로 선진국 간의 문제이지만 장기적으로 보면, 예를 들어 ASEAN에서의 지역 내 조정의 필요성도 생기게 된다. 셋째, 사회보장의 구축에 관한 국제협력상의 필요성이 있다. 말할 필요도 없이 국제협력은 강제성이 있는 것이 아니라, 상대국의 실정에 맞춘 형태로 해야 하지만, 아시아, 특히 동남아시아 제국의 동향을 지속적으로 지켜보고 있는 전문가는 지금까지 거의 없었다"(스가야[菅谷], 2003, p. 9).

이 지적은 필자의 주장에 덧붙이는 형식으로 기술되어 있으므로 그 부분을 인용해보면 다음과 같다.

> … (우즈하시[埋橋]는) 아시아 제국에 관한 연구가 별로 진전이 없었던 이유로서 첫째, 아시아 제국에서의 사회보장 · 복지가 전체 국민경제에서 차지하는 비중, 존재감이 약했기 때문에 이 지역의 상황을 분석하는 데 있어서 사회보장이 주변적인 위치밖에 차지하지 못했던 점, 둘째, 경제발전단계에 맞는 사회보장 · 복지 시스템은 "불가역적"인 것으로서 후발이라는 것은 선발의 시스템에 있어서 언젠가 걸어온 길이기는 하지만, 앞으로의 진로와는 별로 관계가 없는 것이다(아시아의 사회보장은 일본의 사회보장 정책에 있어서 별로 참고가 안된다)고 생각하는 경향이 있다는 것을 들 수 있다(스가야[菅谷], 2003, pp. 8-9).

위에서 필자가 지적한 첫 번째 점에 관해서는, 상황이 바뀌고 있다. 사회보장이나 복지시스템의 문제가 국민의 관심을 끌어 정책어젠다의 전면에 나와 제도적으로 정착되는 것은 역시 어느 정도의 산업화와 1인당 소득의 상승을 경험한 이후라는 점을 다시 한번 확인할 수 있다. 이러한 흐름으로 이어지는 것은 첫째, 산업화나 도시화에 의하여 가족이나 개인이 대응할 수 없는 문제군이나 리스크가 등장하기 때문이다. 둘째, 경제발전에 의하여 새롭게 등장한 사회 문제를 해결하기 위한 사회 정책비용을 조달할 수 있는 재원 즉, 자원이 생겨나기 때문이다. 물론, 이러한 '산업화 요인'은 근저에 작용하는 요인으로서는 중요하지만, 그것은 일반적인 논의에 머무른다. 구체적인 대처방법은 지금까지의 역사적 경위에 의하여 어느 정도 규정될 것이고, 원래부터 그러한 시책이 실제로 실시될 것인가 아닌가 혹은 그 내용(커버하는 범위나 수준)은 그 시대의 정권의 성격이나 정치적 상황에 따라 크게 좌우된다.

이하에서는 필자가 설명한 두 번째 점에 대해서도, 즉 '아시아의 사회보장은 일본의 사회보장 정책에 있어서 별로 참고가 되지 않는다'는 것과 관련하여 상황이 크게 바뀌고 있다는 점, '아시아 제국의 사회보장을 조사해보면, 사실은 일본에 있어서 참고가 될 만한 예를 볼 수 있다'(스가야[菅谷], 2003, p. 9)라는 것을 포함하여 정책이전(policy transfer)을 위한 공통의 논의의 장이 생기고 있다는 것을 설명하고 싶다.

우선, 두 번째 지적한 점과 어떤 의미에서는 반대되는 문맥이지만, 일본의 경우, 제2차 세계대전 이전부터의 사회 정책의 입안과 실시에 있어서 참고로 해 온 것이 독일이나 영국, 혹은 미국 등의 구미 제국이었던 것에 비하여 오늘날의 동아시아 제국은 그에 추가하여 일본의 경험으로부터도 배울 점이 있다는, 이른바 당연하다고도 할 수 있는 사실에서부터 논의를 시작하겠다.

이와 관련하여 미야모토 타로(宮本太郎)는 일본은 『세 개의 세계』와 동아시아 모델의 사이'에 위치해있다고 하였으며, 다음과 같이 설명하고 있다.

> … 일본은 선진공업국의 복지 모델과 후발 동아시아 모델의 중간지점에 위치하고 있다고 할 수 있다. 일본을 에스핑 안데르센의 『세 개의 세계』에 등록한다고 한다면, 그것은 자유주의적 레짐의 요소를 내포한 보수주의 레짐으로 간주할 수 있지만, 그 레짐에 완벽하게 포함되지 않는 몇 가지의 특징에 대해서는 역시 후발복지국가의 선두주자라고 설명할 수 밖에 없다(미야모토[宮本], 2003, pp. 28-29).

이것은 동아시아 제국이 '세 개의 세계'의 방향으로 나아가는 도중에 일본이 경험한 것을 경험해야 한다는 것을 의미하는 것은 아니다. 단지, 일본의 예가 구미에서 탄생한 사회 정책이나 사회보장의 도입을 일찍부터 시도했다고 하는 (다른 동아시아 국가가 참고로 할 수 있는) 선행사례를 제공하고 있는 것은 확실하다. 한국의 최근 몇 가지의 예를 들면, 1995년의 고용보험법의 내용은 일본의 그것과 매우 유사하고(이[李], 2004), 2008년 7월에 시행된 노인장기요양보험법은 요개호(要介護)도의 순위와 명칭이 일본과 반대라는 차이점, 또한 현금급부의 범위를 다소 넓혔다는 차이는 있지만, 일본의 개호보험법과 비슷한 내용으로 되어 있다(단, 역사적인 경위에 의하여 보험자가 일본은 시정촌(市町村)인 것에 비하여 한국은 건강보험공단이며 또 케어매니저제도가 도입되지 않았다는 차이는 있다).

물론 필자는 애국자적인 감회를 토로하고 싶은 것은 아니다. 아시아 제국 사이의 정책이전은 반드시 일본에 한정된 것이 아니라는 것도 확인해둘 필요가 있다. 예를 들면, 중국은 이미 말한 연금·의료제도의 전면적 개편에 즈음하여 싱가포르의 강제적립기금제도(Central Provident Fund, CPF)를 참고로 하였고, 한국에서의 의료보험제도의 통합은 대만에서의 경험('전국민 건강보험제도')으로부터 많이 배운 것이다.

필자가 관심을 갖는 것은 동아시아 제국에 있어서 일본의 사례가 하나의 벤치마크가 될 경우, ① 어떤 문맥에서 동아시아 제국이 일본 방식의 정책이전을 도모하려는 것인가, ② 일본의 정책의 어떤 점이 좋은 사례로서 참고가 되는 것인가, ③ 도입에 즈음하여 일본의 실시경험을 바탕으로 어떤 개선점을 고안하려고 하는 것인가 등이다.

또 여기에서 필자가 지적한 두 번째 문제로 귀착되는 느낌이 있지만, 예를 들면, 한국에 있어서의 「사회 정책의 초고속적 확대」(이혜경)에 있어서 일본에서 현안이 되고 있음에도 불구하고 아직 해결되지 않은 과제를 해결하려 하고 있다는 점에 주의할 필요가 있다. 그것은 분립되어 있던 의료보험제도의 통합이나 의약분업의 실시, 의료수가 청구서의 컴퓨터 처리 시스템, 진단군별 정액보수지불 방식(DRG)의 도입, 수급권을 명확히 하고, 일본의 생활보호와는 달리 노동능력이 있는 사람에게도 수급의 길을 열어 놓은 「국민기초생활보장법」이다. 또 근로빈곤층을 대상으로 하는 세액공제제도도 그렇다. 이러한 것의 결과, 「일본형 복지제도로부터의 괴리」(김연명 편, 2006, pp. 83-84)가 초래되었다고 하는 주장이 제기될 정도에 이르고 있다. 따라서 1990년대 이후의 동아시아의 사회 정책·사회보장의 형성이나 재편의 큰 물결 안에서 정책결정(policy-making) 측면에서 서로 참고가 되는 공통의 장(場)이 형성되고 있는 것을 확인할 수 있다. 이 공통의 장은 일정한 정치적 민주화와 경제성장을 배경으로 해서 조성되어 온 것이다(〈도표 서 4〉도 참조). 물론, 이러한 장(場)에 올라가서 지금까지 이상의 연구·정책 면에서의 교류가 촉진될 필요가 있다. 그것은 스가야(菅谷)가 지적한 바와 같이 '사회보장의 구축에 관한 국제협력의 필요성'에 부응해가는, 전부는 아니지만 하나의 길은 될 것이다.

3. 후발성 이익의 '향수'에서 '상실'로

1) '후발성' 개념에의 주목

일본이나 한국은 후발복지자본주의라든가 후발복지국가라고 할 수 있을 것이다. 일본이 '선진 공업국의 복지 모델과 후발동아시아 모델의 중간에 위치'하고 있다고 하는 미야모토(宮本)의 견해에서도, 이 '후발'의 개념이 사용되고 있다. 이하에서는 이 후발(성) 개념에 대하여 고찰한다.

일본에서의 비교복지 국가론의 논의에 있어서 이 개념이 부상한 것은 에스핑 안데르센의 유형론을 인용해서 일본의 위치를 파악하려 할 때 '일본에 적용될 수 있는 적절한 유형이 없었다는 점'이 출발점이 되었다. 여기에서 출발하여 한편에서는, 안이하게 동아시아 모델을 제기할 것이 아니라 동일한 후발자본주의 혹은 후발복지국가라고 생각되는 남유럽-지중해 모델과의 차이점에 관한 〈공간적 비교〉로 그 시야를 넓히는 노력을 하게 되었다(본서 2장을 참조). 다른 한편에서는, '원래 이 (선진공업국과 동아시아 복지국가의) 두 얼굴'을 가지고 있던 일본에 대하여 '세 개의 세계에서는 명시적으로 다루어지지 않고 있는 〈시간축〉의 경제·사회구조에의 영향'을 검토할 필요가 제기된 것이다(미야모토[宮本]·펭[Peng]·우즈하시[埋橋]2003], pp. 295-96). 이러한 〈시간축〉의 도입은 정태적 유형론에서 동태론으로 한 걸음 내딛는 시도의 일환이었다고 생각된다.

2) 후발성이 미치는 영향

이상과 같이 비교복지국가론에서 주목받아 온 '후발성'은 해당국가의 그 이후의 사회 정책의 발걸음에 대하여 어떤 특징을 가져 오는 것일까?

첫째, 공적 복지(state welfare)가 차지하는 비중이 낮아지는 한편, 가족이나 기업이 복지기능을 대체하는 현상을 광범위하게 볼 수 있다. 웰페어믹스(welfaremix)나 복지의 복합경제(mixed economy of welfare)라는 견해는 1970년대 후반의 '위기' 이후의 복지 국가의 재편기에 주목받아 왔지만, 일본과 같은 국가에서는 제2차 세계대전 이전부터의 사회 정책의 사(史)적 규명을 위한 유용한 분석개념이 될 수 있다(다마이[玉井], 2001).

둘째, 이 장의 4절에서 다룰 주제이지만, 후술하는 '경제적인 의미에서의 후발성 이익'을 이용한 급격한 산업화의 진전은 노동자에게 큰 희생을 강요한 결과, 공장에서의 노동시간이나 위생기준 면에서의 국가의 개입이 불가피해진다. 또 노동자세대의 재생산을 위한 조건정비가 중요한 문제로 부상하게 된다. 비유적으로 말하면, 일할 수 없는 사람에 대한 이전급부=재분배보다도 처음부터 일하고 있었던 사람의 생활이 성립되기 위한 생산점에서의 규제가 필요하게 된다. 그 연장선상으로 노동조합의 승인이나 노사관계의 안정을 위한 제도적·법적 틀의 확립이 중시되어 '재분배'보다도 공장법에서 전형적으로 볼 수 있는 것과 같은 '규제'가 국가에 의한 개입의 중요한 형태가 된다.

셋째, 위의 논의와 중복되는 내용이지만, 경제성장에 의한 고용기회의 창출과 제공에 대한 정책적 우선순위가 높고(=개발주의적 특징), 또 제2차적인 역할 밖에 기대되지 않는 복지시책에 있어서도 취직에 의한 생활자립에 중점을 둔다. 즉, 이관유가 말하는 '잡은 물고기를 주는 것보다도 물고기 낚는 방법을 가르치는' 방식(→생산주의적 특징, '처음에 취직하고 있어야'라고 하는 의미에서의 워크 페어적 특징)을 채택한 경우가 많았다(본서 1장 3을 참조).

넷째, 전장에서 말한 바와 같이 후발자본주의는 일정한 조건 아래에서 경제적인 의미에서의 후발성 이익을 누려 급속한 경제발전=캐치업(catch up)이 가능하지만, 동시에 사회적인 의미에서의 후발성 이익(후술)도 누릴 수 있으며, 그 결과, GDP에서 차지하는 사회지출의 수준은 낮아지게 된다(일본이나 아시아NIES에 적용된다). 단, 이 두 가지 의미에서의 '후발성 이익'을 누릴 수 있는 기간은 영원한 것이 아니라, 언젠가는 그것이 상실되어 가는 시기를 맞이하게 된다. 사회적 의미에서의 후발성 이익이 상실되어 가는 과정은 일정한 조건 아래에서 후발복지국가의 형성 혹은 확대기와 겹친다고 생각되지만, 어쨌든 후발성의 향수와 그 상실이라고 하는 과정에서 보여지는 특징은 해당 후발복지국가의 움직임에 독특한 성격을 부여한다.

3) 사회적인 의미에서의 '후발성 이익'

이상에서는 '경제적인 의미에서의 후발성 이익'과 '사회적인 의미에서의 후발성 이익'을 구별했다. 이 점에 대해서는 앞에서 언급한 적이 있지만(우즈하시[埋橋], 1997, 종장) 다소 보강하면서 다시 설명하면 다음과 같다.

미국의 경제역사가인 거센크론(Gerschenkron)이 처음으로 사용하고, 또 일본에서는 와타나베 도시오(渡邊利夫)가 아시아NIES의 경제성장을 설명하기 위하여 인용한 '후발성 이익'은 기본적으로 선발국으로부터의 기술 이전이나 자본을 이용함으로써 후발국이 급속한 경제발전을 이룩할 수 있다는 점에 주목한 것이다.

한편, 필자가 예전에 설명한 사회적인 후발성 이익이라는 것은 '후발 산업국의 급속한 경제적 발전이 종래의 인구·가족구조나 사회적 규범하에서 생긴다는 갭에 주목하고 있다'(우즈하시[埋橋], 1997, p. 196). 그 경우에 있어서, 종래의 인구·가족구조나 사회적 규범이라는 것은 첫째, 젊은 인구구조=풍부한 청년노동력의 존재이며, 둘째, 가족구성원에 의한 고령자부양·개호 케어나 보육케어 서비스의 제공이며, 또 그것을 유지하는 사회적 규범이 존재하고 있다는 점이다. 덧붙이자면 인구학에서는, 경제의 테이크 오프(take off) 이후 성장궤도에 진입해있지만 인구구성이 젊고 풍부한 노동력의 증대가 예상되며, 또 경제사회의 성숙에 따른 저출산·고령화의 영향이 먼 장래에 나타나는 상태를 〈인구 보너스〉의 시기라고 한다(다음 장의 〈도표 4-3〉을 참조). 후발국이 경험하는 인구 보너스는 여기에서 말하는 '사회적인 의미에서의 후발성 이익'과 일부 중복된다고 생각해도 좋다.[3]

---

3) 인구 보너스의 시기는 선진국도 예전에 경험한 것이다. 그것이 후발성 이익과 겹치는 것은 선진국이 그것을 상실하고 나서 나중에 후발국이 경험한다고 하는 시간차가 있기 때문이다. 또한 이 인구 보너스에 대해서는 오치아이에미코(落合惠美子) 교수(교토[京都]대학)로부터 유익한 시사를 얻었다.

위에서 갭이라는 단어를 사용했지만, 그 갭이 존재하는 기간, 말하자면 사회 정책비용이 절약되게 되고, 그 만큼 재정자금은 산업기반정비의 사회자본이나 공공 사업에 중점적으로 사용될 수 있다. 또 기업도 임금이나 노무비용을 절약할 수 있다. 따라서 이러한 갭은 동시에 비용부담 면에서 보면 '이익의 향수'라는 의미가 있는 것이다. 여기에서 사회적인 의미에 있어서의 후발성 이익이 경제적인 의미에서의 후발성 이익으로 전환된다. 즉, 사회적인 의미에서의 후발성 이익도 비용의 절약이라고 하는 경제적 귀결을 가져온다. 따라서 이것을 '후발성 이익의 사회적 측면'이라고 하는 편이 더 이해하기 쉬울 지도 모른다. 단, 이익을 향수할 수 있는 기간은 영원한 것이 아니라는 것은 이미 앞에서 말한 바와 같다. 부연하면 다음과 같다. 다시 말해서, 후발성 이익의 '향수'는 일본이나 아시아NIES 제국에서는 각각 언제부터 시작하여 어느 정도 계속된 것인가, '상실'의 출발점은 어디인가 등의 문제를 엄밀하게 논의하기 위해서는 실증적인 데이터의 수집이 필요하겠지만, 그 이전에 개념의 정의를 보다 엄밀하게 하고 조작적인 분석틀을 개발할 필요가 있다.

또한 후발성 이익의 '향수'로부터 '상실'이라는 흐름에 있어서 '한 자녀 낳기 정책'이라는 인위적인 인구 정책을 취하고 있는 중국은 다음의 인용문에서 여실히 나타나고 있는 것처럼 매우 특이한 위치에 있다.

중국보다 먼저 고령화 사회에 진입한 국가는 1인당 연간소득이 약 1만 달러인데 비하여 중국이 고령화 사회가 된 해 즉, 2000년의 1명당 연간수입은 1,000달러도 되지 않고 있다. 현재 겨우 1,200달러에 달한 것이다. 명실 공히 개발도상국이면서 고령화 사회를 맞이한 것이다.(楊, 2006, p. 72).

이러한 상황은 중국이 1990년대초부터 단행한 연금제도나 의료보장 제도의 대폭적인 재편에 즈음하여 싱가포르의 CPF를 개인구좌라고 하는 형식으로 일부 도입했다는 것을 설명하고 있다. 즉, 인구구성의 변동에 영향을 받지 않는 적립방식으로의 재편을 의도하고 있는 것이다. 싱가포르의 경우, 개발자금의 공급이라고 하는 '개발주의'적인 측면이 강했지만, 중국의 경우, 고령화 사회의 도래를 예측하여 도입했다고 해야 할 것이다. 단, 그렇다고 해도 낙관할 수 있는 상황은 아니다. 왜냐하면 개인계좌의 자금이 이미 부과방식 아래에서 연금보험기금 쪽으로 유용되고 있으며(소위 '빈 계좌'의 존재), 장래를 위한 충분한 자금이 적립되어 있는 것은 아니기 때문이다. 중국의 경우, 단적으로 말해서 '인구 보너스'를 얻을 수 있는 기간이 짧다(본서 4장 2, 〈도표 4-3〉 참조). 물론, 인구통계학적(demographic) 요인만이 사회적인 의미에 있어서의 후발성 이익이 아니며 그것이 사회·경제 전체의 진로를 결정하는 것은 아니지만, '개발도상국이면서(의) 고령화 사회'에 있어서의 사회 정책은 매우 특이한 것이라는 점은 분명할 것이다.

4. 중국의 고도성장과 소득분배의 동향: 중국 국내의 '사회 정책'

『가계조사』의 전 세대 집계에 의하면, 일본에서는 고도성장전기(1960~70년)에 소득불평등도가 저하되고, 1970년대 후반 이후에는 확대로 변하고 있다. 그 후의 거품경제 혹은 '잃어버린 10년'을 통하여 확대경향이 계속된 결과, 현재 '격차사회'의 행방에 관심이 모아지고 있다.

한국에서의 1976~94년의 지니계수(Gini's coefficient)의 추이를 보면, 85년을 정점으로 역U자형을 보이고 있다. 즉, '85년까지는 격차가 확대되었고, 그 이후 대폭 축소되었으며, 94년의 지니계수(Gini's coefficient)는 76년과 거의 같아지고 있다'(경제기획청·가계경제연구소[1996]). 그 후 한국에서는 1997~98년의 IMF 금융위기 이후 소득 불평등도는 높아지고, 현재 '양극화'

문제가 크게 클로즈업(close-up) 되고 있다(김, 2009).

그런데 중국에서는 1980년대 이후 고도 성장이 계속되고 있지만, 그동안, 소득 불평등도는 확대되고 있다(지니계수[Gini's coefficient]는 80년대 초기 0.28, 95년 0.38, 90년대말 0.458, 楊, 2006).

쿠즈네츠의 역U자형 커브 가설이 맞다고 한다면, 일본의 1960년대의 고도 성장은 역U자 정점의 오른쪽의 또 중국의 80년대 이후의 그것은 역U자 정점의 왼쪽에서의 현상이라는 말이 된다. 왜 일본의 고도성장기에는 소득분배의 평등화가 진전되고, 중국의 고도성장기에는 반대로 불평등화가 진전되고 있는 것인가, 문제는 그 메커니즘에 있다. 이하에서는 일본의 고도성장기와 비교하면서 이 문제를 다루고자 한다.

일본의 고도성장기에는 기본적으로 〈도표 3-1〉과 같은 메커니즘을 통해서 소득격차가 축소되었다고 생각된다.

〈도표 3-1〉 소득격차축소의 메커니즘(일본, 1960년대)

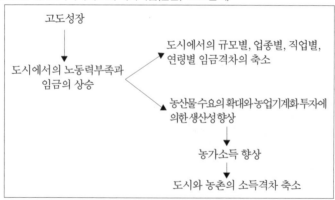

도표 〈3-1〉에 추가하면, ① 객지에서 취업함으로써 얻어지는 농가소득의 향상, ② 농촌에서 도시로의 인구유출, ③ 쌀 가격유지 정책(식량관리제도)에 의한 농가소득의 향상, ④ 지방의 산업진흥사업이나 공공토목사업에 의

한 소득이전, ⑤ 겸업농가의 증가 등을 생각할 수 있다. ③, ④에 대해서는
다음의 지적이 시사하는 바가 크다.

> … 평등화의 의미는 직종 간·직업 간의 격차시정(是正)으로 이해되어져 왔다.
> 다시 말해서 이케다(池田) 내각은 이미 존재하는 파이의 재배분보다는 고도성장
> 정책에 의한 파이의 확대를 가장 중요한 목적으로 추구하였으며, 또 경제효율이
> 좋고 소득이 증대하는 성장 부문에서 파이를 늘리고, 그 파이를 경제효율이 나
> 쁜 중소기업·자영업·농업(혹은 이 업종이 많은 지역)에 재분배함으로써 "평
> 등화"를 달성하려고 한 것이다(가네코[金子], 1997], pp. 151-52).

그렇다면 중국에서의 소득불평등도가 확대되고 있는 것은 어떻게 이해
해야 할까? 필자가 알고 있는 단편적인 사실로 보아도, 위의 도표가 나타내
고 있는 것과 같이 격차축소의 메커니즘이 부분적으로는 기능하고 있다고
생각된다. 예를 들면, 연해도시지역에서의 노동시장의 궁핍과 임금의 급상
승, 개혁초기에 나타난 '만위안호(万元戶)' 등의 농가소득의 향상이나 도시
근교농업의 융성, 년간 1억 명 이상이라고 하는 '농민공(農民工)'의 도시에
서의 취업 등이다.

한편, 격차확대의 요인으로서는 ① 현저하게 규모가 확대되고 있는 금융
서비스나 무역 등의 산업에서는 창업자나 경영자의 보수는 일반노동자의
임금에 비교하여 매우 높다는 것, ② 양적으로 많이 부족한 경영관리자나 고
급엔지니어층의 높은 보수, ③ 엄격한 호적제도에 의하여 도시로의 이동이
제한되고 있는 가운데 농가소득이 증대되지 않고 있다는 점, ④ 일반도시노
동자와 비교하여 낮은 임금·노동조건의 '농민工'(농촌호적을 가지고 도시
로 이동한 노동자)의 존재, ⑤ 사회주의시대부터 현저했던 농업기계화 투자
의 지연 등을 들 수 있다. 혹은 우리들의 상상을 초월하는, 가혹한 자연조건,
지리적 조건에 처해 있는 농촌, 농민의 존재 등도 ⑤의 원인을 강화시키고,

격차를 조장할 것이다. 도시 내부에서의 격차확대도 있지만, 사회전체로서는 도시와 농촌의 격차확대의 영향이 컸던 것 같이 생각된다. 이러한 영향들이 한꺼번에 나타나게 된 결과, '하나의 중국, 네 개의 세계'(楊, 2006)라는 상황이 나타나게 된 것이다.

이러한 상황은 기본적으로 개혁개방 이전에 형성된 '중국 특유의 도시-농촌의 이원적 사회구조'를 이어받으면서 '선부론(先富論)'에 근거하는 정책에 의하여 도시에서의 공업화-경제성장이 우선된 결과라고 생각된다(王[2004], 1장). 높은 성장을 구가하는 도시지역과 뒤떨어진 농촌지역과의 사이에서 소득이나 사람의 흐름을 둘러싼 호순환이 형성되지 않고 있는 것이다. 오늘날 사회 정책상의 대응이 요구되고 있는 '농민工'에 한정하여 설명하면, 그들이 도시 저변층의 영역을 벗어나지 못하고, 그 때문에 도시에서 농촌으로의 소득의 흐름이 원활하지 않은 것도 농촌이 뒤떨어지고 있는 큰 요인이다.[4]

현재까지 공식적으로는 '선부론'이 철회되지 않았지만, '삼농 문제'가 크게 문제되고 있는 점에서 알 수 있는 것처럼, 부분적으로는 그 수정의 조짐은 보이고 있다. 물론 중국에서의 정책변경이 단계적으로 이루어져 온 경위로 보아도 급격한 정책변경은 없을 것이다. 단지, 오늘날 '사회 정책의 결여'가 문제시되었으며, 각 방면에서 사태의 해결을 호소하는 목소리가 들려왔다. 이하의 인용문으로부터 광의의 사회 정책에의 큰 기대를 느낄 수 있다.

중국의 개혁은 오늘날까지 사회의 불공평을 완화시킨 것이 아니고, 도리어 심각하게 만들었다. 이것은 대다수의 국민이 의료위생, 교육, 주택, 사회복지 서비스 등의 분야에서의 정부 정책에 대한 불만을 오랫 동안 갖고 있었던 것이 원인이며, 또 정부가 다양한 분야에서 구체적인 정책에 대하여 수정해도 개선이 보여지지 않는 원인이기도 하다(楊, 2006, p. 91).

---

4) 중국에 있어서의 격차확대의 메커니즘에 대해서는 미야케요이치(三宅洋一), (오사카[大阪] 경제대학)로부터 유익한 시사를 얻었다.

필자는 중국에서 진행 중인 사회 정책개혁이 성과를 낳고, 위의 인용문에 있는 것과 같이 '의료위생, 교육, 주택, 사회복지 서비스 등의 분야에서 정부 정책에 대한 불만'이 해소되었을 때에 처음으로, 개혁개방 정책이 최종적으로 성공했다고 말할 수 있는 것이 아닐까라고 생각한다. 무엇보다도 중국 국민이 그렇게 생각하고 있을 것이다.

앞의 절에서 설명한 것과 같이 '발전도상국이면서 (의) 고령화 사회'라는 경험은 일본이나 한국은 경험하지 않았지만, ① 일본 농촌에서의 의료보험이 빠른 시기에 보급된 점, ② 일본에서는 고도성장의 시작 전, 한국에서는 고도성장 후라는 차이는 있지만, 양국에서의 '개보험, 개연금'의 달성, ③ 일본과 한국에서의 양질의 노동력의 형성과 공급 등은 중국의 앞으로의 사회 정책의 발전에 있어서도 참고가 될 것이라고 생각된다.

5. 동아시아 사회 정책통계 데이터베이스의 정비

앞으로는 종래보다 더 동아시아 제국 간의 학회, 대학, 연구자 개인 등의 다양한 채널을 통한 교류가 활성화될 것이다. 그 때에 유의해야 할 점은 그 움직임을 지속적이고 확실한 것으로 만들어가기 위해서는, 첫째, 비교가능성(comparability)에 유의한 아시아 사회 정책 통계 데이터베이스의 정비·구축, 둘째, 계속적·정점관찰적인 조사 프로젝트의 실시가 필수불가결하다는 것이다.

물론, 이러한 일은 OECD나 ILO 등의 국제기관이 담당해야 할 성격의 문제이다. 그러나 동아시아에서 OECD에 가맹하고 있는 국가는 일본과 한국의 2개국이다. 대만은 가맹요건을 갖추지 않고 있으며, 싱가포르는 가입하지 않고 있다.

ILO에는 중국을 포함한 아시아의 많은 나라가 가입하고 있다. 이 점이 OECD와는 다르지만, 대단히 유익하고 이용가치가 컸던 The cost of social security의 조사는 1996년을 마지막으로 중단한 상태이다. 그 이유는 유럽 제국이 EU의 독자적인 데이터베이스 EUROSTAT의 구축으로 방향전환을 했기 때문이다. 즉, 유럽 제국에 있어서 ILO 기준에 따른 형태의 조사와 집계가 이중의 부담이 되기 때문에 협력하지 않게 된 것이다.

그 외에도 개별 테마별로, 각국의 정보제공자(national informant)를 동원한 대규모 국제비교 프로젝트도 있다. 예를 들면, 영국의 요크대학이 영국의 사회보장성과 OECD의 자금지원을 받아 실시한 〈아동지원패키지〉, 〈한부모가정〉, 〈공적부조〉에 관한 각각의 프로젝트는 복지레짐의 실증적 검증이나 각각의 국가에서의 사회 정책의 산출물을 비교 검토하는 데 있어서 큰 성과를 낳았다. 무엇보다도 일본의 데이터가 포함되어 분석되었다는 것이 중요하다.[5]

그러나 이러한 종류의 연구 프로젝트에도 문제가 없는 것은 아니다. 첫째, 주로 재정적인 이유로 인해 계속적인 리서치가 보장되지 않고 있다는 점이다. 또한 각 조사시점에 있어서의 핫 이슈에 국제비교 분석의 초점을 맞춘다는 것은 정책상의 의의는 크지만, 이슈 바로 그 자체가 빠르게 변화하기 때문에 계속적인 관찰 혹은 정점관찰에는 곤란이 따른다(그렇다고는 해도 이러한 종류의 국제비교 프로젝트는 앞으로도 활발하게 진행될 것으로 예상되므로 지금까지 이상의 아시아로부터의 적극적인 참가가 장려되어야 한다). 둘째, 유럽에서 실시되는 조사프로젝트에서는 당연할지도 모르겠지만, 호스트역할의 국가, 지역의 관심이나 시점이 우선되어 데이터라고 해도, 예를 들면 동아시아의 주택양식이나 가족형태의 차이를 반영한 집계나 분석

---

5) Bradshaw et al. [1993], Bradshaw et al. [1996], Eardley et al. [1996a], Eardley et al. [1996b]를 참조.

이 어렵다. 즉, 조사의 설계나 데이터의 집계가 유럽 혹은 미국 기준으로 치우치는 경향이 있어서 일본이나 아시아의 상황이 충분히 반영되지 않고 있음을 알 수 있다. 이 점에 대해서는, 각각 다른 문맥에서 지적되고 있긴 하지만, 다음의 인용이 참고가 된다.

> … 수입학문으로서의 비교복지국가론에 있어서 자기 나라를 어떤 위치에 놓는가라는 오리엔탈리즘(orientalism)의 문제가 아니라 독자적인 자기이론과 관찰로부터 자국의 정책론을 도출해야 한다는 패트리어티즘(patriotism)이 요청되고 있는 것이다. …독자적인 관찰을 하기 위해서는 독자적인 데이터베이스를 정비할 필요가 있다(가미무라[上村], 2004, p. 81).

> … 진노 나오히코(神野直彦) 선생에 의하면, 동아시아, 동남아시아에서 재정 데이터를 수집하고, 그것을 동일한 기준으로 정비하는 일은 진행되고 있다고 합니다.… LIS에 가입하지 않는 것도 큰 문제이며, 그런 일본이 말하는 것은 건방집니다만, 예를 들면, 일본정부가 5억 엔이나 6억 엔을 내놓는다면, 아시아 여론조사 기구를 만들 수 있지 않을까라는 이야기가 있습니다. 이처럼 아시아통계기구라는 것이 없으면 안된다고 생각합니다. … 공통 정책으로 나아가기 전에 아시아의 통계 인프라(infrastructure)가 필요합니다. 역시 일본이 돈과 사람을 제공해야 합니다(오사와[大澤], 2004. pp. 343-4).

　향후의 동아시아의 사회 정책학의 발전을 위해서 보다 구체적으로 말하면, 공통의 장에 서서 정책평가와 함께 앞으로의 정책형성을 위한 활발한 논의를 위해서는 동아시아 사회 정책통계 데이터베이스의 정비·구축과 그것을 이용한 계속적·정점관찰적인 조사 프로젝트의 조직화가 없어서는 안될 것이다.

4장
일본의 고령화 '대책'을 되돌아보며
동아시아 사회보장에의 교훈

1. 일본의 시행착오적 경험으로부터

일본은 구미 제국과 비교해서 고령화의 스피드가 빠르고, 또 2050년경에 정점에 달할 것으로 예측되는 고령화율의 수준도 높고, '스피드'와 '수준'양쪽의 지표로 보았을 때, 고령화가 사회에 끼치는 영향은 매우 크다. 이러한 고령화의 진전에 따른 국가의 대응은 어떤 것이었을까? 일본이 고령화 '대책'에 본격적으로 착수한 것은 1980년대 후반이었다.[1] 그 때부터 20년 이상의 고령화 대책의 역사와 경험을 갖게 된다. 현 시점에서 축적된 경험을 되돌아보고 몇 가지 특징을 정리하고, 교훈을 얻는 것이 이 장의 과제이다.

위의 과제를 해결하기 위한 시도는 일본과 동일하게 혹은 그 이상으로 고

---

1) 일본의 고령화 '정책'이 언제 착수되었는지를 확정하는 것은 어려운 문제이다. 1961년의 '개연금 · 개보험'체제의 실시는 노령연금의 정비라고 하는 관점에서 보면 중요한 정책-제도화였으며, 1973년 '복지 원년'에 연금급부 수준의 대폭적인 인상은 노후연금생활의 개선이라고 하는 관점에서 보면 시대를 선도하는(epoch-making) 일이었다. 이것과 비교했을 때 1980년대 후반에 한편에서는, 1986년 연금개혁에서 볼 수 있는 것과 같이, 고령화가 진전되고 있는 가운데 주로 재정적인 관점에서 보면, 지급개시 연령의 상향조정과 급부 수준의 하향조정이 이루어졌으며, 다른 한편에서는, 개호보험법 제정의 움직임에서 볼 수 있는 것처럼 지금까지의 정책-제도에서는 지극히 허술했던 개호서비스 공급의 확대가 나타났다. 양자 모두는 종래의 고령화 정책의 큰 궤도수정을 의미한다. 여기에서는 그러한 문맥으로 고령화 '대책'이라는 단어를 사용하고 있다. 즉, 고령화의 진전을 전제로 한, '재정적인 관점을 가미한 고령화 정책'을 의미하며, 특별한 국면에서 나타난 고령화 정책(광의)의 하나이다.

령화 속도가 빠른 동아시아의 각국(한국, 대만, 중국, 싱가포르 등)의 향후의 정책결정에 도움이 될 것이라고 생각된다. 〈도표 4-1〉에서 보는 바와 같이 일본의 24년간은, 고령사회로의 연착륙(soft landing)을 위한 기간이었다. 일본은 이 짧은 기간에 이른바 '뛰면서 생각하고 행동할' 필요가 있었다. 그러한 시행착오적인 경험은 일본보다 고령화 속도가 빠른 한국(〈도표 4-2〉 참조)을 비롯하여 앞으로 일본과 비슷한 경험을 할 것으로 예상되는 동아시아 각국에 '참고사례'(reference case)를 제공하고, 어느 정도의 시사를 줄 수 있다고 생각한다.

또한 한국에 관한 필자의 정보·지식은 한정된 것이지만, 이하에서는 각각의 주제마다 가능한 한 한국의 상황에 대해 언급하여 양국의 '상황'이나 '대응'의 차이에 대해 설명하겠다.

〈도표 4-1〉 고령화 속도

국가	영국	미국	스웨덴	프랑스	일본	한국
고령화율 7%에서 14%에 도달할 때까지의 경과년수	46	69	82	114	24	18

출처: 알코크, 그레이그편[2003]p. 133에 한국의 수치를 추가.

〈도표 4-2〉 65세 이상 인구비율 도달년차-일본과 한국

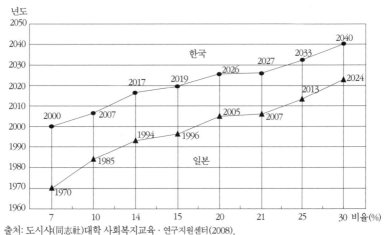

출처: 도시샤(同志社)대학 사회복지교육·연구지원센터(2008).

2. 일본의 경험의 일반성과 특수성

1) 인구 보너스 시기에서 인구 오너스의 시기로

일본의 고령화는 다른 많은 나라의 경우와 동일하게 출생률 감소와 동시 병행적으로 진행되었지만, 1990년까지는 어린이의 감소수가 고령자의 증가수를 상회했다. 그 결과, 종속인구비율(〔연소인구+노령인구〕/생산연령인구)는 1930년의 70.5%로부터 1955년의 63.3%로 저하되고, 1990년에는 43.5%로 저점에 도달했다. 그러나 1990년 이후 어린이의 감소수는 고령자의 증가수를 밑돌게 되고, 그 때문에 종속인구비율은 반전되어 2000년에는 47.0%, 2005년 현재 51.3%로 상승하고 있으며, 그 이후에도 상승하는 경향이 있다(2030년에 70.9%로 상승하고, 2055년에 95.7%).

〈도표 4-3〉 인구 보너스 · 인구 오너스의 개시 · 종료시기

		인구 보너스의 시기		1인당 GDP
		개시년도	종료년도	2005년 (US달러)
일본		1930-1935	1990-1995	36,432
NIES	한국	1965-1970	2015-2020	16,304
	홍콩	1965-1970	2010-2015	25,617
	싱가포르	1965-1970	2010-2015	26,843
중국		1965-1970	2010-2020	1,728
ASEAN	태국	1965-1970	2010-2015	2,728
	말레이지아	1965-1970	2035-2040	5,014
	인도네시아	1970-1975	2025-2030	1,242
	필리핀	1965-1970	2040-2045	1,142
	베트남	1970-1975	2020-2025	627

출처: UN, IMF.

따라서 일본의 경우, 소위 인구 보너스(population bonus, demographic dividend)는 1990년대 중반에는 완전히 소멸되었고, 종속 인구비율이 상승해 가는 인구오너스 (demographic onus)의 시기에 접어들었다고 생각된다. 사실은 거의 때를 같이 하여 그 무렵에 고령화 대책이 본격화되어 주목을 받았다. 한편, 〈도표 4-3〉에서 보는 바와 같이 ① 동아시아 4개국/지역에서는 일본보다도 20년에서 25년 늦어진 2010년대에 인구 보너스 시기가 종료되었고, ② 동남아시아 각국에서는, 그것보다도 더 늦게 태국을 제외하고 대체로 2020~40년까지 인구 보너스 시기가 이어지고 있으며, ③ 중국에서는 1인당 GDP 수준이 거의 같은 인도네시아, 필리핀과 비교하여 인구 보너스의 기간이 짧다는 점(이 점에 대해서는 앞 장에서 설명하였다) 등을 알 수 있다.

2) 일본의 '불행한 사건'(인구 보너스 시기 입구에서의 경제침체)

물론, '인구 보너스'론은 오직 노동력의 공급 측면에만 주목한 논의이기 때문에 경제나 사회 본연의 모습이 오직 그 하나에 의하여 결정되는 성격은 아니다. 인구 보너스의 소멸기의 고령화 정책의 내용은 실제로는, ① 1인당 GDP로 대표되는 경제 수준, ② 인구 보너스 소멸기에 있어서의 '재정'상황, ③ 그 때까지 형성된 사회보장제도의 형태에 의해 크게 달라진다.

일본의 경우, 우연적인 요소가 상당히 있었다고 생각되지만, 인구 오너스기에 들어간 1990년대라고 하는 20세기 '마지막 10년'(the last decade)은 '잃어버린 10년'(the lost decade)이라고 불려지는 것처럼 경제가 침체한 시기이기도 한다. 1980년대는 '일본의 시대'라고 일부에서는 절찬받는 시기가 있었지만, 90년대는 미국의 단독 승리의 시기였다.

따라서 1980년대 후반에 본격화된 고령화 대책은 재정적인 제약에 의하여 전반적인 사회보장예산의 삭감(retrenchment)과 병행하여 이루어졌다. 더 정확하게 말하자면, 삭감의 폭이 큰 소득보장 · 연금 부문과 새로운 제도적 전개(후술)가 나타나는 고령자개호 복지서비스 부문으로 나누어지게 된 것이다.

고령화는 ① 노동력 인구의 감소와 ② 국내저축률의 저하를 통해서 경제성장을 억제하는 경향을 가지고 있으며 ③ 의료비의 증대와 ④ 연금부담의 확대를 통해서 재정지출의 확대를 초래하는 경향이 있다(오이즈미[大泉], 2007). 이런 점들을 고려하면, 인구 보너스를 향수할 수 있는 동안에 그 이후를 대비한 방대한 고령화 비용을 조달할 수 있는 재정적 여유를 가지는 것, 적어도 그 시기의 재정적 부채를 줄일 필요가 있다는 것을 알 수 있다. 그러나 이 점은 일본의 경우, 정확히 인구 보너스가 소멸하는 시기인 '잃어버린 10년' 혹은 그 후의 수년간에 걸쳐서 국가의 부채가 크게 증가한 것은 '불행한 사건'이었다고 하지 않을 수 없다(〈도표 4-4〉 참조).

〈도표 4-4〉 국채발행잔고/GDP

(단위:%)

	1994	1995	1996	1997	1998	1999	2000	2001	2002	2003	2004	2005	2006	2007	2008
일본	79.4	86.7	94.0	100.5	113.2	127.0	135.4	143.7	152.3	158.0	165.5	175.3	171.9	170.3	170.9
미국	71.1	70.7	70.0	67.6	64.5	61.0	55.2	55.2	57.6	60.9	61.9	62.4	61.8	62.8	65.8
영국	47.3	52.2	52.0	52.9	53.4	48.3	46.0	41.1	41.6	41.9	44.1	46.8	46.6	47.5	49.8
독일	46.5	55.7	58.8	60.3	62.2	61.5	60.4	59.7	62.1	65.3	68.7	71.0	69.3	65.4	64.2
프랑스	60.2	63.0	66.7	69.1	7.07	66.8	65.7	64.3	67.3	71.4	73.9	75.7	71.1	69.4	71.0
이탈리아	120.6	122.2	128.6	130.2	132.6	126.4	121.6	120.8	119.5	116.9	117.5	120.1	118.2	116.7	117.1
캐나다	98.0	101.6	101.7	96.3	95.2	91.4	82.1	82.7	80.6	76.6	72.4	70.3	68.1	64.4	64.4
한국			5.7	5.8	9.6	12.4	13.2	14.1	15.1	19.4	23.5	28.3	31.2		

출처: OECD, Economic Outlook, No.83(2008년 6월). 계수는 SNA기준, 일반정부.

한국의 경우, 2003년 이후 국채발행잔고는 급증하고 있지만, 그 비율은 아직은 낮은 편이다. 이러한 차이가 일본과 한국에서의 사회보장 정책 · 고령화 정책의 차이를 가져온 하나의 국내적 요인이라고 생각된다. 일본의 경우, 1990년대 이후 복지삭감의 움직임이 현저하게 나타난 것에 비하여 한국에서는 같은 시기에 '복지 국가(사회 정책)의 초고속 확대'가 이루어졌다. 그 내용은 공적부조제도의 개혁, 연금제도의 적용확대, 의료보험제도의 통합과 사회지출의 확대이다(이혜경, 2006). 물론 이러한 한국의 움직임의 배경에는 김대중 정권의 정치적 리더십이 발휘되었으며, 중앙정부의 재정상황만으로 설명되지는 않으나, 재정상황은 그러한 제도의 도입을 가능하게 하는 하나의 조건이 있었다는 것은 확실하다.[2] 또한 대만에서도 1990년대는 사회복지의 '황금시대'라고 하고 있다.

일본의 경우, 1961년에 '개보험, 개연금'제도의 형태가 만들어졌으며, 1970년대 전반에는 제도적으로 확충되었다. 사회보장급부는 보험방식을 기초로 제공되었지만, 특히 직장을 베이스로 한 후생연금보험, 건강보험제도는 재정이 안정적으로 운영되었다. 그러나 국민연금, 국민건강보험제도는 그렇지 않았다. 특히 1990년대의 정체 시기에는 이 두 제도의 재정이 악화되기 시작하였다. 다른 한쪽에서는 연금, 의료 모두가 보험을 베이스로 운영되고 있기 때문에 보험료를 지불할 수 없는 저소득층이 '배제'되는 경향이 있었다. 이것은 2000년 이후에 큰 문제로 대두되게 되었다. 일본과 같이 보험방식이 중심이 되어 있고, 1997년에 '개보험, 개연금'체제를 확립한 한국도, 노

---

2) 1980년대 말 이후의 한국의 정치적 민주화의 진전, 보편주의적 사회보장제도의 정비, 노무현 정권에 의한 '사회적 투자전략'의 제창 등 최근에 현저한 변화가 있었다. 그러나 한국의 경우 2008년 2월의 이명박 정권 수립 후에도 과연 계속적으로 이러한 방향이 목표로 될지는 예측할 수 없다. 덧붙이자면, '사회적 투자전략'은 원래는 '제3의 길' 혹은 소셜 · 유럽을 목표로 하는 EU의 전략의 일환이지만, 거기에는 ① 사회적 분야에 있어서의 투자적 측면의 확충(=노동공급과 인적자본투자의 확대)이라고 하는 측면과 ② 사회적 분야에 대한 투자의 확대(=사회지출의 증대)라고 하는 두 가지 성격을 달리하는 요소가 포함되어 있다. 본래는 다시 말해 유럽에서의 논의에서는 ①이 중심이지만, 한국에서는 ①과 함께 ②의 측면이 강조되고 있다. ②의 방향은 생산주의로부터 이탈할 가능성이 있지만, ①은 생산주의와 친화적이다. 김대중, 노무현 두 정권에서는 ①과 ②가 동시에 추진되었다. 이명박 정권에서의 향후의 ②의 움직임이 주목받고 있다.

동시장구조의 '양극화'를 배경으로 하여 사회보험으로부터 배제되고 있는 '사각지대'가 문제시되고 있다(김연명, 2009).

3) 일본과 한국의 사회지출-규모와 내역

이하에서는 OECD의 Social Expenditure, 2007edition(이하, SOCX라고 함)을 사용하여 일본과 한국의 사회지출의 규모와 내용을 살펴보고자 한다. SOCX의 '사회지출'이라는 것은 '공적 및 개인급부로서, 후생의 저하를 초래하는 상황에 있는 개인 또는 세대의 상황을 향상시키는 것을 목적으로 하는 제도의 화폐적인 지출'이다. SOCX 데이터의 특징은 국가와 지방자치단체에 의한 공적지출 뿐만 아니라 '의무화된 민간지출'(한국의 법정퇴직금 등)과 '임의의 민간지출'(일본의 퇴직금 등)을 포함하고 있다는 점이다.

일본과 한국의 사회지출/GDP는 각각 21%(OECD 가맹 29개국 중 23위), 8.1%(동 28위)이며, 양국 모두 사회지출의 규모는 작다. 한국의 특징은 '의무화된 민간지출'의 비율이 높다는 것이다.

〈도표 4-5〉 일본과 한국의 분야별 사회지출/GDP(2003년) (단위: %)

	고령자	보건	장애인	가족	유족	적극적 노동 정책	실업	주택	기타	합계
한국	3.2	3.1	0.6	0.2	0.2	0.2	0.1	-	0.5	8.1
일본	11.2	6.1	0.8	0.7	1.3	0.3	0.4	-	0.2	21.0
OECD 평균	8.3	6.3	3.0	2.1	0.8	0.6	1.0	0.4	0.7	23.2

출처: 〈도표 4-2〉와 동일.

분야별로 본 일본의 특징은 고령자와 유족 분야에서 OECD 평균보다 높고, 장애, 가족, 적극적 노동 정책, 실업 분야에서 낮다는 것이며, 한국의 경우, 보건이 전체의 사회지출에서 차지하는 비율이 크고, 가족, 유족, 실업 분야에서는 낮다(〈도표 4-5〉 참조).

분야별 지출의 변화를 보면, 일본의 경우, 고령 분야의 지출이 1999년에 급증하고 있지만, 이것은 통계항목의 변경에 의한 것이다(〈도표 4-6〉 참조).[3] 그러나 그 후에도 증가하는 경향에 있으며(2000년에 개호보험 관계는 GDP의 0.7%, 2003년에는 1%이다), 거의 증액되지 않고 있는 보건 분야와는 좋은 대조를 보이고 있다. 한국의 경우, 1998년에 사회지출이 급증하고 있다(〈도표 4-7〉 참조). 이것은 '의무화된 민간지출'(즉 법정퇴직금의 지불)의 증가(97년에는 GDP 대비 약 2%, 98년에는 약 5%)에 의한 부분이 크지만, 도표에서는 그것들이 고령 분야의 급증으로 나타나고 있다. 단, 그것도 1999년 이후에 감소되었고, 2001년의 수치는 1990년 이후부터 1996년까지의 증가경향의 연장선상에 있다.

〈도표 4-6〉 일본의 사회지출의 변천(분야별)

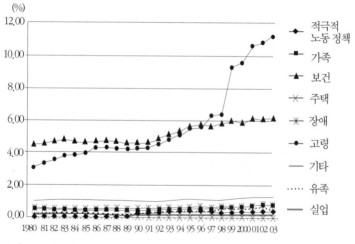

출처: 〈도표 4-2〉와 동일.

---

3) '민간기업의 근로자를 위한 보험'(민간임의지출, 고령 분야)라고 하는 항목의 신규추가 표시에 의함(도시샤[同志社]대학 사회복지교육 · 연구지원센터, [2008]을 참조).

한편, 1997년부터 98년에 걸쳐서의 한국의 사회지출의 증가가 '한국이 복지국가로 이륙(take off)하는 시기'라는 견해가 있지만(다케카와[武川], 2006), 이와 같은 견해는 위와 같은 2001년의 사회지출의 수준이 '1990년 이후부터 1996년까지의 증가경향의 연장선상에 있다'는 것을 간과하고 있다.[4]

〈도표 4-7〉 한국의 사회지출의 변천(분야별)

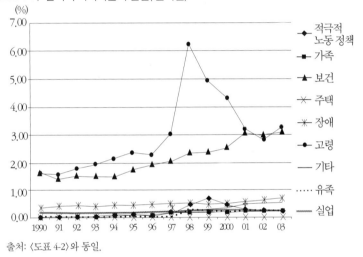

출처: 〈도표 4-2〉와 동일.

3. 고령화의 진전과 연금제도

1) 적립방식에서 부과방식으로의 변천

지금까지의 연금제도는 많은 국가에서 적립방식(funding way)으로 출발

---

4) 1997~98년의 사회지출의 급증은 기업인원의 정리해고(restructuring)에 따르는 법정퇴직금의 지불의 증가에 따른 영향이 컸으며, 이른바 '소극적'인 지출이었다. 이를 복지국가의 테이크 오프(take off)의 지표로 삼는 것은 정확한 이해가 아니다.

하고 있지만, 다음과 같은 여러 가지 이유로 적립금 잔고가 연금채무를 밑돌게 되어 서서히 부과방식(pay-as-you-go way)으로 변화되어 왔다.

A. 연금제도 도입기에 경과연금제도의 도입 등 조기성숙화조치

B. 정치적 인기몰이 정책에 의한 과대한 급부액의 지급

C. 인플레의 진행으로 의한 적립금의 감가(減價)

D. 물가연동제나 임금연동제의 도입

E. 연금관련 기관과 관료에 의한 엉터리 관리운영체제와 적립금이 부족할 경우에는 부과방식으로 극복할 수 있다고 생각하는 의식의 문제

이 중에서 C, D를 제외하면 '경제학'적 합리성이 없을지도 모르지만, '정치경제학'적으로는 어느 나라에서도 일어날 수 있는 문제이다. 특히 일본에서는 1970년대 전반에 B에 의한 영향이 컸다.

2) 연금의 '신기루' 현상

적립방식연금의 단점은 대폭적인 인플레에 의해 적립금 및 급부되는 연금이 감가(減價)되는 것이다. 한편, 부과방식연금의 단점은 인구구성의 변화의 영향을 받는다는 것이다. 구체적으로는 인구의 고령화가 진전되었을 경우에 현역세대의 부담이 무거워지고 그 결과, 후세의 '연금수익률'이 저하되게 된다.

이러한 현상은 일본에서 실제로 생긴 일이다. 그 결과, '연금은퇴세대(이전세대)'와 '현역근로세대(이후세대)'와의 불공평·'세대 간 격차'의 문제가 크게 대두되었다. 물론, 부과방식연금은 '세대 간의 연대'를 기초로 하여 성립하는 성격이 있다. 그러나 일본과 같이 급속하게 고령화가 진전된 사회에서는 현역근로세대의 부담이 증가하는 속도가 빠르기 때문에 세대 간의 연

대를 무너뜨리는 것과 같은 일이 일어나는 것이다.

적립방식으로부터 부과방식으로의 변천에 있어서 일본에서는 '단계적 보험료(인상)방식'이 채택되었다. 이것은 보험료부담을 한꺼번에 인상하는 대신에 상당히 오랜 세월에 걸쳐 서서히 인상해가는 방식이다. 이 방식 자체는 그다지 큰 문제는 없었고 긍정적이었다고 할 수 있다.

단, 5년마다 '재정재계산'을 해야 하는 년도에는 예상 이상의 저출산·고령화의 진전을 이유로 다음과 같이 거듭되는 '보험료인상, 급부수준의 인하, 지급개시 연령의 상향조정'의 세 가지 세트에 의해 국민들 사이에서 연금은 '신기루'와 같은 것으로 비치게 되었고, 연금 바로 그 자체에 대한 신뢰감이 크게 손상되었다. 특히, 젊은 세대들 사이에서는 '미래에 연금을 받지 못하는 것이 아닐까, 받는다고 해도 금액이 줄어드는 것은 아닐까'라는 불안이 증폭되었다.

1985년 보험료의 인상과 급부수준의 하향조정
1989년 후생연금의 수급개시연령의 상향조정(60세에서 65세)을 결정
1994년 가처분소득연동제의 도입, 보너스에서 특별보험료(비용율 1%)를 징수
2000년 임금연동제의 폐지
2004년 '거시경제조정'책의 채택, 후생연금보험료율의 상한선을 설정(18.3%).
　　　국민연금보험료의 인상과 상한선의 설정

회고해볼 때, 예를 들면, 보험료율의 상한선을 국민에게 제시하고, 그 범위 내에서의 연금지급을 명확히 하는 것 혹은 역으로 향후의 연금지급보장 액수를 명시하고, 그에 필요한 보험료부담을 국민에게 요청한다는 '확약'을 더욱 이른 시기에 할 필요가 있었다. 이것(전자)은 2004년의 개혁에서 실현되었지만, 그것은 더 이른 시기에 시도했어야 한다고 생각한다. 즉, 연금제도는 의료보험과는 달리 장기보험제도이며, 국민에게 미리 미래의 전망을 명확하게 제시할 필요가 있었던 것이다.

한국에서는 처음부터 '법정부담금' 등 일반회계로부터 전입시킬 금액을 상정하고 있었던 군인연금과는 별도로, 직역연금인 공무원연금은 2002년에 자금이 고갈되어 그 후 소득대체율의 저하를 포함한 개정이 이루어졌으며, 현재는 수지의 균형을 유지하기 위하여 정부보조금이 사용되고 있다(윤 [2009] 〈표 1〉, 〈표 4〉 참조). 가입자수가 많은 국민연금제도(1988년 도입)는 지급이 시작되는 것은 2007년부터이지만, 이미 2007년 연금개정법에 의해 종래의 소득대체율 60%로부터 40%로의 단계적인 하향조정이 결정되었으며, 그로 인해 기금고갈은 2045년에서 2055년으로 연장되었다. 실제 연금지급이 시작되기 직전에 감액된 것은 연금수급을 기대하고 있었던 사람들에게 있어서는 커다란 타격이며, 노후의 자금·생활계획의 변경을 가져오는 것이라는 것은 상상하기 어렵지 않은 일이다. 이런 의미에서, '세계에서 유례가 없는 무지막지한 연금축소'(참여연대사회복지위원회, 김 [2008b]으로부터 인용)라고 하는 것도 수긍할 수 있으나, 다른 한편으로는 (일본의 예가 부정적인 의미에서 어느 정도의 참조사례가 되었는지는 명확하지 않지만), 일본처럼 지급이 시작된 후의 연금의 '신기루' 현상을 피한 대책이었다고 말할 수 있다.

4. 개호보험법의 제정

1) 높이 평가받는 기반정비 사업의 추진

평균수명의 연장에 따라 개호 문제가 선진국 공통의 과제가 되고 있다. 각국에서 다양한 대응이 이루어졌으며, 일본은 네덜란드(1962년), 독일(1995년)에 이어 세계에서 세 번째로 보험방식으로 개호서비스를 제공하는 제도

(공적개호보험제도)를 도입했다(1997년 법제정, 2000년부터 실시).

앞에서 언급한 바와 같이, 1980년대 후반 이후 고령화 대책이 본격화되었지만, 연금 등의 소득보장이라는 점에서는 '삭감(retrenchment)'의 색채가 농후했던 것에 비해서 개호복지 서비스에 관해서는 새로운 정책의 전개와 재정자금의 투입, 정책의 충실화가 이루어졌다.

개호보험법 제정의 배경으로는 고령자세대의 증가, 요개호(要介護)상태의 장기화 등에 의하여 '노노개호'(가족 내에서의 고령자에 의한 고령자의 개호)나 '노인학대' 문제가 심각해지고, 개호의 '사회화'를 기대하는 목소리가 커지고 있었다는 사실이 존재하고 있었다. 당시의 신문이나 잡지, 텔레비전프로그램에서 개호 문제를 크게 다루어 보도했으며, 개호서비스의 충실을 기대하는 여론형성에 공헌했다.

그 이외에도 일본의 경우, 소위 '사회적 입원'(입원치료가 반드시 필요한 것은 아니지만, 개호 등의 필요에 의한 입원)의 해소라는 특수한 요인도 있었다. 즉, 스티그마가 강한 복지시설보다는 병원쪽을 선호하는 경향이 국민들 사이에서 존재하고 있었으며, 그것이 의료비 상승을 부채질하고 있었고, 당시의 후생성을 괴롭히고 있었던 것이다.

회고해보면, 시대를 선도하는(epoch-making) 일이었다고 할 수 있는 것은 첫째, 1989년부터의 골드플랜의 입안(신골드플랜: 1994년~, 골드플랜 21: 1999~2004년)과 둘째, 1994년에 발표된 '21세기 복지 비전—저출산·고령화에 대비하여'였다.

골드플랜의 실시에 의하여 재택복지나 시설복지의 양적인 서비스공급량이 증대했다. 이것은 개호보험법의 시행을 순조롭게 진행시키는 데도 크게 공헌한 것이었고, 이것은 지금 회고해보면 높이 평가되는 점이다. '21세기 복지비전'은 5:4:1이 되고 있는 연금, 의료, 복지의 급부비율을 5:3:2로 끌어올리는 것을 제안한 것이었으며, 국민에 대하여 정부가 개호복지 서비스를 충실하게 본격적으로 착수해간다는 것을 보여주었다는 점에서도 높이 평가할 수 있다.

2) 한국의 노인장기요양보험법의 제정

한국에서는 3차에 걸쳐 시범사업을 실시하였고, 2008년 7월부터 노인장기요양보험법은 당시에는 중도(重度)요개호(要介護)자와 생활보호 수급자를 대상으로 하여 실시되었다. 일본에 이어 세계에서 네 번째로 보험방식에 의한 개호서비스제공이 시작된 것이다.

일본의 경우, 이미 언급한 것과 같이 개호보험법의 시행(2000년) 전에 골드플랜이 실시되어 개호서비스의 공급량의 확대가 준비되었다. 한국의 경우는 시범사업의 실시는 있었지만, 일본의 골드플랜과 같은 10년에 걸친 준비 기간 없이 개호보험법이 실시되었다. 따라서 급속한 시설건설이나 인재육성에 의하여 현장에서는 혼란이 생기고, 또 동법에 대한 국민의 관심은 별로 높지 않은 것 같다.

단, 일본의 경우는 '사회적 입원'이나 '노노개호'의 현상을 배경으로 '개호의 사회화'를 목표로 하는 여론의 고조가 있었으며, 개호보험의 실시는 늦어졌지만, 일본의 대응이 좋았던 것은 아니었다. 한국의 경우, 일본보다도 급속한 고령화라고 하는 미래를 내다본 정책의 실시는 정책담당자나 관료의 '선견지명'이 보여지는 부분이라고 이해할 수 있다. 그러나 노인장기요양 보험법의 실시가 이렇게도 급속히 이루어진 결과, 다음과 같은 '부(負)의 영향'도 있다고 생각된다.

① 일반 서민이 '정부'나 '공무원'이 하는 일이라고 생각하여 수동적으로 수용한 일은 없는가?

② 복지(시설)관계자는 정부의 급속한 계획실시에 맞춰 우왕좌왕하지는 않았는가?

③ 이러한 일들이 사회 정책에 대한 국민의 신뢰를 손상시키지는 않았는가?

그러나 시행 후 얼마 지나지 않은 현 시점에서는 이러한 점들을 확인할 방법은 없으나, 앞으로의 추이를 지켜볼 필요가 있겠다. 한편, 한국에서는 개호서비스의 공급량 부족을 단기간에 해결하기 위해서 재택개호뿐만 아니라 시설서비스의 분야에서도 민간사업자(개인사업자를 포함)의 참여를 인정하였으며, 이것 자체가 서비스의 '질'이라는 측면에서 심각한 문제를 일으키게 되었다(이, 2011).

3) 향후의 과제

일본의 개호보험법은 2000년 4월부터 시행되었지만, 그것은 대체로 성공적인 출발이었다고 할 수 있다. 일부 지역(농촌지역)에서는 '보험은 있으나 서비스는 없다'고 하는 사태도 벌어졌지만, 골드플랜에 의한 서비스공급기반의 정비가 개호보험법시행 이전에 실현되고 있었으므로 그다지 심각하지는 않았다.

그렇다고 문제가 전혀 없었던 것은 아니다. 가벼운 요개호도(要介護度)의 신청자가 당초 예상을 상회하여 재정을 압박하였고, 개호보험제도는 재택서비스의 충실화를 목적으로 한다고 하고 있었지만, 실제로 국민들 사이에서는 시설입소서비스의 수요가 많았다. 그 때문에, 2005년에는 예방개호서비스가 새롭게 도입되어 개호서비스의 억제가 시도되었으며, 시설 입소의 경우에는 식비와 주거비(소위 호텔비용)의 징수가 시작되었다.

그 외에도 ① 개호지원전문원(care manager)의 서비스제공사업소 소속 문제, ② 개호보수단가의 인하에 의한 복지시설 경영 및 개호노동자 확보 문제, ③ 장애인복지서비스와의 관계, ④ 재정 문제 등이 해결되지 않은 과제로 남아 있다. 이하에서는, 이러한 과제 중에서 개호노동자의 부족 문제에 대해서 살펴보겠다.

5. 개호노동자의 부족 문제

사회복지시설에서 일하는 사람들의 노동조건에 관한 조사는 1980년 이전에는 그다지 많지 않았다. 그런데 1990년의 골드플랜 실시 전후로 그 수가 증가하고 있다. 당시에는 특별양호노인홈을 중심으로 한 노인복지시설이 양적으로 정비되었고, 2000년의 공적개호보험법의 시행에 이르기까지 '개호의 사회화'를 둘러싼 논의가 활발하게 이루어진 시기였다.

이러한 개호노동을 둘러싼 조사는 전국의 지방자치단체(복지과나 노동행정 사무소)와 사회복지협의회에서 1990년대 이후에 많이 이루어졌다. 한편, 전국적으로는 재단법인 개호노동안정센터가 1992년의 '개호노동자의 고용관리의 개선 등에 관한 법률'의 제정에 근거하는 후생노동대신의 지정법인으로서 설립되었다. 이 센터는 2002년도부터 '사업소에 있어서의 개호노동실태조사'를 매년 실시하고 있으며, 또 2003년에는 '개호노동자 취업의식 실태조사'를 실시하고 있다. 이 두 가지의 조사는 샘플수나 질문항목의 충실도로 보아, 개호노동을 둘러싼 기본적인 데이터로서 이용 가치가 높다.

이하에서는 개호노동안정센터의 두 가지 조사보고(① 『2004년판 개호노동자의 일하는 의식과 실태』, ② 『개호노동자의 노동환경개선에 관한 조사연구 보고서』, 2001년)를 사용하고, 개호노동자 자신이 개호노동의 문제가 무엇인지를 검토하고, 미래를 위한 지침을 얻고자 하는 것이다.

우선, 개호노동의 특징으로서 왜 이 직업을 택했는가라는 질문에 대하여 '개호나 복지에 관한 일에 관심이 있었기 때문에'라는 응답이 가장 많다는 것이 주목된다(①의 조사 결과. 이하도 같다). 이것은 정규직사원뿐만 아니라 비정규직사원에 있어서도 그런 경향이 나타나고 있다는 점(각각 70.7%, 66.6%), 다른 산업에서는 보여지지 않는 특징이라고 생각된다. 또 '현재의 일의 만족도'는, '돌보고 있는 사람과 사람과의 인간 관계' 항목에서는 상대적으로 높지만('만족' 31.6%, '보통' 62.6%, '불만족' 3.0%), 임금·수입 면에서는 '만족'이 7.8%로서 가장 낮다. '일하는 데 있어서의 고민·불안·불만'에서도 '임금이 낮다'는 것이 가장 높다(이하, '건강 면에서의 불안이 있다(감염증·요통)', '휴가를 내기 어렵다', '정신적으로 힘들다', '체력에 자신이 없다'라는 순으로 이어진다). 요약하면, 대인 서비스를 중심으로 하는 일의 내용이나 보람에 대해서는 비교적 만족도가 높지만, 노동조건 특히 임금과 노동시간에 대한 불만이 많은 것이 개호노동의 특징이라고 할수있다.

위와 같은 현상을 가져오는 요인은 무엇이고, 어떻게 하면 시정(是正)할 수 있는 것일까? 이 문제를, ②의 조사의 개호사업소와 개호노동자의 쌍방으로부터의 자유회답을 바탕으로 검토한다.

1) 노동시간에 대해서

'서비스 제공 시간이 너무 타이트하게 짜여져 있어서 개호노동자에게 충분한 일을 줄 수 없다'(개호 사업소).

'… 매일 매일의 노동시간 중에서 이동시간을 고려해주지 않는다', 모자이크처럼 일하는 시간이 짜여져 있기 때문에 자신의 자유시간이 매우 적어졌다'(개호노동자).

이들은 개호시설에서도 '업무의 집중'으로 인해 많든 적든 간에 존재하지만, 특히 방문 개호서비스 사업에 현저하게 많다. 소위 '너무 타이트하게 짜여진 노동'에는 대기 시간, 이동 시간, 서류작성 시간 등의 비서비스 시간이 포함되어 있다. 이것이 노동시간에 포함되지 않고 있는(즉, 임금이 지불되지 않는) 경우가 많고, 그것이 비정규직사원, 시간제근로자(part timer)의 임금을 낮추는 하나의 원인이 되고 있다. 그 배경으로는, 개호보험법이라는 제도하에 있어서 신체적 개호를 중심으로 한 개호보수라는 현실이 존재하기 때문이다. 이 점에 관해서는, 다음의 임금 부분에서 설명하겠다.

  2) 임금에 대해서

  '노동의 내용에 비하여 급료가 적다. 올려주고 싶은 마음은 있지만, 경영의 문제도 있고, 인재를 충분히 확보할 수 없고, 직원의 처우향상도 쉽지 않다', '개호보수의 인상만을 요구할 수는 없지만, 적어도 좋은 서비스를 제공하기 위하여 필요한 직원의 보수 부분에 대해서는 정규직원 고용이 가능한 정도의 보수단가를 설정해주기 바란다', '개호보수라는 측면에서 판단하면, 관리직 사무원 등을 고용하면 파산한다'(이상, 개호사업소), '개호보험이 도입된 이후, 단시간의 방문이 많아졌으며, 교통비도 충분히 지불되지 않기 때문에 일하는 시간에 비하여 수입이 적다', '아침부터 밤까지, 그리고 휴일에도 임금이 같다는 것은 이해할 수 없다', '홈 헬퍼의 일이 힘들고, 육체적 피로도는 너무 낮게 평가되고 있다', '유자격자라도 임금의 차이가 없다'(이상, 개호노동자)

  이상과 같은 문제점은 개호보험이 도입(2000년 4월)된 이후에 현저하게 대두된 문제인데, 이러한 낮은 임금실태의 배후에는 동보험제도 하에 있어서 '개호보수단가'의 문제가 있다. '개호보수단가'에 의해 규정되어, 개호노동자의 임금이 결정되는 것에 대해서 개호사업자, 개호노동자의 사이에 의

견일치가 있다는 것도 주목할 필요가 있다. 노동시간에 관하여 구속 시간(대기 시간, 이동 시간, 서류작성 시간)은 노동기준법상, 노동시간에 카운트해야 한다고 해석되고 있음에도 불구하고, 이것을 노동시간에 포함시키는 사업자가 적다는 사실에는 보수단가의 금액뿐만 아니라 그 설정의 구조가 크게 작용하고 있다.

개호보험제도화의 서비스 시장은 '모의시장' 플러스 알파로서의 성격을 가지고 있다. 이 '모의시장'이란 ① 공급사이드가 조직 특성이나 행동 원리가 다른 다양한 조직으로 구성, ② 수요사이드에 대하여는 보험재원을 포함하는 공적자금을 상당 부분 투입, ③ 소비자를 대신하는 제3자가 서비스 구입의 결정에 있어서 중요한 역할을 한다는 등의 특징이 있다(히라오카[平岡], 2006). 플러스 알파의 부분은 개호보수단가가 후생 노동싱에 의해 결정되고 있다는 점, 즉 가격 컨트롤(price conntrol)이 있다는 점이다. 오늘날의 개호노동을 둘러싼 문제는 법 시행후 두 번(2003년, 2006년)에 걸쳐 변경되어 인하된 개호보수단가의 문제에 기인하는 부분이 크다는 것을 ②의 조사로부터 알 수 있다. 현재 상태대로 변화가 없다면, 개호의 현장에서의 일손부족은 더욱 심각해지고, 이용자에 대한 서비스의 질의 저하를 피할 수 없다.[5]

또 한국에서는 노인장기요양보험제도의 실시에 의해 2007년부터 2010년까지의 단기간에 노인복지, 시설·기관운영관리를 중심으로 하여 복지 인력의 수요가 거의 배증된다고 예측되고 있다(13만 명에서 23만5,000명으로). 양적 확보와 함께 그러한 맨파워의 임금·노동시간 문제, 또 질의 확보를 어떻게 도모해가야하는가 등에 대한 문제가 주목받고 있다.

---

5) 2003년, 2006년의 개호보수 인하 후, 2009년에는 개호보수가 평균 3% 인상되었다.

6. 일본의 경험으로부터의 교훈

마지막으로 일본의 경험에 입각하여 앞으로의 동아시아 제국에서 고령화 정책을 기획·실시해가는 데 있어 유의점을 네 가지로 정리하고 고령화 정책에 관련된 한일양국의 차이에 대하여 지적하면 다음과 같다.

1) 고령자상의 명확화: 일본에서 고령자는 '사회적 약자'라고 인식되어 왔지만, 대책이 본격화한 1990년대에 후생성에서는 자기 집이나 저축보유자산이 많다는 점에 주목하여 '장수사회론' 안에서 '풍요로운 고령자'상을 내세웠다. 이 두 가지 모두 잘못된 것이다. 고령자의 소득·자산에 있어서는 격차가 크고, 실제로는 풍요로운 고령자도 있지만 가난한 고령자도 있다. 각각의 케이스에 적합한 섬세하고 치밀한 시책이 필요하다.

2) 관료의 리더십: 골드플랜의 작성과 개호보험법은 주로 후생성관료의 리더십에 바탕을 두고 있었다. 한편, 연금 정책 면에서는 후생성관료의 정책은 즉흥적이었으며 일관성이 결여되었다. 그 결과, '세대 간의 불공평감'과 국민의 연금에 대한 불신이 증폭되었다. 중·장기적인 전망을 명확히 제시할 필요가 있다. 또 소득보장과 서비스보장의 연계가 필요하다.

3) 재정 문제의 중요성: '인구보너스'기의 종언과 고령화 사회에 대한 불안의 증대는 정치가에게도 리더십을 발휘하는 좋은 기회였다. 그러나 일본의 경우, 1990년대의 경제의 침체, 재정상의 제약으로 인하여 정치가의 리더십은 그다지 발휘되지 못했다. 정부의 부채(국채 등의 누적채무) 문제가 있었기 때문에 '재정재건'이 우선된 것도 하나의 요인이다. 고령화 정책에 있어서의 중요한 재원 문제는 여러 면에 있어서 미해결로 남아있다. 예를 들면, 기초연금이나 팽창하는 고령자의료에의 세금투입 문제, 소비세(1989년 도입, 1997년에 세율 5%로 인상)의 목적세화의 문제 등이 큰 과제로 남겨졌다. 이러한 점을 감안하면, 인구 보너스기로부터 오너스기의 입구에서는 고령

화 정책을 위한 재정상의 여력을 남겨 두는 것이 필요불가결하다는 것이 하나의 교훈으로 남겨졌다.

4) 개호에 관련된 인재의 확보: 일본의 개호보험제도는 구미의 연구자의 주목도가 높으며 한국이 새롭게 도입한 노인장기요양보험제도의 모델이 된 것이다. 그러나 전체적인 제도적 틀에 대해서는 혁신적이었다고 평가할 수 있지만, 저소득자 대책이라는 점에서 과제를 남겼다. 또 '개호보수단가'의 수준과 결정하는 방법에 있어서의 문제는 개호 노동자의 임금과 노동시간에 심각한 여파를 미쳤고, 그 결과, 복지서비스 분야에 있어서의 인재의 부족, 고갈이나 서비스의 질의 저하를 초래할 가능성이 있다.

5) 한국의 경우, 현재는 아직 '인구 보너스'를 누릴 수 있는 마지막 국면에 있다. 또 정부의 부채 등의 점에서 본 재정상황은 일본처럼 나쁘지는 않다. 그러나 저출산·고령화의 속도는 일본보다 빠르다. 이러한 사실과 일본의 '경험'을 참조할 수 있는 입장에 서 있는 것과 또한 연금수준의 하향조정이나 개호보험제도의 도입 등의 점에서 볼 수 있는 것처럼 (일본보다도) 빠른 대응을 하고 있다는 점이 큰 특징이다. 단, 이러한 '이른 대응' 때문에 준비가 부족해질 수 있고, 특히 서비스 공급체제 등의 인프라정비나 개호 관계 인력의 육성과 확보라는 점에서 준비부족이 눈에 띄게 나타나고 있다.[6]

※본 원고는 2008년 6월 한국 중앙대학교에서 강연한(한국 중앙대학교 동아시아 사회보장 콜로키움 보고)의 원고를 가필·수정한 것이다. 발표의 기회를 주신 동 대학의 김연명 교수, 통역을 맡아 준 김성원 교수(현재, 도쿄[東京]경제대학 준교수)에게 감사드린다.

---

[6] 후발복지국가이며, 또 청와대와 관료의 정치적 리더십이 강할 경우, 정책입안과 입법이 먼저 진행되고, 물적, 인적 기반의 정비가 늦어지는 경향이 있다고 할 수 있다.

2부
워크 페어에서 메이킹 워크 페이로

1. '최후의 보루'로서의 공적부조

공적부조제도(일본에서는 생활보호제도가 대표적인 공적부조제도이다)의 본연의 모습은 국가에 따라 다양하기 때문에 제도 바로 그 자체에 대하여 통일된 정의를 내리기란 쉬운 일이 아니다. 그러나 '예외적인 곤란에 대처해 곤란을 경감할 수 있도록 소득 및 자산 조사(means test)에 기초를 둔 원조 서비스에 의한 "사회안전망"을 제공하는 제도'(Mishra, R., [일본어 번역, 1995])라고 하는 것이 일반적인 정의일 것이다. 단, '원조 서비스'라는 말은 오해를 불러올 수도 있다. 왜냐하면 종래에는 현금급부와 주택, 식료품비 등의 현물급부가 원조의 대부분을 차지하고 있었기 때문이다.

위의 정의를 보충하면, 다음의 두 가지이다.

1) 연금이나 의료 등의 사회보험제도 혹은 아동수당 등의 사회수당에 대하여, 빈곤을 미연에(사전에) 예방하는 역할을 기대하고 있는 것에 대해서 공적부조는 '빈곤의 인정'을 전제로 하는 "사후적 구제"이다.

2) 그 재원이 전액(세금)에 의해 조달되는 것, 이것이 위에서 언급한 '빈곤의 인정'의 조건의 근거가 되고 있다.

최근에는 사회안전망이라는 말이 상당히 광범위하게 사용되고 있지만, 원래는 '최후의 보루(the last resort)'라고 하는 공적부조만을 가리키고 있다. 왜 최근에 광범위하게 사용되게 되었는지에 대해서는 별도로 자세히 검토할 필요가 있겠지만, 여기에서는, 첫째, 복지국가의 역할이 국민의 최저생활 보장으로부터 종전 소득의 보장으로 그 중점이 옮겨 갔으며, 그 결과, 사회보장 제도가 국민 대다수를 커버하는 것이 되어 있다는 점, 둘째, 그럼에도 불구하고, 현대사회가 '리스크 사회'(Beck, J., [일본어 번역, 1998])라는 인식이 공유되어 왔다는 두 가지 요인을 지적해두고 싶다. 그렇지만 이러한 상황 변화가 있어도 '사회안전망 밑에 펼쳐진 사회안전망'(the safety net beneath the safety net)인 공적부조제도의 독자적인 의의는 지금도 존재하고 있으며, 또 오늘날에는 국제적으로 그 재편의 방향을 둘러싸고 열띤 논의가 진행되고 있다.

사회보장제도는 역사적으로 각각 계통별로 발전해온 사회보험제도와 공적부조제도가 통합된 것이라고 전해지고 있다. 그러나 양자의 관계는 국가에 따라 또 시대에 따라 다양한 전개를 보이고 있다. 따라서 공적부조제도의 국제동향을 검토할 때는 그 제도 뿐만 아니라 해당국의 사회보장제도 전체에 있어서의 공적부조제도의 위치와 역할에도 주목해야 한다.

그렇지만 이 장은 주로 노동인센티브와 취로지원의 시점에서 공적부조제도에 접근하는 것이며, 공적부조제도 전체의 국제비교를 시도하는 것이 아니라는 점에 대해서 미리 양해를 구해 두고 싶다(1990년대 전반의 시점에 있어서의 공적부조제도의 국제비교에 대해서는 우즈하시[埋橋], 1999b를 참조).

이하에서는 처음에 공적부조제도가 국민 경제에 차지하는 비중을 개관하고, 그것이 소위 레짐의 유형과 어떤 관계가 있는지 살펴 보기로 한다.

2. 복지국가 레짐과 공적부조제도

〈도표 5-1〉은 공적부조지출/GDP(가로축)과 에스핑 안데르센의 통합탈(脫)상품화도(세로축)의 관계를 나타내고 있다. 이 도표에서 보면, 탈(脫)상품화도가 높은 나라일수록 공적부조가 국민 경제에 차지하는 비중이 적다는 경향을 알 수 있다.

여기에서 생각해야 할 것은 통합탈(脫)상품화도가 연금, 의료, 실업과 관련된 사회보험제도만을 대상으로 산출되고 있다는 것이다. 즉, 통합탈(脫)상품화도는 각 보험제도의 ① 최저·평균 치환율, ② 수급자격(거출 기간 혹은 고용 기간), ③ 급부 기간, ④ 커버되는 비율을 합성한 지표이며, 사회보험급부의 광의의 '관대함'을 측정하는 것이다. 따라서 빈곤을 사전에 예빙한다고 하는 역할이 기대되고 있는 사회보험제도가 '관대하다'고 한다면, 결과적으로 빈곤자를 사후적으로 구제하는 공적부조제도의 비중이 작아지는 것은 당연하다고 할 수 있다.

〈도표 5-1〉 각국의 공적부조지출의 비율과 탈상품화도

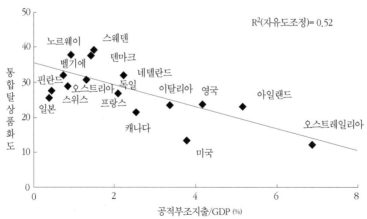

출처: 통합탈상품화정도는 Esping-Andersen(일본어 번역, 2001), p. 57. 공적부조지출/GDP는 Eardley et al., 1996a, p. 35에 의함.

에스핑 안데르센의 레짐 유형은 탈(脫)상품화도 뿐만 아니라 계층화 지표 등도 고려하고 있다. 그리고 다음의 인용에서 말하고 있는 것처럼(계층화 지표의 하나인) '자산조사(means test)가 수반되어 있는 구빈부조(救貧扶助)' 가 사회지출 총액에서 차지하는 비율이 높다는 점이 미국으로 대표되는 '자유주의 레짐'의 하나의 특징으로서 지적되고 있다.

> 자유주의는 순수한 빈곤자만을 정부원조의 대상으로 하는 수요(needs)조사지향형 접근이 중심이 되고 있다. 이것은 원래는 논리적이지만, 사회적 스티그마(stigma)와 이중구조라고 하는 예상치 못한 결과를 초래한다. … 예상되는 귀결은 개인의 자기책임과 이중구조와의 기묘한 혼합물이 될 것이다. 그것은 주로 스티그마(stigma)를 수반하는 구제에 의존하는 하층집단, 사회보험의 주된 대상인 중간집단, 또 시장에서 주요한 복지를 입수할 수 있는 능력을 가지는 특권적 집단의 3자에 의하여 구성된다. 사실 이것은 정도의 차이는 있으나, 미국이나, 그다지 현저하지 않은 영국의 복지시스템을 특징짓는 계층화의 구도이다 (Esping-Andersen, [일본어 번역, 2001], p. 72).

〈도표 5-1〉에서 보면, 자유주의 레짐으로 분류되는 오스트레일리아, 아일랜드, 영국, 미국이 특별한 위치에 있다는 것을 명확히 알 수 있다. 즉, 탈(脫)상품화도가 낮고, 공적부조 지출의 비율이 높은 것이다.

단, 보수주의 레짐과 사회민주주의 레짐으로 분류되는 국가의 구별은 그다지 명확하지 않다. 즉, 전자가 후자보다도 탈(脫)상품화도가 낮음에도 불구하고, 반드시 공적부조 지출의 비율이 높다고는 할 수 없다. 이것은 탈(脫)상품화도만으로는 공적부조 지출의 비율을 충분히 설명할 수 없다는 것을 의미하고 있다.

공적부조 수급세대의 4대 카테고리는 (거의 각국에 공통되게) 고령자세대, 질병·장애인세대, 모자세대, 실업자세대이지만,[1] 각각의 카테고리에 속하는 사람이 전체 인구에서 차지하는 비율(이것은 국가에 따라 크게 다르다) 등도 공적부조의 비중에 큰 영향을 미칠 것이다. 혹은 각국의 빈곤세대의 비율이나 소득분배의 불평등 등도 무시할 수 없다.

일본, 벨기에, 스위스, 오스트리아는 탈(脫)상품화도에 비해서 공적부조 지출의 비율이 낮지만, 이 4개국은 공적부조 지급에 앞서 '친족에 의한 부양 의무'를 명확히 규정하고 있는 OECD에서도 몇 개 안되는 국가이다. 이것이 공적부조 지출의 비율을 낮추고 있다고 생각된다.

한편, 북유럽(北歐) 제국은 그것과는 대조적으로 '가족 유형과 가족의 부양의무에 대해서는 비전통적인 입장'에 입각하고 있으며, '급부자격의 개인화(individualisation of benefit entitlement)'가 진행되고 있다(Eardley et al., 1996a, p. 67). 예를 들면 스웨덴에서는 부모는 자녀가 18세가 될 때까지는 부양 의무가 있지만, 그 이후에는 없고, 아이는 법률상 15세부터 부조를 신청할 자격을 독자적으로 가지게 된다(Eardley et al., 1996b, p. 355). 이것이 공적부조 지출의 비율을 높게 끌어 올리고 있는 가능성이 있다. 즉, 이 장에

---

1) 그러나 공적부조 수급자의 '구성 비율'에 관한 정확한 비교 통계자료는 찾을 수 없었다. 다음 표는 Eardley et al. [1996a], p. 42의 〈표 2-8〉을 2차적으로 가공하여 얻은 자료이다.

공적부조 수급자의 구성 (단위: %)

국가	고령자	장애자	편모	실업자
오스트레일리아	49	16	9	25
오스트리아	79	-	5	16
캐나다	36	14	19	31
핀란드	6	-	24	70
독일	23	33	25	20
일본	43	43	14	-
네델란드	6	-	26	68
노르웨이	7	14	36	43
스페인	4	7	-	89
영국	23	8	33	36
미국	8	21	64	7

서는 더 이상 깊이 논의하지는 않지만, 앞에서 설명한 ① 탈(脫)상품화도에 나타난 사회보험제도의 '관대함'과 ② 사회적, 인구적 요인, ③ 소득분배 등의 경제적 요인과 함께, ④ 수급자격이나 부양의무에 반영되고 있는 해당국의 공적부조제도의 '제도적 특성'도 GDP에 차지하는 공적부조 지출의 비율과 관계가 있다고 생각된다.[2]

3. 두 가지 필요의 틈새에서

최근 많은 구미 제국에서 공적부조제도에 대하여 새로운 요청·기대가 높아지고 있다. 즉, 제도의 정의 바로 그것으로부터 기인하는 기능, 그 의미에서의 본래의 역할= '최후의 보루'라는 기능과 함께 '고용 노동에 대한 상실감을 최소화하고, 독립성과 개인의 책임성을 향상시킨다'(OECD, 1998b, p. 9)라는 지금까지는 없었던 정책적 목적이 공적부조제도 안에 도입되게 된 것이다.

그 배경으로는 일반적으로는 자본·노동의 완전 고용이 붕괴된 점, 그에 따라 각국의 재정적 제약이 심화되고 있다는 점을 쉽게 추측할 수 있다. 그러나 이 장에서는 보다 구체적으로 종래의 공적부조제도의 모습(그것은 단

---

2) 필자는 OECD 24개국의 공적부조제도의 규모를 몇 가지의 지표로부터 검토한 적이 있다 (우즈하시[埋橋], 1999b). 그것은 영국 사회보장성의 국제비교 공동프로젝트(OECD 후원, 1993~95년)의 데이터에 의거하고 있지만, 검토 범위는 1992년에 머물렀다. 1990년대의 전환을 검토하는 것이 필요하지만, 그 후, 동(同)프로젝트가 조직되지 않아 추가할 수 없다. 사회보장에 관한 국제비교 데이터로서는 ILO의 The Cost of Social Security가 있지만, ILO의 홈페이지에서 공개되고 있는 최신의 집계는 1996년까지이며, 게다가 1994-96의 제19차 조사로부터 최신의 정의('제도별 집계'→'기능별 집계')로 변경 되었으며, 그 이전의 비교는 어렵다 (가츠마타[勝又], 2002). 기타, OECD의 사회지출 데이터베이스(Social Expenditure Database 1980-1998, 3rd Edition, CD-ROM판)가 있지만, 비교가능성의 확보를 위한 개념조정은 위의 ILO데이터만큼 엄밀하지는 않다. 특히 공적부조제도가 포함되는 '저소득자 정책'(13 부문 중의 하나)에 이것이 적용되며, 그에 대한 GDP의 값은 국제비교에 있어서 그다지 의미가 없다는 것을 알 수 있다. 그 때문에 이번에는 1990년대의 추이의 검토를 단념하지 않을 수 없었다.

일하지 않다는 점에 주의해야 한다)에 따라 어떤 종류의 문제가 생기고, 어떤 형태로 해결이 되고 있는지를 검토한다. 또 그러한 대응책이 가지고 있는 문제점에 대해서도 심도있게 분석하고자 한다.

1) 노동인센티브 문제의 등장

유럽에서의 높은 실업률이 낮아지지 않고 있던 1990년대 전반, 1) 실업 수당지급의 부담, 2) '경과적·일시적' 케이스를 상정하고 있던 조기은퇴의 일반화에 따른 연금재정의 압박, 3) 장애연금급부가 만성적인 건강 상태의 추세를 넘는 증가율로 증가한 것에 의한 부담 증가, 4) 비교적 노동수요가 활발했던 시기에 설정된 공적부조 수당의 소득 대체율(replacement rate)의 유지곤란 등의 문제가 노출되었다(OECD, 1998b, p. 21).

공적부조제도에서는 예외없이 가득수입의 증가에 따라 급부가 삭감되게 되었다. 그 급부삭감율(benefit reduction rate)은 50~100%라는 경우가 많다. 세금의 경우의 한계세율보다도 현저하게 높다는 점에 주의가 필요하다. 그것은 왜냐하면 낮은 급부삭감율에서는(뒤에서 검토하겠지만) 결과적으로 수급자격의 완화=수급인원의 확대로 연결되기 때문이다.

이러한 높은 급부삭감율에 있어서는 수급 중에 일시적인 파트타임 노동자로 취직하여 가득수입을 늘리자는 행동이 억제되게 된다. 또 공적부조수당의 수급에는 주택비용이나 수도·광열비나 학교 급식비용, 의료비 등의 감면 조치를 수반하는 경우가 많다. 따라서 일을 해서 보다 많은 수입을 얻게 되어도, 그 증가분은 공적부조수당의 지급액의 감액과 그것에 따르는 각종비용의 자기부담분의 증가에 의해 상쇄되어져 경우에 따라서는 순소득이 줄어들게 된다. 그 때문에 종전대로 공적부조의 수급자에 머무르려고 하는 강한 인센티브(반대로 말하면, 노동에 대한 디스인센티브)가 작용한다. 그

것이 '빈곤의 올가미', '복지의존의 올가미'라는 상황인 것이다. 그것은 수당 수급을 떠나 노동시장으로 되돌아 가려는 사람이 줄어드는 것을 의미하고, 실업보험급부 등의 삭감에 의한 공적부조 수급자수의 증가와 더불어, 공적부조 재정에 대한 부하를 증대시키게 한다.

따라서 오늘날의 구미의 공적부조제도는 1) '최후의 보루'라는 사회안전망의 유지(=national minimum)의 실현, 2) '빈곤의 올가미', '복지의존의 올가미'를 피하고, 노동인센티브를 높이는 것에 의한 재정적 부하의 경감이라는 두 가지의 다른 요청에 직면하고 있다. 이 두 가지는 트레이드오프의 관계에 있다고 보이지만, 과연 동시에 해결하는 것은 불가능한 것일까? 현재의 공적부조제도가 직면하고 있는 큰 문제는 이 점에 집약되지만, 각국은 그러한 두 가지 요청의 틈새에서 시행착오를 거듭하고 있으며, 여러 가지 모색을 거듭하고 있다. 게다가 그러한 새로운 시도가 또 다른 문제를 야기시키고 있는 것이다.

2) 대조적인 두 가지 유형

오스트레일리아와 북유럽(北歐) 국가는 공적부조제도의 운영방법과 구조 면에서 대조적인 성격을 가지고 있다. 운영 방법에 대해서 설명하자면, 오스트레일리아가 중앙정부가 급부액수를 결정하는 동시에 중앙정부가 그 운영·재정상의 책임을 지는데 비해서 북유럽 국가는 급부액수는 중앙정부에서 결정하지만, 운영·재정은 지방 정부가 담당하는 형태를 취하고 있다. 이하에서는, 이러한 구조의 차이에 관하여 한계유효세율을 중심으로 검토한다.

〈도표 5-2〉 오스트레일리아(1995년)

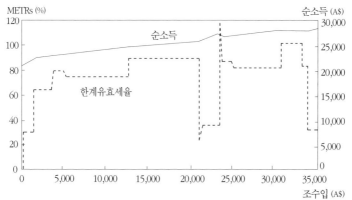

주) 두 사람의 자녀가 있는 맞벌이부부의 경우이다. 횡축은 평균조수입까지를 커버하고 있다.
출처: OECD[1998b].

〈도표 5-3〉 핀란드(1995년)

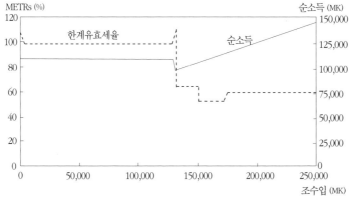

주) 두 사람의 자녀가 있는 맞벌이부부의 경우이다. 횡축은 평균조수입까지를 커버하고 있다.
출처: OECD[1998b].

〈도표 5-2〉에서 〈도표 5-5〉까지는 오스트레일리아, 핀란드, 영국에 있어
서의 조수입에 따른 한계유효세율과 순소득의 크기를 나타내고 있다.

한계유효세율(Marginal Effective Tax Rates)은 다음과 같이 정의된다.

$$\text{한계유효세율} = 1 - \frac{\text{조수입 1단위의 증가에 따른 순소득의 증가액}}{\text{조수입의 증가 1단위}}$$

주) 조수입은 근로수입에 한정되지 않지만, 이하에서는 근로수입에 한정하여 사용한다. 순소득이란 그 근로수입과 공적부조수당을 합산한 금액에서 세금과 사회보험료를 제외한 가처분소득을 말한다.

예를 들면 근로수입이 늘어났다고 가정하고, 그 수입증가분의 80%에 상당하는 급부의 감소 혹은 세금과 사회보험료가 증가했다면, 그 경우의 한계유효세율은 80%이다. 세율이라고 해도 급부금액에도 관계되고, 그것을 포함한 개념이라는 점에 주의할 필요가 있다.

세금과 사회보험료가 면제되는 경우가 많은 공적부조수당 수급자에 한정하면, 한계유효세율은 오로지 수당금액의 증감에 의해서만 결정된다. 그 경우, 한계유효세율은 앞에서 설명한 급부삭감율과 같게 된다. 공적부조수당 수급자보다 좀 더 수입이 많은 수입계층에서는 공적부조수당의 증감뿐만 아니라, 세금과 사회보험료나 주택수당의 증감 등이 한계유효세율에 관계가 있다.

오스트레일리아에서는(〈도표 5-2〉 참조) 수입이 소액의 소득공제(이 때 한계유효세율은 0%가 된다)의 액수를 넘으면 약 30%, 약 60%로 서서히 한계유효세율이 오르지만, 평균의 3분의 1의 수입 수준에서도 80% 정도에 머무르고 있다. 그것을 넘어서면 90%로 상승한다. 조수입이 약 2만4,000오스트레일리아 달러가 되는 지점에서 100%를 상회한다. 그 이유는 새롭게 '추가적 가족급부(additional family payment)'의 지급이 정지되고, '의료비부과금(Medicare levy)'의 지불이 필요하기 때문이다. 평균수입에 근접하여 처음으로 한계유효세율이 저하되고 있다는 점이 주목된다.

핀란드에서는(〈도표 5-3〉 참조) 소득공제는 없고, 조수입 0부터 평균수입의 약 절반 정도까지 한계유효세율은 100%이며, 그 기간동안은 순소득이 증가하지 않는다. 평균의 절반의 수입으로 한계유효세율은 일시적으로 급상승하고 있지만, 그것은 공적부조가 중단되는 조수입의 수준이기 때문이다.

〈도표 5-4〉 영국: 가족급부가 지급되는 경우(1995년)

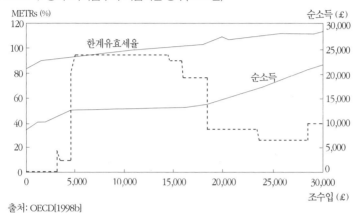

출처: OECD[1998b]

〈도표 5-5〉 영국: 가족급부가 지급되지 않는 경우(1995년)

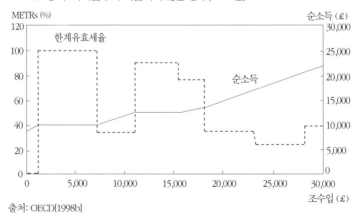

출처: OECD[1998b]

영국은 자녀가 있는 파트타이머(part timer)(주 노동시간16~30시간)에 적용되는 가족급부(Family Credit)가 지급되는 경우(〈도표 5-4〉)와 지급되지 않는 경우(〈도표 5-5〉)의 두 가지가 있다. 전자는 핀란드형에 가깝고, 후자는 오스트레일리아형에 가깝다. 가족급부가 지급되지 않을 경우, 저소득에서의 한계유효세율의 저하(100%→ 40% 약)는 거기에서 '소득보조'(Income Support)의 적용이 빠져 있다는 것을 나타내고, 1만 파운드를 넘으면 다시 상승하고 있다(약 40% →약 90%)는 것은 '시민세세액공제'(council tax credit)가 조수입의 증가에 따라 감액되기 때문이다. 한편, 영국의 경우 한계유효세율이 100%를 넘는 급상승=순소득의 일시적인 저하는 관찰되지 않고 있다.

이 두 가지 유형의 배경에 있는 원리가 어떤 것이며, 어떠한 귀결을 가져올 것인가에 대해서는 다음 항목의 마지막 부분에서 정리하겠다.

3) 급부율의 설계와 급부지출총액

일반적으로는 한계유효세율이 낮을수록, 근로수입을 늘리려는 노동인센티브가 높아진다. 그러나 이것은 반드시 공적부조 지출총액의 억제로 연결되지 않는 경우가 있다. 그것은 낮은 한계유효세율의 설정에 의해 수급 자격이 완화되어 수급인원이 증가할 수도 있기 때문이다. 이것을 그림으로 확인해 보겠다(〈도표 5-6〉에서 〈도표 5-7〉 (1)에서 (3)을 참조).

〈도표 5-6〉은 한계유효세율 100%인 경우, 〈도표 5-7〉 (1)과 〈도표 5-7〉 (2)는 50%인 경우이다. 가로축은 조수입이며, 세로축은 그 조수입에 대응하는 순소득과 공적부조 수당액을 표시하고 있다. 어느 경우에도, '최저보장소득'(일본에서 말하는 생활보호기준)은 같은 금액이라고 가정하여(=P1), 조수입이 전혀 없는 경우에는 그 금액의 수당액수가 지불되는 것으로 한다.

〈도표 5-6〉의 경우에는 조수입이 증가해도 그것이 최저보장소득의 금액에 도달할 때까지는 그 증가분이 수당의 감액으로 상쇄되어 순소득은 변하

지 않는다. 조수입이 최저보장소득을 넘으면, 원리상 수당은 지급되지 않게 되고, 조수입의 증가분만큼(45도선에 따라) 순소득이 늘어나게 된다.

한편, 한계유효세율을 50%로 하면 어떠한 변화가 생기는 것일까?

조수입이 제로에서부터 증가함에 따라 그 절반의 액수만큼 수당이 감액되지만, 순소득은 그 만큼(=조수입의 증가분의 반액) 늘어난다. 여기서 문제가 되는 것은 조수입이 최저보장소득을 넘었을 때(Q1)이다. 〈도표 5-6〉과 같이 그 시점에서 급부가 중단된다는 것도 생각할 수 있다. 왜냐하면 당초의 최저보장소득은 어디까지나 P1(=Q1)이기 때문이다. 그것이 〈도표 5-7〉 (1)이다.

그러나 이 경우, 도표에서도 분명하게 알 수 있는 것처럼 최저보장소득을 경계로 해서 순소득이 크게 저하된다. 이러한 저하가 앞에서 설명한 '빈곤의 올가미', '복지의존의 올가미'인 것이다. 그것을 피하려고 한다면, 최저보장소득을 넘어서도 수당의 지급을 계속하지 않으면 안된다. 그것을 보여 주고 있는 것이 〈도표 5-7〉 (2)이다. 〈도표 5-7〉 (2)의 경우, 수당지급이 중단되는 조수입의 수준(Q2)은 〈도표 5-6〉의 그것의 정확히 2배가 된다. 그에 따라 수급자수가 늘어나게 된다.

〈도표 5-6〉 한계유효세율 100%의 경우 　〈도표 5-7〉 (1) 한계유효세율 50%의 경우-1

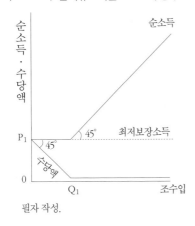 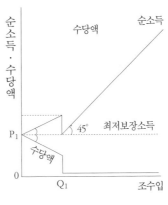

필자 작성.

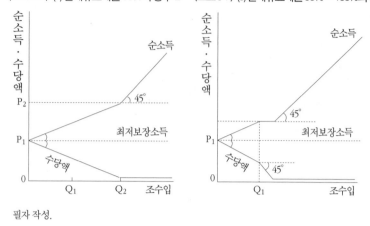

〈도표 5-7〉 ⑵ 한계유효세율 50%의 경우-2 　〈도표 5-7〉 ⑶ 한계유효세율 50%→100%의 경우

필자 작성.

그렇다고는 해도, 조수입이 Q1의 수준을 넘은 시점에서 한계유효세율을 50%에서 예를 들면 100%로 높이고 보다 급격하게 급부액수를 감액해 가면, 수급자수의 증가를 억제할 수 있다(〈도표 5-7〉 ⑶참조). 그러나 이 경우에도 수급자수가 〈도표 5-6〉보다 증가한다는 사실은 변하지 않는다.

한편, 〈도표 5-7〉 ⑵의 경우의 수급자수가 〈도표 5-6〉에 비교하여 2배가 된 것처럼 보이고, 또한 급부지출총액(삼각형 P1OQ2의 면적)도 2배가 된 것처럼 보이지만, 그것은 정확하지 않다. 가로축은 인원수가 아니며, 이 그림은 어떤 개인의 조수입의 변화에 따라 순소득과 급부액수가 어떻게 변화되어 가는지를 나타내는 것에 지나지 않기 때문이다. 각각의 수입수준의 인원수가 같고, 또 소득분포에 변화가 없을 경우에만 수급자수, 급부지출총액이 2배가 된다. 그러나 실제로는 〈도표 5-7〉 ⑵와 같이 공적부조의 제도설계가 변경되면, 조수입이 많을수록 순소득이 늘어나므로 노동 인센티브가 높아지고, 그 결과 소득분포가 바뀔 가능성이 높다. 그러나 그 경우라도 급부지출총액이 증가할지, 감소할지는 이러한 이론 모델분석으로는 판단할 수 없다. 단, 수급자수가 늘어나는 것은 거의 확실하다.

〈도표 5-7〉 (1), 〈도표 5-7〉 (2), 〈도표 5-7〉 (3)의 경우, 최저보장소득이 정액이 아니고, P1에서 P2라고 하는 폭을 가지고 있다는 점에 주의할 필요가 있다. 엄밀하게 이해하자면 P1이 최저보장소득일지 모르지만, 공적부조제도가 급부를 제공하는(그 의미에서 보장하는) 최저보장소득이 조수입의 많고 적음에 따라서 변하고, 그 결과 하나의 라인이 아니고 범위(range)가 된다.

이상의 예는 한계유효세율이 100%와 50%라고 하는 극단적인 예이며, 실제로는 이른바 이념형이라고 파악하는 편이 좋지만, 대충 어림잡아 설명하자면, 〈도표 5-6〉이 북유럽(北歐)형의 핵심적인 요소를, 〈도표 5-7〉 (2) 혹은 〈도표 5-7〉 (3)가 오스트레일리아형의 핵심적인 요소를 각각 보여주고 있다고 생각할 수 있다.

두 가지 유형이 생겨나게 되는 배경에 대해서는 이전에 논의한 적이 있다. 다시 한번 설명하면 다음과 같다.

… 모든 북유럽(北歐) 제국에서의 공적부조의 수급은 적어도 원리적으로는 단기적인 것이며, 또 말하자면 최후의 보루로 여겨지고 있다. … 다른 한편, 오스트레일리아와 같은 시스템에서는 모든 급부에 소득·자산조사가 필요하므로 스티그마는 큰 문제가 아니다. 그 때문에 빈곤의 완화와 취직 노력을 장려하기 위해서는 자산보유를 대폭적으로 인정한다든가, 가득소득의 '허용범위(free area)'를 마련하는 등의 보다 정교한 일련의 제도설계를 필요로 하고 있다 …중략…보편주의적 복지 국가의 대표인 북유럽 제국에서는 공적부조가 기타의 사회 보장 제도와는 달리 '잔여적'인 성격을 가지고 있다. 반대로 사회보장제도 전반에서 선별주의적 색채가 강한 오스트레일리아에서는 이것으로 인해 공적부조와 기타의 사회 보장 제도와의 경계선이 애매해져서, 공적부조 그 자체가 규모나 적응인원이라는 점에서 특별히 잔여적인 것이 아니며, 일상적이고 '보편적'인 성격을 가지고 있다. 극단적인 위치에 있는 북유럽 제국과 오스트레일리아에서는 이처럼 공적부조의 특징과 기타 사회보장제도의 특징과는 이른바 '비틀어진 관계'에 있다(우즈하시[埋橋], 1999b, pp. 80-81).

즉, 이 장 1절에서 본 것과 같이 구조적·잠재적으로 공적부조 수급자가 많은 미국, 영국 등의 앵글로색슨 제국의 경우, 노동인센티브를 고려한 공적부조의 설계에 착수하지 않을 수 없기 때문에 위에서 설명한 오스트레일리아형을 채용하게 된다. 반대로 '예외적'이기 때문에 이러한 장치를 도입할 필요가 없는 나라에서 북유럽형이 만들어지는 것이다. 그리고 오스트레일리아형의 경우 그러한 제도설계 그 자체가 수급자수를 확대시킨다는 것은 지금까지 설명해 온 바와 같이 명확하다고 할 수 있다.

4) 공적부조 수급과 파트타임, 풀타임노동

위에서 언급한 것과는 다소 다른 시점에서 공적부조 수급자, 파트 타임 노동자, 풀타임 노동자의 순소득의 차이를 검증한 연구 결과(OECD, 1998b, p. 57)에 의하면, 저소득층에서의 한계유효세율이 높은 스웨덴에서는 파트 타임으로 취업하면 반대로 순소득이 감소하고 있다. 오스트레일리아와 영국에서는 순소득이 증가하고 있는 것과는 대조적이다. 한편, 파트타임과 풀타임을 비교하면, 스웨덴에서는 후자의 순소득이 많아지고 있는 것에 비해서 오스트레일리아와 영국에서는 약간 증가하는 데 그치고 있다.

일반적으로 공적부조 수급자-파트타임 노동자-풀타임 노동자의 사이에서 순소득의 격차가 있는 사람이 노동인센티브의 관점에서는 '바람직하다'라고 생각된다. 그러나 문제는 그다지 간단한 것이 아니고, 또 그러한 '바람직하다'는 상태를 어떤 제도설계에 의하여 실현해야 하는가라는 것은 어려운 문제이다.

우선 첫째, 그 격차가 작다고 해도, 그것은 공적부조 급부액수가 높다는 이유만으로 생기는 것이 아니다. 최저임금규제의 완화나 폐지, 임금이 싼 비숙련외국인노동자의 유입, 그 외의 이유로서 파트타이머(part timer), 풀타이머(full timer)를 막론하고, 비숙련노동자의 임금이 감소해도 격차는 작아진다. 또 그 임금수준의 저하가 '빈곤의 올가미', '복지의존의 올가미'를 만들어내는 원인도 될 수 있다. 이 점은 에스핑 안데르센이 자유주의 복지국가 모델의 문제점으로서 지적한 것이었다(Esping-Andersen ed.[1996] Ch. 9; 본서 서장 참조).

둘째, 낮은 한계유효세율을 적용해서 파트타이머의 순소득을 올리면(우대하면), 풀타임으로부터 임금비용이 싼 파트타이머로 바꾸고자 하는 고용주의 움직임을 촉진하게 될 지도 모른다. 파트타이머가 되어도 근로 수입과 공적부조수당을 합계하면, (비숙련 노동자의) 풀타이머와 거의 같은 수준의 순소득을 얻을 수 있다면, 고용주의 이러한 움직임에 대한 종업원의 저항은 약화시킬 수 있을 것이다.

또 파트타이머의 근로수입을 얻으면서 공적부조 수당을 수급하게 된 사람은 높은 한계유효세율이 적용되고 있었을 때보다도 순소득이 상승할 지도 모르지만, 이전에 공적부조 수당을 병행하여 수급하지 않고 있을 경우에 근로수입의 증가분 전액을 자신이 소유할 수 있었음에도 불구하고, 병행하여 수급하고 있는 경우에는 감액된 증가분밖에 받을 수 없다. 그림에서 설명하면, 〈도표 5-6〉에서는 Q1을 넘으면 순소득의 경사가 45도가 되고 있는데 비해, 〈도표 5-7〉(2)에서는 30도로 완만해지고 있는 것을 볼 수 있다.

이상의 설명에서 비숙련 풀타이머의 노동 공급을 감소시키는 효과 혹은 낮은 한계유효세율의 적용에 의해 새롭게 원조를 받게 된 층(〈도표 5-7〉(2)의 Q1~Q2의 근로수입계층)의 노동 인센티브를 낮추고, 노동공급의 증가를 억제하는 효과를 가진다.

혹은 반대로, 제3의 케이스로서 높은 한계유효세율을 적용해서 파트타이머의 순소득을 정책적으로 내리면, 일하지 않고 공적부조 수급 중의 순소득과의 차이가 줄어들고, 수급자의 노동인센티브에 마이너스의 영향을 끼칠

수도 있다.

따라서 제2, 제3의 케이스가 과연 노동공급량을 늘릴 것인가 아닌가에 대해서는 명확하지 않다. 게다가 가령 취직인센티브를 높이는 제도설계 하에서 그것이 적용되는 사람의 노동공급이 늘어났다고 해도, 노동수요가 감소하고 있는 국면에서는 다른 (부조 수당도 전혀 받지 않는) 노동자의 취업기회를 빼앗는 "제로 섬 게임(Zero Sum game)"이 될 가능성이 높다.

그 외에 최저보장소득(그림의 P1)을 의도적으로 내리고, 파트타이머의 수입과의 격차를 확대하는 방법도 있을 수 있다. 이 경우에는 공적부조 수급자는 생활이 보다 어려워지기 때문에 노동공급을 늘리겠지만, 이것은 이것대로 공적부조제도의 본래의 목표와는 일치하지 않는다. 최저보장소득의 수준의 문제는 이 장에서의 고찰의 범위를 넘고 있지만, 본래 일본에서라면 헌법이 규정하는 '건강하고 문화적인 최저한도의 생활'을 어떻게 보장할 것인가라고 하는 점에 비추어 결정되어야 할 것이며, 노동인센티브라는 관점에서 논의할 수 있는 성격의 문제는 아니다.

5) 공적부조 지출액은 줄어들 것인가?

최근 노동인센티브를 높이는 수단을 공적부조제도에 도입하려고 하는 움직임을 구미 제국에서 볼 수 있다. 부조수당의 급부(삭감)율을 조근로수입의 금액에 연동시키는 것보다 노동공급의 증가를 도모하자고 하는 움직임이 그것이다. 그러한 움직임은 종래의 사회안전망과의 차이를 강조하고, "트램폴린(trampoline)"에 비유할 때도 있지만, 요컨대 장기간에 걸친 부조수당수급=복지의존 상태에서 벗어나 노동시장에의 참여 및 복귀를 촉진하는 것을 목적으로 하고 있다. 부연하면, '일하러 가서 스스로 소득을 얻는 것은 자립 · 자율심과 자존심(self-respect)을 향상시킨다'(우즈하시[埋橋],

1997, p. 135). 따라서 이러한 시도는 일반적으로는 추진, 장려되어야 하며, 또 대부분의 경우 지지를 받을 것이다.

그렇지만 그 경우의 검토 과제 혹은 문제점은 첫째, 부조수당의 급부(삭감)율의 조작에 의해 어느 정도 노동인센티브가 높아지고, 노동공급이 늘어날 것인가, 둘째, 그렇게 함으로써 재정적인 측면에서 공적부조 지출이 과연 삭감될 것인가라는 두 가지이다. 일본에서는 이러한 문제의 설정 그 자체와 이론적·실증적 검토가 거의 없다. 선행연구가 부족한 상황에서 이 절에서의 검토도 어디까지나 시론의 영역을 벗어나지 않는 것이지만, 다음과 같은 점이 명확하게 밝혀졌다.

우선, 위에서 언급한 첫번째 문제에 관해서는 급부삭감율을 낮추려고 하는 제도변경에 의해 일반직으로는 노동인센티브가 향상되겠지만, 그 향상의 정도는 조수입의 차이에 따라서 일률적인 것은 아니라는 것이다.

제도변경 이후를 나타내는 위의 〈도표 5-7〉 (2)에 있어서 0∼Q1의 조수입의 범위에 속하는 사람은 이전(제도변경전-〈도표 5-6〉)과는 다르게 근로 수입의 증가에 따라(그 절반만) 순소득이 늘어나기 때문에 노동인센티브가 높아진다고 생각할 수 있다. 그러나 Q1∼Q2의 범위에 속하는 사람은 변경이전에 처음부터 부조를 수급하고 있지 않으며, 세금이나 사회보험료를 제외하면 근로 수입의 증가분 전액, 순소득이 증가하고 있는 것과 비교하면, 노동인센티브가 높아진다고 단정할 수는 없다. 특히 이전의 기억이 선명한 기간은 오히려 내려가는 경우도 생각할 수 있다. 또 경우에 따라서는 저임금 풀타이머의 노동공급이 줄어들 가능성도 있다. 더욱이 빈곤의 올가미가 생기는 것 같은 제도변경에서는(〈도표 5-7〉 (1) 참조), 조수입을 Q1 이하로 억제하려는 노동공급을 제한하려는 강한 인센티브가 작용한다.

두 번째의 문제에 대해서는 첫 번째의 문제 이상으로 그 영향은 보다 더 불확실하다. 왜냐하면 공적부조가 지급되는 최저조근로수입액을 Q1로부터

Q2로 끌어 올릴 수 있으며, 그러한 일종의 '수급자격의 완화'를 통해서 수급인원이 증가할 것으로 예상되기 때문이다. 물론 위의 노동 인센티브의 고조가 있으면, 공적부조 지출액 증가를 상쇄하는 방향으로 작용한다. 그러나 그 쌍방의 결과로서 과연 공적부조 지출액이 감소할 것인가 아닌가는 구체적인 제도설계에 크게 의존하는 문제이며, 이론적인 수준에서 미리 예측하는 것은 곤란하다.

한편, 앞에서 지적한 것과 같이 급부삭감율을 내리면 최저보장소득은 조수입의 많고 적음에 따라서 변화하고, 그 결과 1개의 라인이 아니고 어느 정도 폭을 가지는 범위(range)가 된다. 그에 의하여 한정된 재정적 자원을 가장 곤궁도가 높은 층(근로조수입이 낮은 층)에 중점적으로 충당한다고 하는 타겟효율성이 저하되는 점에도 유의해야 한다.

마지막으로 다음과 같은 질문을 할 수 있을 것이다. 즉, 노동인센티브를 높이려는 장치를 공적부조제도에 도입하려는 움직임은 왜 일어나고 있는가라는 질문이다.

스스로 일하는 것에 의한 자립 바로 그 자체를 목적으로 하고 있다고 하면, 재정적으로 공적부조 지출액이 가령 어느 정도 늘어난다고 해도, 그것은 감수해야 한다고 할 수도 있다. 그러나 사실은 그렇지 않을 것이다. (자립촉진을 통해서) 공적부조 지출액을 삭감하는 것 또한 의도되고 있는 제도변경의 목적일 것이다. 혹은 그것이야말로 참된 목적일지 모른다. 그러나 이 절에서의 검토는 이러한 목적·기대는 무조건으로 실현되는 것이 아니라는 것을 보여주고 있다. 급부(삭감)율의 조작을 통한 노동인센티브의 향상이 공적부조 지출액의 삭감으로 연결된다는 확실한 보증은 없다.

이것이 한편으로는 이전과 같은 1개의 라인이 아니고 폭을 가지는 범위가 된 최저보장소득(최저생활) 기준을 전체적으로 낮추자고 하는 유혹을 정책담당자가 느낄 수도 있다. 그러나 최저보장소득(최저생활)기준은 본론에서 강조한 것처럼 공적부조 지출액을 삭감하려는 목적과의 관련에서 논의할 수 있는 성격은 아니다(단지 현실에서는 그러한 내용의 제안이 이루어지고 있다. 이 문제에 대해서는 본서 6장 6의 (2) '유보임금의 저하'-Ifo의 제안을 참조).

다른 한편으로는 급부율의 조작이라는 "간접적인" 방법에 대신하여 다른 "직접적인" 수단으로 노동인센티브를 상승시키려는 정책담당자의 시도를 촉진시키게 된다. 그래서 유력한 시책으로 부상하고 있으며, 많은 국가에서 시도되고 있는 것이 다음 장에서 검토하려는 '복지에서 노동으로'="워크 페어"이다.

4. 일본에 대한 정책적 시사

공적부조제도의 국제동향을 검토하는 이 장에서는 일본의 상황을 정면으로 다루지는 않았다. 마지막으로 이 장에서의 검토가 일본의 공적부조제도와 관련된 정책논의에 대하여 시사하는 점을 정리해두겠다.

앞에서 검토해온 바와 같이, 국제적으로는 장기실업자(=실업보험수급 기간이 지난 실업자)에 대한 생활 보장을 어떻게 해야 할지가 공적부조 행정의 큰 과제였지만, 일본의 상황은 그것과는 상당히 양상을 달리한다. 그것은 1980년대 말까지 일본이 양호한 고용환경에 있었으며, 장기실업자의 문제가 그렇게 큰 문제가 아니었다는 것 때문만은 아니다. 일본에서는 원래 실업자는 일할 능력이 있는 한 생활보호가 적용되지 않았고, 지금도 기본적으로는 적용되지 않기 때문이다(본서 1장의 주2도 참조).

따라서 공적부조제도에 노동인센티브를 포함시키는 정책을 논의할 때에도, 다양한 환경의 차이에 주의할 필요가 있다. 우선, 일본에서는 실업보험의 급부 기간이 국제적으로 보아서 대단히 짧고, 장기실업자에게는 원칙적으로 생활보호가 적용되지 않기 때문에 그들을 대상으로 한 노동인센티브를 높이는 정책은 그다지 문제가 되지 않는다. 일할 능력이 있어도 생활보호가 적용되는 것은 사실상 자녀가 어리고, 또 자녀의 수가 많아서 취직이 곤란하거나, 가능하다고 해도 소득이 적은 편모에 한정된다. 그런데 일본의 편모의 취직율은 국제적으로 보아 최고 수준에 있다. 이것은 편모의 비율이 높고, 또 취직율이 낮은 구미와의 큰 차이라고 할 수 있다(가계경제연구소 편, 1999).

최근 구미 제국에서는 워크 페어가 '정당이나 정치적 이념에 관계 없이 매우 중요한 정책'이 되어가고 있지만, 일본에서는 1990년대의 '잃어버린 10년'을 통해서 오히려 종래의 '워크페어체제'가 약해졌다는 점이 노출되었다는 것이 현실이다(이 점에 대해서는 본서 1장 3을 참조). 이것은 5%대로 상승한 실업률, '비정형노동'의 증가, 기업복지의 후퇴, 노숙자의 증가 등에 나타난다. 그러나 생활보호법이 제정된 이래 60여 년간에 걸쳐 변경되지 않았고, 최근 20년간은 운용의 '엄격화'가 진행되었으며, '보호율'은 국제적으로 보아 현저하게 낮다. 따라서 일본의 향후의 정책적 대응을 생각할 때에는 구미 제국과의 위상의 '엇갈림', 혹은 '비틀림'이 있다는 것을 고려할 필요가 있다. 즉, 첫째, 국제적으로 공적부조제도는 '두 가지 다른 요청' 사이에서 활로를 모색하기 위하여 시행착오를 거듭하고 있지만, 그것은 첫번째 요청=사회안전망으로서의 기능 위에 서서 직면하고 있는 문제라고 해야 하는 것이다. 짧은 실업보험급부기간과 이른바 '문턱이 높은' 생활보호제도를 가지고 있는 일본의 특징을 논의의 출발점으로 할 필요가 있다. 둘째, 일본의 경우 위에서 언급한 것과 같이 편모에 단적으로 드러나고 있지만, 일반적으로 노동연령층의 취직율은 유럽에 비교해서 높다. 이것이 어떤 연구에서 일본의 편모를 '일하는 빈곤자'라고 명명한 이유이기도 하다(Kilkey[일본어 번역,

2005]). 이것은 워크 페어가 기능할 수 있는 여지를 좁히고 있고, 빈곤하지만 생활보호의 적용을 받지 못하고 있는 근로빈곤층 문제가 일본에서는 오히려 중요한 정책과제로서 부상하고 있다는 것을 보여주고 있다.

이러한 배경의 차이를 고려하면, 공적부조제도의 국제적 동향이 시사하는 일본에 있어서의 과제는 다음의 세 가지다.

첫째, 실업보험수급기간 만료자 및 실업보험에 가입해 있지 않기 때문에 수당을 받을 수 없는 사람에 대한 생활보장을 어떻게 하고, 고용가능성을 어떻게 유지할 것인가, 둘째, 취직율이 여전히 높으며 최근 파트타이머의 비율이 높아지고 있는 편모가 일할 수 있는 환경·기회를 어떻게 확보할 것인가라는 두 가지이다. 이 두 가지는 소프트 워크 페어(6장 5 참조)의 해외에서의 풍부한 경험으로부터 배울 수 있는 짐이다.

셋째, 일본에서 저소득계층의 소득·자산·생활실태에 관한 기초적 조사가 적다는 사실이다. 이것은 이미 생활보호의 커버율을 둘러싼 논의에서 반복되어 지적되어 왔지만, 공적부조에 의한 생활 보장을 앞으로 어떻게 추진해 나아갈지를 둘러싸고, 이러한 상황은 질곡(桎梏)이 되어가고 있다. 이 장에서 검토한 많은 국가에서는 국가의 대규모 조사에 바탕을 둔 예를 들면, 빈곤가정의 가계의 수지가 밝혀져서 한계유효세율이 계산되었으며, 빈곤의 올가미 등의 실태가 나타나고, 또 정책을 변경할 때의 영향이나 귀결이 추적되고 있다. 이러한 기초적 통계조사가 세심한 정책을 전개하는 데 있어서 필수불가결한 것임을 확인해두고 싶다.

1. '능동적 사회 정책'의 제창

이 장에서는 1980년대 이후 많은 선진국이 전략적으로 채택한 '고용지향 (employment-oriented)사회 정책'=워크 페어에 초점을 맞추어 그것이 등장한 배경, 특징과 파급 효과, 귀결 그리고 현실적으로 나타나고 있는 문제점을 다양한 관점에서 논의하고자 한다.

부연하면, OECD의 어떤 리포트에서는 '불과 몇 년 전에는 빈곤과 소외의 높은 위험에 노출되어 있는 사람들의 노동시장에의 통합은 불가능한 낙관적인 목표인 것 같았다. 오늘날 거의 모든 OECD 가맹국에 있어서 빈곤과 소외에 대응하기 위한 정책의 핵심에는 고용에의 통합이 있다. 이것은 큰 변화'라고 하고 있으며(OECD 편저, 2005, p. 134), 워크 페어의 움직임이 확고하게 '정착'되고 있다는 것을 강조하고 있다. OECD는 이 움직임을 긍정적으로 보았으며, 다음 인용에서 지적하고 있는 것처럼 '능동적 사회 정책(active social policy)'의 제창에 이르게 되었다.

세금과 공적 소득 이전에만 의존하는 대신, OECD 가맹국은 오늘날의 사회적인 도전에 대응하기 위한 다른 방법을 발견하지 않으면 안된다. 이 보고서에서는 이것을 실시하기 위한 정책을 '능동적인' 사회 정책이라고 부른다. 왜냐하면 이 정책은 이 조건에 기인하는 곤란한 상황을 개선하는 것에 한정되는 것이 아니고, 오히려 개인이 발전하는 조건을 바꾸자는 것이기 때문이다. 이러한 과거에 있어서의 수동적, 보장적 접근으로부터의 변화는 사회에 있어서의 자급자족, 자율적인 구성원이 되기 위한 잠재능력을 최대화하기 위하여 사람에게 투자하는 것 및 노동시장에 적극적으로 참가하도록 유도하는 것을 보다 강조하는 것이다(OECD 편저, 2005, p. 9).

2. 워크 페어라는 단어

워크 페어라고 하는 단어는 그 발상지인 미국의 신문에서는 1970년경부터 등장하였고, 1980년대에는 세 개의 전국지에서 년간 합계 50회 정도 언급되고 있었고, 90년대 후반에는 그 수가 급증하였으며, 97년에는 약 400회에 이르고 있다고 한다(Peck, 2001, Figure 3.1). 1996년에는 1930년대 이후 미국의 연방복지 정책의 중심이었던 AFDC(Aid to Families with Dependent Children, 요부양아동부조)가 TANF(Temporary Assistance for Needy Families, 빈곤가족일시부조)로 변경된 것이 그 사용빈도 급증의 배경이지만 여기에서 유의해두어야 할 것은 그에 앞서 미국의 몇 개 주, 시에서는 복지재정 지출의 확대에 의하여 시행착오적으로 또 뉘앙스는 다르지만 그 이후의 시기에서 보면 워크 페어라고 부를 수 있는 개혁을 거듭하여 왔다.

대표적인 것으로는 가장 빠른 시기에 착수한 캘리포니아주의 GAIN(Greater Avenues for Independence, 1982년~), '다른 주와 비교하여 대폭적으로 복지수급자의 수를 줄인' 위스콘신(Wisconsin)주의 W2(Wisconsin Works, 1987년~), 공공 부문의 고용을 늘린 것으로 유명한 뉴욕시의 WEP(Work Experience Program, 1995년~) 등을 들 수 있다. 또 '우리가 알고 있는 복지

는 끝났다'라는 슬로건으로 유명한 1996년의 클린턴 복지개혁에 앞서, 전국
적으로 워크 페어를 향한 첫걸음으로 생각되는 1981년의 「포괄적 예산조
정법」(the Omnibus and Budget Reconciliation Act)이나, 유명한 JOBS 프로
그램을 만든 1988년의 가족지원법 등이 제정되었다(Quaid[2002] pp. 34-45,
1988년의 가족지원법을 분석한 연구로서 Gueron and Pauly[1991]가 있다).
그러나 미국에 있어서의 대표적인 공적부조제도인 AFDC/TANF의 수급자
수가 급격하게 감소한 것은 1996년 클린턴 복지개혁 이후라는 것을 〈도표
6-1〉로부터 확인할 수 있다.

〈도표 6-1〉 AFDC/TANF 수급건수(전국)

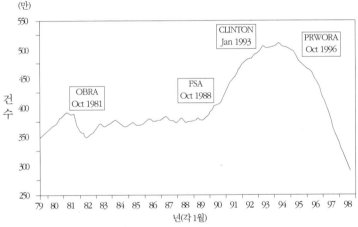

주) OBRA: 포괄예산조정법
　　FSA: 국가지원법
　　CLINTON: 클린턴의 웨이버조항 정책
　　PRWORA: 개인책임과 고용기회조정법
　　출처: Lodemel and Trickey eds., 2001, p. 221.

여기에서 그 점에 대하여 상세하게 언급할 수는 없지만, 다음의 세 가지를
확인해두겠다.

첫째, 워크 페어라고 하는 단어는 원래 그 용어가 생겨난 배경으로부터 보

아도 엄밀한 정의를 갖는 '학술용어'가 아니라 논자에 따라 다른 의미로 사용되어지고 있다(덧붙이자면 learnfare, slavefare라고 하는 조어도 같다). 또 위에서 언급한 바와 같이 많은 주와 시의 시도는 교육훈련을 중시하는 것으로부터 엄격한 벌칙규정을 갖는 강제력이 강한 것, 자치단체의 공적고용을 확대하는 것 등 내용적으로 상당히 폭이 넓다.

둘째, 이러한 워크 페어 정책이 그 후 국제적으로 전파되어 나갈 때에 가장 주목받은 것은 무엇보다도 국가(연방)수준에서의 1996년의 복지개혁이다. 이것에 의해 현금급부의 수급기간이 일생 동안에 5년으로 제한되었으며, 수급 시작 후 2년 이내에 직업 교육·훈련에의 참가가 의무화되었다. 워크 페어의 정의를 생각할 때, 우선 '제1차 접근'으로서 1996년 복지개혁의 내용을 검토하는 것이 타당하다. 단, 이러한 개혁으로부터 10년 이상이 지난 오늘날에는 그러한 광범위에 달하는 내용은 상당히 널리 알려지게 되었다(네기시[根岸], 2006, 본서 1장 3을 참조).

셋째, 클린턴 복지개혁에 의하여 급격하게 공적부조(TANF) 수급자수가 줄어든 것이 개혁의 '성공의 증거'로 여겨질 때가 많지만, 1990년대 후반부터 현저해진 미국 경제의 경기회복과 그에 따른 노동시장의 상황의 호전이 그것을 지원했다는 점을 간과할 수 없다. 뒤에서 언급하는 바와 같이, 복지에서 노동으로 문제를 '되던지는' 일은 원래 곤란한 것이지만(본서 p. 146 참조), 미국에서의 TANF 이행에 한해서는(영국에도 어느 정도 적용된다), 워크 페어 개혁 직후의 경제의 호전(1990년대 후반~2000년대 전반)이 개혁의 성과를 확대포장하여 보여준 것이다.

그런데 그 후 미국의 워크 페어 정책이 국제적으로 영향력을 발휘하게 됨에 따라 다소 역설적이기는 하지만, 그 영향을 받은 국가의 연구자 등에 의해 특수한 미국적인 요소가 자각적으로 의식되게 되었다. 바꿔 말하면, 국제적 영향력은 반드시 긍정적인 평가를 의미하는 것이 아니고, 특히 유럽 제국에서는 부정적 내지는 소극적 평가와 표리일체적인 측면도 있었다. 그 경우, 특히 위화감을 갖고 받아들여진 것은 지급기간에 상한을 설정하는 것과 위반할 경우의 권리박탈이라는 벌칙규정이었다.

그 결과, 워크 페어 바로 그 자체가 미국의 복지개혁과는 불가분이라고 하는 논의도 등장했으며, 다른 한편으로는, American-style Workfare라는 표현이 지적하는 것처럼 워크 페어에는 그러한 강제력과 벌칙규정이 반드시 붙어 따라다니는 것이 아니라는 인식도 생겨나게 되었다. 후자가 일반화됨에 따라서 워크 페어라는 단어는 각국에서의 차이도 그 개념 안에 포함될 수 있는 보다 광의로서 일반적이며 포괄적인 용어(umbrella term)가 되어 왔다. 물론, 지금도 국가에 따라 또 사람에 따라 각양각색으로 다양한 의미로 사용되고 있지만, 이 장에서는 이 일반직이며 포괄직인 용어(umbrella term)를 답습하여 '어떤 특정한 방법을 통해서 각종 사회 보장·복지급부(실업 급부나 공적부조, 혹은 장애급부, 노령급부, 한부모수당 등)를 받는 사람들의 노동·사회참가를 촉진하고자 하는 일련의 정책'이라고 하는 넓고 일반적인 정의를 사용하기로 한다.[1]

3. 몇 가지의 반응

미국에서 출발한 개념이지만, 그 후 유럽이나 오세아니아 제국으로 전파된 워크 페어의 움직임에 대하여 아카데미즘이나 복지, 행정의 현장에서 각

---

1) 이러한 일반적인 정의를 사용하는 이유는 특정한 유형을 사전에 배제하지 않고 많은 종류의 예를 커버한 후에 그 가운데 포함되는 아종이나 특징을 별도로 검토할 수 있다는 장점이 있기 때문이다. 단어의 정의가 중요한 것은 그 본질을 정확하게 표현하는 것이 원래 중요하기 때문이지만, 그것에 더하여 그 말을 이용하는 논자들 사이에 불필요한 혼란을 야기하지 않는 것, 또한 그 정의를 사용함으로써 어떠한 과제 해명상의 단서, 편익을 얻을 수 있다는 점에 있다. 그 의미에서 정의 혹은 개념규정은 조작적인 성격도 함께 갖는 것이다.

양각색의 반응이 있었다. 국가별 반응의 차이도 당연하게 있지만, 그것들을 횡단적으로 보면서 이론적으로 정리하고, 그 중에서 특징적인 것을 설명하면 다음과 같다.

우선 긍정적 평가로서는 다음의 두 가지의 흐름이 있다. 첫째는, 사회의 기본적인 존립 조건으로서의 도덕 면에 주목하여 자립심이나 시민으로서의 의무를 강조하는 흐름이다. 워크 페어에 주목하여 말하자면, 특히 미국의 경우, 문화적으로 '복지' 혹은 '복지의존자'에 대한 여론의 반응은 유럽에 비하여 부정적이지만, 어떤 분야에서든 '일하고 있는 사람'에 대해서는 그렇지 않다. 근로빈곤층의 문제에서도, 가장 먼저 그들에 대한 정책을 실시한 것도 미국이었다. 또 하나는, 경제적 측면을 중시하고, 납세자의 입장을 대변하면서 재정적 제약 하에 있어서의 복지예산의 절약을 호소하는 흐름이다. 후자의 입장은 다음의 인용에 나타난 것처럼 이 두 가지의 흐름은 서로 연결되어 주장되는 경우가 많으며, 또 그것들은 긍정적 평가라고 하기보다는 보다 정확하게는 워크 페어를 추진하고, 견인해 온 이데올로기라고 해야 할 것이다.

> … 다른 한편, 임금보조가 노동에 대한 강한 디스인센티브를 가져오는 복지시스템으로 바뀐다면, 납세자의 돈의 일부는 복지수급자가 취업하였기 때문에 효율적으로 절약되었으며, 그 때문에 이러한 보조는 충분히 옹호할 수 있는 것이 된다. 이것은 미국, 영국에서 일어나고 있는 일의 중요한 부분이다…(Werding, 2005, pp. 98-99).

이에 대하여, 비판적 견해로는 우선 첫째, 사회복지의 현장 스탭, 연구자로부터의 이의제기가 있었고(Shragge ed., 1997), 그것들을 시민사회론(citizenship)론의 입장에서 보다 체계적으로 전개한 흐름이 있다. 그 대표적인 논자 중의 한 사람이 미국의 정치학자 핸들러(Handler)이다(Handler,

1995, 2004). 그가 결론으로서 베이직 인컴(기초소득 구상)에 친화적인 논의를 전개하고 있다는 점이 주목된다. '사회적 배제'에 대한 어떤 의미에서는 정통파적인 처방전(탈(脫)상품화를 지향)을 제시하고 있는 것이다. 한편, 이러한 비판은 구직활동의 요청에 응하지 않을 경우의 가혹한 벌칙이나 복지급부 기간의 제한 등을 부과하는 하드 워크 페어(본서 1장 참조)에 대한 것이 많고, 이러한 워크 페어가 새로운 형태의 '배제'로 연결되는 것을 문제삼고 있다.

둘째, 워크 페어가 아닌 페어 워크를 제창하는 케인즈주의로부터의 비판도 있다(Rose, 1995). 이러한 입장은 공적고용의 확대를 주장하는 것이며, 1930년대의 뉴딜(New Deal)의 역사적 의의를 높이 평가한다. 그러나 이러한 입장은 지극히 소수파에 미무르고 있다.

이 외에도, 워크 페어의 의의를 인정하면서도 여러 가지 이유로 실시할 경우 장벽이 있다는 것을 지적하는 의견도 있다(Quaid, 2002).

4. 워크 페어의 유형

지금까지의 국내외의 연구에서 이미 몇 가지 유형으로 나누어져 있다는 것은 널리 알려진 사실이다. 그 중에는 '노동시장재통합 접근, 노동력구속 접근, 인적자본 접근'이라는 분류(Peck, 2001), '워크 퍼스트 모델과 서비스 인텐시브 모델'이라는 분류(미야모토[宮本], 2004), '복지로부터 취직', '취직에 수반되는 복지'와 후발복지국가를 중심으로 한 '먼저 취직하고 있어야'라는 각 유형의 분류(본서 1장 3 참조) 등이 있다. 이러한 시도는 서로 미묘한 뉘앙스의 차이를 내포하면서도, 각국의 동향이나 위치를 평가하는 데 있어서 일종의 '단서'가 되어 왔다고 생각된다.

덧붙이자면, 소프트한 워크 페어와 하드 워크 페어와의 구별은 다음과 같이 설명할 수 있다.

소프트한 워크 페어는 교육훈련에 의해 고용가능성이나 고용력을 향상시키고, 노동시장에의 참가를 촉진해가는 것이다.

〈도표 6-2〉 하드 워크 페어 프로그램

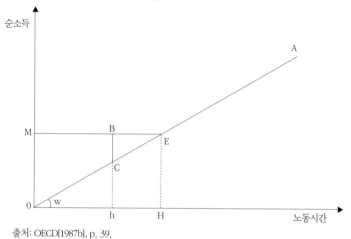

출처: OECD[1987b], p. 39.

한편, 하드 프로그램은 〈도표 6-2〉에서 알 수 있는 바와 같이(가로축이 노동시간, 세로축이 소득, w는 임금율), 노동시간이 늘어나면 소득이 향상된다(O→C→E→A와 소득이 증대). 여기에 공적부조(생활보호)제도가 적용되면 어떻게 될 것인가? 공적부조 수당은 일정한 소득(그림에서는 M) 이하의 사람에 대하여 지불되므로 소득의 라인에 변화가 생긴다. 즉, 소득은 M→B→E→A로 변화한다. 그런데 하드 프로그램이 이러한 공적부조제도에 도입되면, 노동시간이 적은 사람에게는 수당을 지급하지 않지만, 어느 일정한 노동시간(그림에서는 h시간)을 넘어서 장시간 일하는 사람에게는 수당을 지급하게 된다. 따라서 노동시간과 소득의 관계가 그림 1의

O→C→B→E(→A)와 같은 흐름이 된다. 그 경계선에 있는 사람들(즉, 노동시간이 0~h시간의 사람들)에 대하여 노동시간을 늘리고자 하는 강력한 인센티브를 주는 정책이라는 것을 이해할 수 있을 것이다. 혹은 공적부조를 수급할 수 있는 기간을 예를 들면, 미국의 TANF와 같이 일생 동안 5년에 한정하는 정책도, 그 기간에 어떻게 해서든 취직의 기회를 얻자고 하는 인센티브를 점점 더 높이게 되며, 이는 하드 워크 페어의 일종이라고 생각할 수 있다.

그렇다고는 해도, 이러한 워크 페어의 구별은 어떤 의미에서는 '상대적'인 것이며, 또 특정한 국가에 대하여 그 중에서 어느 하나를 적용하여 그 특징을 설명하려는 시도가 있지만, 그것을 이해하는 데 있어서도 일정한 유보가 필요하다. 왜냐하면 네덜란드에서도 덴마크에서도 그때 그때의 경제상황 ―고용정세― 의 변화에 의하여 하드 워크 페어와 소프트 워크 페어 사이에서의 '흔들림'이 관찰되었고(Lodemel and Trickey eds., 2001, Ch.4, 6), 또 대상자별로 즉, 젊은이인가 노인인가, 실업자인가 그렇지 않은가, 장애를 가지고 있는지 또 그 장애의 정도, 편모인가 아닌가, 그 경우의 부양 아동수, 연령 등에 따라 실제로 실시되고 있는 워크 페어 정책의 내용이 다르기 때문이다. 위에서 구별된 것 같은 워크 페어의 종류는 각각 서로 단절되어 완전히 이질적인 것이 아니고, 일련의 정책적 연장선상의 어딘가에 위치한다.

워크 페어(론)에 대한 비판에는 그 노동이 고용노동 혹은 유상노동(paid work)에 한정되고 있다는 것에 대한 이의제기가 포함되는 경우가 있다(武川, 2006). 분명히 이것은 워크 페어를 생각하는 경우에 있어 중요한 논점이다. 그러나 이 장에서는 복지로부터 노동이라고 했을 경우의 '노동'을 고용노동에 한정하고 있다. 그 이유는 워크 페어의 대상이 고용노동에 한정되는 것이 문제임과 동시에 어떤 종류의 고용노동인지가 현재 예리하게 지적되고 있다는 문제인식이 있기 때문이다.

5. 워크 페어의 아포리아(근원적인 곤란)

구미 각국에서는 1980년대, 1990년대를 통해서 종래의 복지국가의 재편이 이루어졌다. 산업·노동의 분야에서는 규제완화, 민영화라는 두 가지 정책이 중심이었지만, 사회보장·복지의 분야에서는 소위 워크 페어가 주목받게 되었다. 복지와 취직을 둘러싼 관계의 재편이 진행된 것이다. 워크 페어와 그것에 관련되는 고용조건과 급부 조건부 세액공제(Refundable Tax Credits)세제는 미국에서 시작되었고, 최근에 유사한 예가 없을 만큼의 스피드와 영향력으로, 유럽과 오세아니아 제국에 전파되었다.

그 배경에는 1980년대 이후의 경제·고용정세의 악화가 있다. 그리고 이것이 특히 실업보험이나 공적부조 혹은 장애인복지 등의 분야의 사회보장예산에 대한 제약을 강화했다. 즉, 경제 성장률의 둔화가 세입 면에서의 압력을 초래하고, 또 실업보험수급자, 공적부조 수급자 혹은 장애연금수급자의 증가가, 세출 면에서의 예산제약을 강화한 것이다.

이와 같이 워크 페어 정책의 동인(動因)은 노동에 있다고 생각할 수 있지만, 워크 페어라는 것은 복지에서 노동으로 문제를 '되던지는' 것을 의미한다. 여기에 워크 페어의 근원적인 곤란(아포리아[aporia])이 있다. 왜냐하면 위에서 말한 것과 같이, 워크 페어의 배경으로는 볼을 받는 입장에서의 고용정세의 악화가 있기 때문이다. 이 근원적인 곤란은 그것이 소프트 워크 페어라고 해도, 혹은 액티베이션(activation)[2]이라고 해도 피할 수는 없다. 불황에 있어서는 직업훈련에 의해 '고용가능성'을 향상시키더라도 그 효과는 한정되어 있다.

따라서 '되던지는' 것만으로 문제가 해결되는 것이 아니라는 것은 어떤 의미에서는 당연하다. 그 때문에 현재의 워크 페어의 초점은 ① '되던진 후의

---

2) 액티베이션: 교육훈련에 힘을 기울여 취업으로 연결시키는 노력(역자주).

소득면에서의 지원'의 형태나, ② 취직 바로 그 자체가 어떤 의미가 있는가로 옮겨지고 있다. ①의 대표적인 예가 최근에 세제를 통하여 많은 국가에서 실시되고 있는 메이킹 워크 페이 정책이며(본서 p. 152의 〈도표 6-7〉을 참조), ②는 ILO의 일하는 보람이 있는 인간다운 노동(decent work, 이하 디센트워크라고 함)이 제안하고 있는 방향이다(본서 p. 160의 〈도표 6-10〉을 참조). 이 장에서는 이 두 방향의 각각의 특징(장점, 단점을 포함)을 검토하고, 마지막으로 일본에의 함의를 살펴보고자 한다.

6. 메이킹 워크 페이 정책

이하에서는 OECD, Ifo(독일의 싱크 탱크), ISSA=ILO, 세 개의 단체가 각각 워크 페어에 대하여 어떤 평가를 내리고 있는지 그 대응을 순차적으로 검토하고, 워크 페어를 둘러싼 '기본적인 대립축'을 명확히 하려고 한다. 〈도표 6-3〉은 이 장에서의 분석틀이다.

〈도표 6-3〉 분석틀

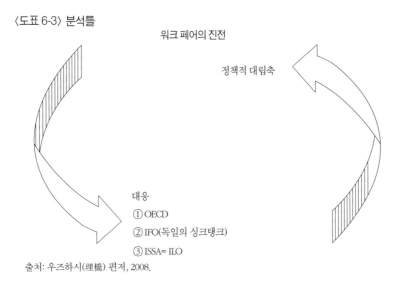

워크 페어의 진전

정책적 대립축

대응
① OECD
② IFO(독일의 싱크탱크)
③ ISSA= ILO

출처: 우즈하시(埋橋) 편저, 2008.

1) '취직복지급부'(in-work benefit)

OECD는 선진국이 잇따라서 '취직복지급부(in-work benefit)'를 제도화하고 있다는 점에 주목하고 있다. 〈도표 6-4〉가 그 배경을 설명하고 있다. 세대 구성원 중에 노동자가 있어도 그것이 반드시 빈곤으로부터의 탈출로 연결되는 것은 아니다. 1995년 이후 1명의 노동자가 있는 빈곤가정의 비율은 약 절반의 가맹국에서 증가하였고, 미국이나 뉴질랜드 이외의 4개국에서는 2명의 노동자가 있는 경우에도 증가하고 있다. 그 결과, 가처분소득으로 보았을 경우에 상대적 빈곤율과 고용율 사이에서는 상관관계가 존재하지 않는 상황까지 생겨나고 있다(OECD 편저[2005] p. 123, 그림 6-2 참조). 이것이 OECD가 '장년기에 있는 사람의 빈곤과 소외'에 주목하고 있는 이유이다.

〈도표 6-4〉 2000년 전후의 노동연령 세대주가정의 상대적 빈곤율(성년노동자숫자별)

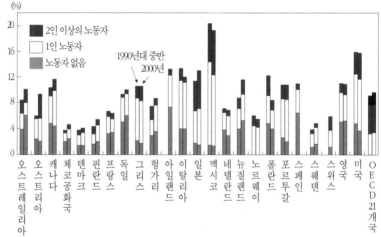

주) 각각의 그래프의 높이는, 각국의 노동연령에 속해 있는 세대주 가정에서 생활하는 사람들의 빈곤율(소득의 중앙값의 50%의 역치를 사용)을 나타낸다. 독일의 데이터는 동서독 통일이전의 서독의 데이터.
출처: OECD[2005], p. 147.

OECD가 그 중요성을 지적하고 있는 '취직복지급부'는 구체적으로는 고용조건과 급부 조건부 세액공제(refundable tax credit)이다. 미국의

EITC(Earned Income Tax Credit)나 영국의 WFTC(Working Families Tax Credit)가 그 대표적인 경우라고 할 수 있다(미국의 EITC에 대해서는 본서 8장 〈도표 8-2〉를 참조).

이러한 급부 조건부 세액공제(Tax Credits) 세제의 의의 및 문제점에 대해서 몇 가지 확인해보고자 한다.

첫째, 미국의 복지 정책을 검토할 때에는 이러한 세제개혁(EITC의 도입과 확대)도 시야에 넣을 필요가 있다는 것. AFDC로부터 보다 엄격한 TANF로의 이행도, 이 세제개혁이 세트가 되고 있었기 때문에 비로소 가능해졌다고는 지적도 있다(일본재정법학회 편, 2001, p. 124).

워크 페어의 전파와 같은 궤적을 따라 고용조건과 급부 조건부 세액공제(Tax Credits)세제가 영국, 캐나다, 오스트레일리아 등 앵글로색슨 제국에 급속히 전파되고, 오늘날에는 적지 않은 유럽 제국에서 도입되었으며(Dolowitz [1998], Meyer and Holtz-Eakin eds., 2001), 아시아에서는 한국에 도입되었다.

〈도표 6-5〉 비취업자가 파트타임으로 일을 할 인센티브가 있는가?
　　한계유효세율(marginal effective tax rate)의 구성요소(파트타임-주 20시간근무, 생산
　　노동자 평균임금의 50%의 임금수준. 2002년)

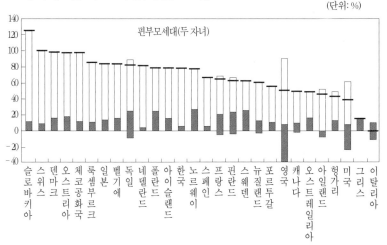

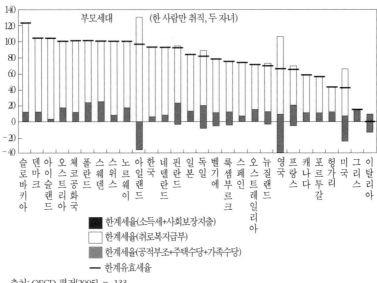

부모세대 (한 사람만 취직, 두 자녀)

■ 한계세율(소득세+사회보장지출)
□ 한계세율(취로복지급부)
▨ 한계세율(공적부조+주택수당+가족수당)
— 한계유효세율

출처: OECD 편저[2005], p. 133.

〈도표 6-5〉와 〈도표 6-6〉은 OECD의 자료이지만(Employment Outlook, 2005), 귀중한 정보를 제공해주고 있으므로 조금 자세하게 살펴보기로 하겠다.

우선 〈도표 6-5〉는 취업하지 않고 전면적인 각종 복지급부를 받고 있는 사람이 일하기 시작했을 경우(평균의 3분의 2의 소득)의 한계유효세율을 나타내고 있다. 여기에서 알 수 있는 것은 첫째, 북유럽을 포함하는 유럽대륙에서 높고, 남유럽 및 앵글로색슨 제국에서는 낮다는 것, 둘째, 앵글로색슨 제국에서는 취직복지급부(In-work benefits, 고용조건과 급부 조건부 세액공제([Tax Credits]세제가 중심)를 제도화하고 있는 국가가 많고(아일랜드, 미국, 영국, 뉴질랜드), 그것이 한계유효세율의 저하에 크게 공헌하고 있다는 점, 다시 말해서, 노동 인센티브를 저해하지 않는 형태가 되어 있다는 점이다. 〈도표 6-6〉은 '저임금의 올가미'에 관한 것으로 〈도표 6-5〉와는 다소 성격을 달리하지만, 위의 4개국에서 취직복지급부가 노동의 디스인센티브의 해소에 공헌하고 있다는 것을 알 수 있다.

〈도표 6-6〉 저임금의 올가미에 대한 취업을 조건으로 하는 급부의 영향
(자녀가 둘인 경우, 한 사람이 취업하고 있는 커플, 2002년)

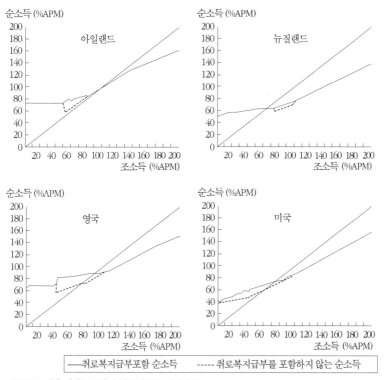

주) APM이란 생산노동자의 평균임금을 의미한다.
출처: OECD 편저, 2005, p. 147.

둘째, 위에서 본 '취직복지급부'는 최근에 OECD가 그 확대를 위하여 적극
적인 조사·연구 활동을 해온 〈메이킹 워크 페이〉의 주된 수단이며, 〈워크
페어〉와 〈메이킹 워크 페이〉, 〈취직복지급부〉의 세 가지는 서로 밀접한 관
계가 있다. 그것은 문자 그대로 삼위일체의 관계에 있으며, 그 의의나 문제
점을 검토할 때에는 그것을 통일적으로 파악할 필요가 있다.

즉, 워크 페어는 일을 함으로써 금전적인 수입의 획득이 가능하지 않다면 효과가 일시적인 것으로 그치거나, 어디까지나 '강제'의 영역을 벗어나지 않을 것이며(그야말로 slavefare라는 표현이 정확할 것이다), 그리고 일이 금전적인 수입의 획득으로 연결되기 위해서는 빈곤의 올가미를 피할 필요가 있으며, 그렇게 하기 위하여 세제나 조성금에 의한 임금의 보강이 필요하게 된다.

물론, 이러한 연쇄관계(특히 두 번째의 연쇄관계)가 필요한 것은 일반적인 노동자가 아니라 저숙련 노동시장에 있는 근로빈곤층이다. 워크 페어의 진전에 의하여 고용된 '복지이탈자'도 근로빈곤층화되고 있는 것이 현실이며(히사모토[久本], 2007), 〈메이킹 워크 페이〉는 그들의 소득을 '보상'하는 의미를 갖는다. 이러한 구조를 도식화한 것이 〈도표 6-7〉이다(노동 부분이 검게 칠해진 이유는 다음 절에서 설명하기로 한다.).

〈도표 6-7〉 워크 페어와 메이킹 워크 페이(차이점)

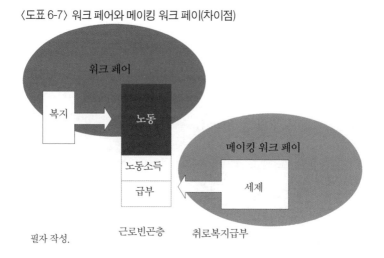

필자 작성.　　　　근로빈곤층　　취로복지급부

이와 관련하여, 이러한 삼위일체적 관계의 지향성이 바로 다름아닌 자유주의 레짐인 미국에서 제기되었다는 것도 주목할 가치가 있다. 다음과 같은 에스핑 안데르센의 지적처럼 미국의 경우, 저임금-고용확대전략이 '빈곤의 올가미'를 급격히 심각하게 만들었던 것이다.

> 저임금전략은 낮은 생산성의 '변변치않은 일(lousy job)'에 있어서의 고용의 증대를 촉진한다. 이러한 종류의 일은 풀타임으로 1년간 일해도 빈곤라인을 밑도는 소득밖에 얻을 수 없다(Burtless, 1990). 그 때문에 저임금노동시장은 이중의 위험성을 안게 된다. 즉, 그것은 (공적부조와 같은) 고액의 소득이전지출을 필요로 하게 되고, 동시에 (저임금은 노동에의 디스인센티브 효과를 낳기 때문에) 빈곤의 올가미를 가져온다(Esping-Andersen ed.[일본어 번역, 2003], p. 27, 변변치 않은 일(lousy job)에 대해서는 이가미[居神], 2007를 참조).

한편, 고용조건과 급부 조건부 세액공제(Tax Credits)세제는 자녀가 있는 가족에게 중점을 둔 제도설계에서는 수평적 재분배 효과가 기대되며, 또 근로빈곤층을 대상으로 하는 제도설계에서는 수직적 재분배 효과가 기대된다(물론, 양자를 동시에 달성하는 것도 기대된다). 실제로 노동에 종사하고 있는 사람들의 '최저생활보장'을 상당히 의식한 제도라는 점에 주의할 필요가 있다(영국에 있어서의 재분배 효과에 대해서는 다나카[田中], 2007를 참조).

2) '유보 임금의 저하'—Ifo의 제안

독일에 있어서 워크 페어의 진전은 상당히 완만하다. 이하에서 검토하는 싱크 탱크 Ifo의 반응은 프랑스보다도 뒤쳐지고 있다는 자각 아래 그에 대한 초조함이 반영되고 있지만, 그런 만큼 문제점이나 의견의 분기점을 보다 선명하게 지적하고 있다(Ifo의 제안의 내용은 Werding, 2005에 의거하고 있다).

우선, 문제시되는 것은 독일의 비숙련 노동자는 대학졸업자와 비교해서
상대적 실업률이 높다는 것이다(〈도표 6-8〉 참조). 종래의 적극적 노동시장
정책에서 보면 이 그림으로부터 교육 · 훈련이나 인적투자의 중요성이 지적
되지만, Ifo의 주장은 그것과는 크게 다르다. 즉, 비숙련직종에 있어서 임금
이 비싸다는 것이 시정되어야 한다는 결론에 도달한다. 이러한 주장은 그다
지 새로운 것은 아니지만, 비숙련직종에 있어서 임금이 비싸다는 것은 노동
조합의 규제에 의해 초래된 것이라고 하기보다는 사회보장급부의 존재에
의해 실업자나 공적부조 수급자의 '유보 임금(reservation wages)'이 비싸지
고 있는 것에 그 원인이 있다.

〈도표 6-8〉 학력별 실업률(독일, 프랑스, 영국, 미국, 1995년과 2000년)

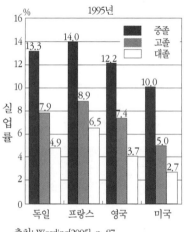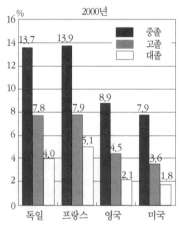

출처: Werding[2005], p. 87.

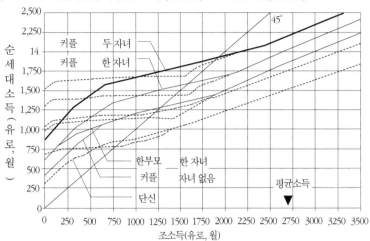

〈도표 6-9〉 독일의 현행세-급부시스템(가는 선)과 Ifo의 개혁안(굵은 선)

순세대소득(유로,월)

커플 두 자녀
커플 한 자녀

한부모 한 자녀
커플 자녀 없음
단신

평균소득 ▼

45°

조소득(유로, 월)

출처: Werding[2005], p. 96.

Ifo의 제안 (2002년 5월)은 실업부조제도나 적극적 노동시장 정책, 공적 고용의 폐지 등 여러 가지로 나누어지지만, 〈도표 6-9〉가 그 핵심을 보여주고 있다. 점선이 개혁 이전이며, 실선은 개혁이 이루어진 뒤의 '조소득과 순소득의 관계'를 보여주고 있다. 즉, 소득이 제로에서부터 평균소득의 절반까지 층의 순소득증가율은 낮지만, 이것을 '임금(tax credit)'을 도입해 동(同)증가율을 높게 설정하는 한편, 소득이 제로에 가까운 층에 대한 공적부조(주택부조를 포함) 지급액을 내리는 (⇒유보임금을 내리는) 것이다. Ifo의 제안의 경우에는, 조소득이 제로인 경우, 순소득이 반감하고 있는 것이 큰 특징이다. 근로빈곤층의 세액공제의 원금을 보다 낮은 사람의 수당의 삭감액수로 조달할 것인가, 혹은 경사 부분을 만들기 위해서는 출발점의 수준을 낮게 할 필요가 있는가, 어떤 이유로든지 워크 페어 정책도입에 있어 일대 쟁점이 될 것이다.

여기에서는 Ifo가 다음의 인용에서처럼, 실업수당이나 공적부조 수당의 삭감에 의한 '유보임금'과 현실의 임금의 인하를 촉진하고, 그것에 의해 나타나는 비숙련직종의 수요와 공급의 증가를 필요불가결한 것이라고 하고 있다는 점에 주목할 필요가 있다. 그 입장은 예를 들면 Esping-Andersen et al., (2002)에서 설명하고 있는 Social Europe의 방향과 다르며, 다음 절에서 보는 ISSA=ILO의 견해와도 첨예하게 대립하는 것이다.

> 전체적으로 이러한 요소(Ifo의 정책제안- 역자주)는 노동의 공급과 수요의 증대를 가져와서 저임금섹터의 확대에 공헌하고, 이 분야에 있어서 보다 강한 경쟁력을 낳게 된다. 경쟁은 저숙련 노동자에게 지불되어야 할 임금이 현재의 수준보다도 인하되어야 한다는 것을 의미한다. … 그러나 그것에 의해서 영향을 받는 각각 다른 사람의 가계 소득에 대한 영향은 임금(tax credit)에 의하여, 예를 들어, 보상되지 않더라도 경감은 된다(Werding, 2005, p. 94).

7. 노동규제와 디센트워크론

1) 사전적 노동규제 정책

1990년대에는 여러 가지 측면에서 정책목표 간에 있어서 트레이드오프 관계를 지적하는 논의가 있었다. 예를 들면, 노동의 규제와 고용유지의 딜레마, 규제완화와 임금분배의 평등성(혹은 노동력의 질)의 확보 사이의 딜레마(Esping-Andersen[일본어 번역, 2000])이다. 또 서비스 경제 하에 있어서의 〈임금소득의 평등성의 확보〉, 〈완전고용〉, 〈정부재정의 균형달성〉 사이에 있어서의 유명한 트릴레머(trilemma) 등이다.

이 트릴레머론의 개요는 다음과 같다. 정부는 저숙련 노동자의 소득을 보호하기 위해서 노동시장을 규제할 수 있지만, 그 경우, 높은 실업이 생기거나(독일), 그것을 방지하기 위해서 공적고용을 확대하면 재정적자가 발생할 수 밖에 없다(스웨덴). 다른 한편으로, 완전고용과 재정의 균형화에 역점을 두면, 임금소득의 불평등화를 피할 수 없다(미국)(Iversen and Wren, 1998). 즉, 두 가지까지는 가능하지만, 세 가지의 정책목표를 동시에 달성할 수는 없다는 것이다.

위의 논의에서 알 수 있는 것처럼, 고용보호규제(Employment Protection Legislation)에는 강한 역풍이 불고 있다. 단, 1990년대 후반으로부터의 경기회복을 배경으로 하여 이러한 트릴레머의 압박이 약해졌다는 지적도 있다(Sarfati and Bonoli, 2002). 사실, 1990년대 후반 유럽에서는 '노동시간지령', '파트타임 노동자에 대한 균등한 대우', '유기계약' 등의 면에서 '규제완화로부터 규제강화로의 흐름'이 명확해지고 있다(오사와 마치코[大澤眞知子], 2007의 〈도표 2〉를 참조).

이하에서는, 사회보장에 관한 ILO의 제휴연구기관인 ISSA(국제사회보장협회. 이하, ISSA=ILO로 표기)가 ① '취직복지급부'에 대해 어떤 견해를 갖고 있는지, ② 그에 대해 어떤 정책내용을 제안하고 있는지를 검토하고, 워크페어를 둘러싼 '기본적인 대립축'을 살펴본다.

'페니실린과 다름없는 정책'(Howard, 1997, p. 64)이라고 전해지는 미국의 EITC 등의 고용조건과 급부 조건부 세액공제(Tax Credits)세제에 관한 ISSA=ILO의 평가는 그것이 근로빈곤층의 생활조건의 개선에 공헌하고 있다는 것을 인정하고, 다음과 같은 결점을 지적한다. 우선 부정(fraud)을 낳기 쉽다는 점, 대부분 급부에서 누락되거나 년 1회 일시금으로서 지불되기 때문에 생활보장 기능이 약하다는 점(그렇지만 영국에서는 2주마다 지불), 여러 가지 이유로 행정관리비용이 많이 든다는 점, 마지막으로 그것은 저임금고용에 대한 실질적인 조성이며, 고용주의 인적자본 투자에 대해서는 마이너스의 유인을 준다는 점, 그 결과 저임금고용이 온존하도록 뒷받침하고 있다.

근로빈곤층에 대한 ISSA=ILO의 입장은 첫째, 그러한 층에 대한 사회보호, 특히, 사회보험제도의 적용을 확대해가는 방향을 지향하는 것이며('인생에서 경험하는 다양한 형태의 고용을 포괄하도록 직업상의 지위를 정의한다.' Sarfati and Bonoli, 2002, p. 128), 둘째, 다음 인용에 있는 것처럼 '선택적인 재규제(selective re-regulation)'를 제창한다.

> … 노동시장에 있어서 주의깊게 선택되어진 개입은 가장 불리한 입장에 있는 노동자의 상황을, 그러한 노동자들에게 적합한 종류의 일을 창조하는 경제의 능력을 그다지 저해하는 일 없이 드라마틱하게 개선할 수 있다. 예를 들면, 최저임금은 만약 경제적으로 용인될 수 있는 수준에 설정되어 있다고 한다면, 가장 취약한 노동자의 소득을 반드시 그들을 노동시장 밖으로 쫓아내는 희생을 치르지 않더라도 보호할 수 있다(Cregg, 2000). 낮은 최저임금이라고 해도, 영국에서의 경험이 보여주고 있는 것처럼 불리한 입장에 있는 노동자에 대하여 긍정적인 영향을 줄 수 있는 것이다…(Sarfati and Bonoli, 2002, p. 471).

영국의 사회 정책연구자 밀러(J. Millar)의 다음 인용도 기본적으로는 워크 페어나 메이킹 워크 페어 정책이 간과하고 있는 '노동'의 내용점검이 중요하다는 것을 지적하고 있다(이러한 논의에 대해서는 이가미[居神], 2007을 참조).[3]

> … "make work pay"라고 하는 어젠다는 많은 국가에서 취직복지급부(in-work benefits)의 확장을 초래했다. 그러나 아마도 "복지로서의 노동"을 추진하는 데 있

---

3) Jamie Peck은 그의 역저 『워크 페어국가』의 결론 부분에서 워크 페어, 특히 워크퍼스트 모델의 그것이 재상품화의 움직임인 것을 지적하고, 또 '임시노동자라고 하는 종래의 워킹 푸어(poor)'에 더해 '이전 복지수급자이었던 새로운 근로빈곤층'을 만들어내고 있다는 점에 대하여 경종을 울리고 있다. 후자에 있어서는 '어떤 일이라도 좋은 일("any job is a good job")'이라고 여겨지는 것이다. '처음에 McJobs이 오고, 지금은 McWelfare도 왔다(First came "McJobs," now there is "McWelfare" too)'라는 말도 인상적이다(Peck, 2001, p. 19).

어서는 고용의 성격과 그 일의 성격, 질 이상으로 주의할 필요가 있다. ⋯ 노동 시장이 보장과 행복(well-being)을 제공하고 있는가 그렇지 않은가, 노동 시장을 단지 보다 접근하기 쉽게 할 뿐만 아니라 보다 착취를 적게 하며, 보다 공정해질 수 있도록 정책이 개입할 수 있는가 그렇지 않은가, 또 어떻게 해서 그러한 정책적 개입이 가능한가에 대하여 보다 주의할 필요가 있다(Millar, 2005, p. 38).

여기서 일종의 분기점이 보인다. 하나는 '사후적 소득보상정책(ex-post compensatory strategy)'이라고 불리는 것으로, 메이킹 워크 페이 정책이 그 대표적인 것이다. 이 정책은 미국, 영국 등의 앵글로 색슨 제국에서 유력한 정책수단으로 사용되고 있으며, 저임금과 고용의 불안정성(근로빈곤층의 존재)을 용인한 후 노동규제를 철폐하고, 급부 조건부 세액공제제도 등을 통히여 지숙련 노동사의 소득을 '보상'한다. 이에 비하여 ISSA=ILO로 대표되는 입장은 최저임금제를 비롯한 노동규제에 의해 '사전적으로' 저임금과 고용의 불안정성을 경감하고, 근로빈곤층의 발생을 최소한으로 줄이는 정책을 주장하는 것이다.

2) 디센트 워크 ILO의 제안

1999년의 ILO총회에서 제기된 '디센트 워크'라는 구상은 위에서 설명한 노동규제의 내용을 풍부하게 함과 동시에 구체화한 것이다. 이 구상은 일면에서는 1919년 창설 이래의 ILO의 사명과 활동 분야를 단적으로 보여주고 있지만, 지금까지 검토해온 워크 페어나 메이킹 워크 페이 정책과는 다음과 같은 차이가 있다.

워크 페어는 고용되는 것을 첫 번째 목적으로 하며, 그 노동의 내용 혹은 노동환경에 관심을 가지는 것은 아니다. 그 의미에서 '노동'은 블랙박스화되어 있다. 메이킹 워크 페이도 노동의 과실인 소득에 주목하고, 고용조건과 급부 조건부 세액공제 등의 세제를 통해서 그 부족 부분을 '보상'하는 것이지만, 그 경우에도 '노동'은 워크 페어와 같이 블랙박스화되어 있다(〈도표 6-7〉 참조). 이 두 가지와 비교하여 다음에서 지적하는 네 개의 구성요소로 이루어지는 디센트 워크의 큰 특징은 노동의 내실을 문제로 삼고 있다는 것이다 (Ghai[2006], 〈도표 6-10〉 참조).

〈도표 6-10〉 워크 페어와 디센트워크(차이점)

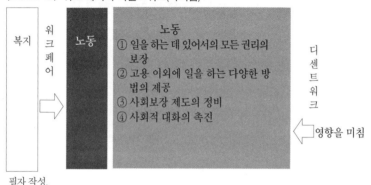

필자 작성.

1. '노동에 있어서의 권리' 보장: 디센트 워크의 모든 구성요소에 대하여 '윤리적 및 법적 틀을 구성하는 것'
2. '고용과 기타의 일하는 방법'의 제공: '일하고 싶어하는 사람에게 적절한 (adequate)고용의 기회가 제공되어야 한다.'
3. '사회보호제도'의 정비: '디센트 워크의 목적은 다양한 사고(contingencies)와 취약성(vulnerabilities)에 대한 보장을 제공하는 것이다.'
4. '사회적 대화'의 촉진: '생산활동의 참가자에 대하여 발언의 기회와 대표 (voices and representation)를 제공한다.'

"디센트 워크라는 것은 매우 중요한 개념이며, 필자가 생각하기에는 ILO

의 근본을 변화시켰다고 할 수 있을 것이며, 앞으로 큰 전환점이 되었다고 전해질 것이라고 확신하고 있습니다"(노데라[野寺], 2004, pp. 60-61)라고 하지만, 여기에서 그 전부를 논의할 여유는 없다. 다음의 두 가지의 중요한 의의 혹은 논점에 대해서는 간단히 언급해두겠다.

첫째, 디센트 워크의 네 가지 구성요소는 서로 상호의존관계에 있다는 것이다(〈도표 6-11〉 참조).

둘째, 디센트 워크의 달성도에 관한 지표나 패턴의 개발이 시야에 들어와 있다(Ghai ed., 2006, pp. 26-30). 이 지표에 관하여 다음과 같은 지적이 있다.

> …디센트 워크는 장기적 계획이므로 정기적으로 어느 정도 성과를 거두었는지를 측정할 필요가 있습니다. 그래서 ILO는 측정도구 즉, 지표를 고안했습니다. 그러나 이 자체가 새로운 문제를 야기했습니다. 즉, 수치로 결과가 나오면, 어떤 국가에서의 달성 정도는 이 정도이고, 다른 나라는 어떻다고 하는 것을 일목요연하게 알게 됩니다(노데라[野寺], 2004, p. 63).

노데라(野寺, 2004)는 "디센트 워크는 그것(각국의 등급을 매기는 것은 ILO의 일이 아니라는 점)까지도 바꾸어 버리는 것이 아닌가라는 우려를 저는 품고 있었습니다"라고 하고 있지만, 이에 대해서는 평가가 엇갈린다. 가맹국과의 관계에 있어서 미묘한 점을 포함하고 있지만, 디센트 워크의 보급을 도모한다는 관점에서는 오히려 그러한 방향 즉, 각국의 스코어를 측정, 공표하는 방향을 적극적으로 지향해야 한다는 것이 필자의 생각이다.[4] 또

---

4) 이 점에 관하여 Ghai ed.(2006, pp. 26-30)는 국명을 밝히지 않더라도 지표의 작성이 유용하다는 것을 주장하고 있다. 디센트 워크 지표의 값과 1인당 국민 소득 혹은 인간개발 지표(Human Development Index, HDI)와의 사이에 정(正)의 상관관계가 있다는 것이 예상되지만, 그 경우라도 '결손값'이 있다는 점 즉, 높은(낮은) 소득의 국가에서도 낮은(높은) 디센트 워크의 달성도의 국가가 있을 수 있다. 그 경우의 디센트 워크의 달성도는 무엇에 기인하는 것인가라고 하는 것을 분명히 밝힐 수 있는 가능성을 갖고 있기 때문이다. 이 점에 대해서 자세한 내용은 우즈하시[埋橋], 2011을 참조.

노데라(野寺, 2004)는 일본에서는 디센트 워크 계획의 입안이 필요없다고 주장하고 있지만, 이 점에 대해서는 필자는 견해를 달리 한다.

〈도표 6-11〉일을 하는 데 있어서의 권리, 고용, 사회보장, 사회적 대화의 상호의존관계

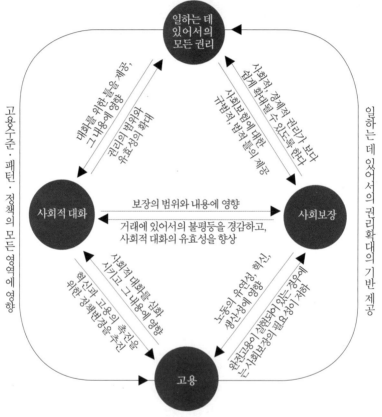

출처: Ghai ed.[2006], p. 23을 일부 수정.

처음에는 이 디센트 워크를 아동노동, 강제노동의 금지 등의 개발도상국 고유의 문제로 이해하는 학자들도 있었지만, 그것은 오해이며, 소위 선진국에서도 중요한 의미를 가지고 있다. 사실, 덴마크, 네덜란드, 뉴질랜드, 캐나

다 등의 국가에서는 노·사·정이 협력하면서 국내에서 디센트 워크의 보급을 활발하게 추진하고 있다. 글로벌화의 진전 하에 선진국은 될 수 있는 한 노무비용을 줄이고, 그것이 불가능한 경우에는 개발도상국으로 생산설비를 이전하려고 하는 '저변으로의 경쟁'이 심각해지고 있는 상황에서 이러한 노력은 많은 노동자의 생활을 지킨다는 의미에 있어서 그 중요성이 날로 증대되고 있다.

8. 일본의 제도·정책론에 시사하는 점

1970년대 중반 이후의 약 30년간에 있어서 복시와 취직을 둘러싼 관계는 그 때까지의 30년간(1945~75년, 이 시기는 복지국가의 '황금시대'였다)과는 양상이 많이 변했다. 이러한 움직임은 아직 완전히 종료된 것은 아니지만, 그것은 복지의 '고용지향'(employment-oriented)'=워크 페어를 위한 재편이었다고 총괄할 수 있다.

어떤 면에서는 기묘하게 생각될 수도 있지만, 워크 페어의 움직임은 앵글로 색슨 제국과 북유럽 제국의 양극을 중심으로 많이 진전되고 있다(Berkel and Moller, 2002, pp. 56-59, Sarfati and Bonoli, 2002, p. 467). 북유럽제국에서는 그에 앞서 실업자의 액티베이션 정책에 있어서 풍부한 축적이 있었다(다케카와[武川]·미야모토[宮本]·오자와[小澤], 2004, pp. 5-6의 미야모토(宮本)의 발언). 또 북유럽 제국의 공적부조제도는 사회보장제도 전체에서 보면, 주변적인(marginal) 위치 밖에 차지하지 않고 있으며, 그 때문에 취직요건은 원래부터 엄격하게 적용되고 있었다(우즈하시[埋橋], 1999b, 우즈하시[埋橋] 편저, 2003, Behrendt, 2002). 이에 비하여, 영국을 제외한 유럽 제국에서의 워크 페어는 북유럽 제국 정도까지는 진전되지 않았다.

그러나 이 장에서는 각국별 대응상황을 검토한 것은 아니다. 워크 페어의
움직임이 메이킹 워크 페이 정책을 매개로 하여 '취직복지급부' 문제나 근로
빈곤층의 문제를 클로즈업시키고 있다는 점, 그것의 평가가 현재 연구의 초
점이 되어 가고 있다는 점, 또 '취직복지급부'나 그 대표격이라고 할 수 있는
고용조건과 급부 조건부 세액공제 세제의 충실을 기함으로써 문제가 해결
되는 것이 아니며, '취직복지급부' 그 자체가 새로운 이슈 혹은 대립축을 낳
고 있다는 점을 밝혀 왔다. 바꾸어 말하면, 세액공제제도나 고용주에 대한
임금보조 등은 저임금직종을 온존시킨다는 것, 이것이 문제가 된다. 그 논점
과 관련하여 '사후적 소득보상정책(ex-post compensatory strategy)'과 '선택
적인 재규제(selective re-regulation)'라는 새로운 대립축이 나타나고 있다는
것을 지적하였다. 또 복지에서 노동으로라는 워크 페어의 움직임이 결과적
으로 노동의 성격을 문제시하지 않을 수 없게 된다는 점도 지적하였다.

지금까지의 논의는 일본의 향후 제도개혁에 있어서 시사하는 점이 많다
고 생각된다. 이 점에 대한 자세한 전개는 다음 장으로 미룰 수 밖에 없지만,
검토항목을 포함하여 요점만 정리하면 다음과 같다.

첫째, '사전적 노동규제'와 '사후적 소득보상'의 문제에 관해서는 일반적으
로는 전자가 바람직하다고 할 수 있지만, 글로벌 경제화가 진전되는 가운데,
'사전적 노동규제'가 하나의 국가에서만 실시된다면 고용에 대한 악영향을
피할 수는 없을 것이다. 이 점과 관련하여 일본의 최저임금 규제의 수준과
규제의 유효성을 별도로 실증적으로 논의할 필요가 있지만, 최근 덴마크의
경험에서 파생된 flexicurity라는 개념 즉, 노동시장규제의 탄력화(flexibility)
와 최저소득보장(security)을 조합한 아이디어는 검토할 가치가 있다.

둘째, '사후적소득보상'에는 몇 가지의 문제 즉, 저임금직종·산업을 온존
시켜 그에 대한 인적투자를 소홀히 하게 한다는 문제점을 항상 수반하게
된다. 혹은 국가에 따라서는 스티그마를 낳는 경향이 있다는 등의 문제가

있다.

셋째, 이 장에서는 원리적으로 두 가지의 다른 방향성이 있다는 것을 설명하였다. 그러나 그것에 그다지 고집할 필요는 없다. 왜냐하면 일본에서는 이 두 개의 방책 중 어느 것도 실시되지 않고 있으며, 그것을 반영한 연구도 진전되지 않고 있기 때문이다.

필자가 제일 중시하고 싶은 것은 본문에서 언급해온 것과 같은 국제적 동향 혹은 그것을 둘러싼 상이한 견해를 보아 온 결과, 이하와 같은 일본의 '모습'이 예기치 않게 부각되어 왔다는 점이다.

네덜란드처럼 단시간 노동자의 사회보험에의 포괄은 시도되지 않고 있고, 노동능력이 있는 사람에게는 원칙적으로 생활보호는 적용되지 않으며, 피보호 세대, 인원수가 국제적으로 보아 현저하게 적고(이에 대해서는 우즈하시[埋橋], 1999b를 참조), 정규직노동자와 생활보호수급자의 '틈새'에 다수 존재하는 근로빈곤층에 대한 소득 '보장'조치가 없다는 것이 지금의 일본의 현실이다. 그렇게 생각하니 세액공제제도를 통한 메이킹 워크 페이(Making Work Pay) 정책도, 위에서 살펴 본 것과 같은 몇 가지의 문제는 있지만 검토할 가치는 있다.

마찬가지로 근로빈곤층 문제는 일본에서도 디센트 워크라는 관점에서의 점검이 필요하다는 것을 제시하고 있다.

위의 네 가지는 앞으로의 정책논의를 진척시켜 가는 데 있어 출발점으로서 반드시 짚고 넘어가야 할 일본의 '모습'이다.

【추보: 서평에 대한 답변】

필자는 2007년에 『워크 페어—배제에서 포섭으로』를 연구자 동료와 함께 간행했다(시리즈 「새로운 사회 정책의 과제와 도전」 제2권, 법률문화사). 이하에서는 날카로운 지적, 논평을 받은 두 개의 서평에 대하여 답변을 하고자 한다.

1. 하마구치 게이이치로(濱口桂一郎) 씨에 의한 서평(재단법인철도홍제회 『사회복지연구』 102호, 2008년 7월) 참조.

…그렇다면 근로빈곤층을 만들어내지 않는 워크 페어는 어떠한 것인가라고 하는 질문에 대한 대답은 반드시 명확하다고는 할 수 없다. 이것은 역시 제1부가 영미라고 하는 '하드 워크 페어'를 실천해온 국가에 초점을 맞춰서 분석하고 있는 것에 기인한다고 생각한다.

2. 미야모토 타로(宮本太郎)에 의한 서평(「대칭축은 보이는가?」, 『오하라 [大原] 사회 문제연구소잡지』 No. 603, 2009년 1월)에서.

각국의 정책동향을 보면, 워크 페어는 급부 조건부 세액공제에 일정한 재분배 효과를 나타내는 것을 제외하면, 각국의 사회보장과 노동시장에 있어서 어려운 상황을 만들어내고 있는 것을 알 수 있다. …그러나 모두 '워크 페어'로 묶을 것인가? 이 점에 대해서는 유보가 필요하다. 평자도 워크 페어라고 하는 말을 광의로 사용했던 적이 있었다. 그러나 결국 그것을 사용하지 않고 액티베이션이라는 단어를 사용하게 된 것은 국제 회의 등에서 예를 들면 (전번의 것을 정리하면 ② 및 ④에 중점이 두어져 있다) 북유럽의 정책을 워크 페어라고 부르면, 논의가 혼란해질 것이며, 혹은 강한 이의가 표명될 경우가 있기 때문이다.

물론, 두 사람이 지적한 것처럼 같은 책에서(제1권에서도) 북유럽의 사례(액티베이션을 포함)를 다루지 않은 것은 일종의 논의의 편향성을 낳을 가능성이 있다. 장애인자립지원법이나 편모, 생활보호법을 둘러싸고, 취직이 클로즈업 되었을 때에 '실천적 평가 기준'을 지시하기 위해서도 그것은 필요했다. 물론, 일본의 사례를 검토한 누노카와(布川), 유자와(湯澤), 후쿠하라(福原)의 각 저술에서는 '취직을 위한 복지'의 중요성이 강조되어 실질적으로는 액티베이션과 공통되는 방향을 보여주고 있었다.

문제는 우즈하시(埋橋)의 저술(서장, 1장)에서 하드와 소프트를 구별하면서도 굳이 워크 페어를 광의로 파악한 것은 편저자로서 다각적인 어프로치의 여지를 남기고 싶었다는 이유 이외에, 첫 번째, '워크 페어 정책의 동인(動因)은 노동 측에 있다고 생각되지만, 워크 페어는 복시에서 노동으로 문제를 "되던진다"는 것을 의미한다. 여기에 워크 페어의 본질적인 곤란이 있다'는 것을 강조하고 싶었기 때문이다. '기본적인 곤란'에 대해서는 액티베이션이라고 할지라도 그 어려움을 피할 수는 없다. 또한 스웨덴에서 고용 환경이 악화되었던 1990년대에 액티베이션의 한계가 밝혀지고, 그 때문에 워크 페어화가 진전되어 갔다라고 하는 연구도 있다(미야데라[宮寺], 2008). 액티베이션은 각각의 신청자/대상의 권리성을 배려하고 있다는 점에서 하드 워크 페어보다 바람직한 것이지만, 경제의 침체기에 있어 고용촉진효과를 과대평가할 수는 없다.

두 번째의 이유는 '워크 페어와 액티베이션' 혹은 '워크 페어와 베이직 인컴' 등도 중요한 '대칭축'이 되겠지만, 그 외에 워크 페어의 관련 영역과의 관계가 가장 중요하다고 생각했던 것이다. 그것은 다음과 같이 요약할 수 있다. 즉, '복지로부터 취직'이라고 했을 경우에 그 내용에 주의할 필요가 있다. 취직의 장소가 최저임금제 등의 '사전적 노동규제'가 결여된 채 (디센트 워크가 아닌 채로) 취직으로 이행이 되었을 경우, 그것은 새로운 근로빈곤층을 만들게 된다. 또 급부 조건부 세액공제 등의 '사후적 소득 보상'제도가 결여되고 있을 경우도 동일하다. 즉, 워크 페어는 '사전적 노동 규제'와 '사후적 소득보상'제도가 세트가 되었을 때, 처음으로 위력을 발한다. 바꿔 말하면, 그 전후 두 개의 제도가 얼마나 충실한지가 워크 페어의 효과를 결정한다.

• 본 추보는 우즈하시(埋橋)[2009a]에서 일부 발췌하여 가필 수정한 것이다.

7장
3층의 사회안전망에서 4층의 사회안전망으로

1. 일본의 사회안전망의 균열

유아사 마코토(湯淺誠)의 소개에 의하면, 일본의 사회안전망은 ① 고용(노동)의 안전망, ② 사회보험의 안전망, ③ 공적부조(생활보호)의 안전망의 세 종류로 이루어져 있다(유아사[湯淺], 2008). 즉, 일을 함으로써 얻을 수 있는 소득을 바탕으로 하여 우리들은 매일의 생활을 영위할 수 있다. 그러나 불행하게도 실업이나 질병, 사고, 혹은 고령 등의 이유로 일을 할 수 없게 되었을 때, 스스로가 보험료를 거출해온 실업보험이나 건강보험, 연금보험 등의 사회보험제도를 이용하여 생활을 계속할 수 있다. 실업이나 질병의 기간이 길어지거나, 어떠한 이유로든 보험료를 납부해온 기간이 짧거나, 처음부터 보험제도에 가입하지 않아서 보험급부를 받을 자격이 없을 경우에는 최후의 사회안전망으로서 생활보호에 의지하게 되어 있다.

이러한 사회안전망의 형태는 선진국에서는 어느 정도 공통된 것이지만, 현재 일본에서는 사회안전망을 구성하는 고용이나 사회보장제도로부터 배제되어 있는 사람들이 적지 않다. 비정규노동자로 대표되는 근로빈곤층, 장기실업자, 한부모, 고졸, 대졸미취업자 등이다. 이 사람들에게 있어서 제1

의 고용(노동)의 사회안전망이 충분히 기능하지 않고 있으므로 제2의, 제3의 사회안전망에 의한 지원을 필요로 하지만, 그러나 실제로는 그러한 사회안전망으로부터 '배제'되어 제도를 이용하는 것은 곤란하다. 즉, 보험제도에 가입되어 있지 않아 그 은혜를 입을 수 없고, 또 일본에서는 실질적으로 일할 능력이 있는 사람에게는 좀처럼 적용되지 않는 생활보호의 '벽'에 부딪혀서 최후의 사회안전망으로부터도 배제되어 버린다. 왜 이러한 '역설적인' 상황이 벌어지고 있는 것일까?

물론, 위와 비슷한 현상은 해외에서도 볼 수 있다. 예를 들면, 제2차 세계대전 이후 영국의 사회보장제도의 정비에 공헌한 베버리지(W. H. Beveridge)의 당초의 생각으로는 세금을 재원으로 하는 원칙적으로 무료국민의료 서비스와 연금이나 실업과 관련된 사회보험제도의 정비에 의하여 소득조사를 수반하는 공적부조를 받는 사람의 수는 줄어들 것이라고 생각되고 있었다. 그러나 현실은 1948/49년에는 13%였던 소득조사를 수반하는 사회보장급부액의 비율이 2007/08년에는 34%까지 상승하였다(Bradshaw, 2009). 보험료를 사전에 거출하여 리스크에 직면했을 때 생활에 필요한 소득과 서비스를 제공하는 사회보험제도는 그것이 기대하고 있는 '빈곤방지'의 역할을 충분히 다하지 못했던 것이다. 그렇다고는 하지만, 이러한 영국의 예는 다른 각도에서 보면, 제2의 사회안전망으로부터 배제된 사람들을 제3의 사회안전망이 흡수하여 '구빈(救貧)'하고 있다고 생각할 수 있다. 일본의 경우는, 제3의 사회안전망에 의해서도 흡수되지 않는 사람들의 수가 많기 때문에 상황은 보다 심각한 양상을 보이고 있다.

최근 특히 2008년 가을 이후의 세계적인 경제불황은 이러한 상황을 보다 첨예화시켜 가장 먼저 해고된 사람들이 비정규직 노동자이며, 그 이후 고용조정=인원정리는 소위 정규직 노동자에게도 영향을 미쳤다. 그 결과, 일본의 완전실업률은 2009년 7월에 5.7%라고 하는 제2차 세계대전 이후 가장 높은 수준에 달했다. 비정규직 노동자는 약 25년전인 1985년에는 655만 명으로, 노동자 전체에서 차지하는 비율은 16.4%이었지만, 10년 후인 1995년에는 1,000만 명을 넘었고(1001만 명, 20.9%), 2009년 7~9월 현재 1,743만 명으로 노동자 전체에서 차지하는 비율은 34.1%가 되고 있다. 이러한 가운데 그 이전에도 결함이 많았던 사회안전망의 불완전성과 결함이 한층 더 명확해졌다. 즉, 지금까지의 일본의 사회안전망은 노동자 3명 중 1명이 비정규직 노동자가 되는 상황을 미리 예상하지 못했기 때문에 그들의 대다수가 사회안전망의 은혜를 누리지 못하는 상황이 생겨나게 된 것이다.

단, 일본의 사회안전망의 균열이 심화되고, 심각한 상황에 놓여 있다는 것에 대해서는 많은 국민들이 인식하고 있지만, 그것을 어떤 관점과 원리에 의하여 또 사회보장제도의 복잡한 상호의 관련에 유의하고, 일본의 사회안전망을 어떻게 재건해가야 하는가에 관한 정책 논의는 그다지 심도있게 이루어지지는 않고 있다.[1] 임시방편적이고 응급조치적인 미봉책을 거듭해 갈 것이 아니라, 중·장기적인 관점에서 일본의 사회안전망을 근본적으로 재검토해야 할 필요성이 높아지고 있다. 향후에 대한 전망에 있어서도 글로벌화가 진전되는 가운데 완전고용상태로의 복원은 일조일석에 가능한 일이 아니며, 또 비정규 노동자의 수가 격감하는 것도 예상하기 어렵다. 지금 필요한 것은 완전고용을 전제로 하지 않는 사회안전망의 구축이다.

전장 7에서 일본의 특징으로서 '정규직 노동자와 생활보호수급자의 "틈새"에 다수 존재하는 근로빈곤층에 대한 소득 "보장"조치가 실시되지 않고 있는 현실'을 언급하였다. 이하에서는 이를 국제비교적 관점에서 실증적으

---

[1] 단, 오사와마치코(大澤眞知子, 2010), 오사와마리(大澤眞理, 2007, 2010), 엔도([遠藤] 외, 2009), 고마무라(駒村)·기쿠치(菊池, 2009), 야마다(山田, 2009), 누노카와(布川, 2009), 미야모토(宮本, 2009b), 고마무라([駒村]편, 2010) 등은 각각 시사하는 바가 큰 지적과 제안을 하고 있다.

로 분석하고, 일본의 사회안전망의 특징과 개선해야 할 점을 명확히 하겠다.

2. 국제비교의 관점에서 본 일본의 사회안전망의 '형태'

많은 국가의 사회안전망이 ① 고용(노동)의 안전망, ② 사회보험의 안전망, ③ 공적부조(생활보호)의 안전망의 세 종류로 이루어져 있다고 하나, 제2의 안전망은 수많은 개별 사회보험제도라고 하는 실에 의하여 복잡한 형태로 엮여져 있으며, 제3의 사회안전망도 자격요건과 적용대상, 급부의 종류와 수준 등에 따라 여러 가지 형태를 취하고 있다.

일본의 사회안전망은 국제비교라는 거울을 통해 보았을 경우, 어떤 특징을 가지며, 어떤 모습을 하고 있는 것일까? 이하에서는 가맹 28개국을 조사한 OECD의 보고서 Benefits and Wages 2007(『도표로 보는 세계의 최저생활보장—OECD 급부 · 임금 인디케이터』[일본어 번역, 2008] 이하, OECD리포트라고 함)을 이용하면서, 다음과 같은 사회보장제도와 세제, 최저임금제에 대하여 각각 검토하여 일본의 사회안전망의 전체상을 부각시킨다.[2] 그리고 본서 서장에서 〈노동〉, 〈사회보장 · 복지〉, 〈세 · 재정〉의 분야의 공동작업이 필요하다는 것을 설명하였는데, 이 OECD리포트는 바로 이 세 분야에 모두 관련된 자료라 할 수 있다.

---

2) OECD는 국제기관 중에서도 특히 활발한 조사 · 출판 사업을 전개하고 있다. 이러한 리포트는 최근 많이 번역되어서 이용하기 쉬워지고 있다. OECD 편저, 2005, 2006, 2008a, 2008b 등을 참조. 단, 최저생활보장이나 사회적 포섭의 문제를 생각할 때에, 예를 들면, 비정규 노동자가 연금보험, 의료보험에 의하여 어떻게 커버되고 있는가, 의료 서비스를 받을 때에 어떤 조성제도가 있는가 등을 검토할 필요가 있지만, OECD리포트는 이러한 점에 대해서는 다루고 있지 않다.

〈도표 7-1〉 독신세대에 대한 최저소득보장수준의 비교(2005년 전후)

(단위: %)

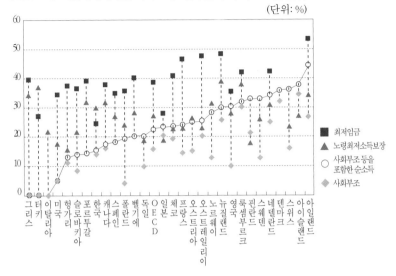

주) 평균노동자임금(AW)에 대한 각각의 급부, 임금의 비율. 아일랜드, 한국 및 터어키에 대해서
는 AW기준으로 이행하고 있지 않기 때문에 평균생산노동자임금(APW)과의 상대적 비율로 표시
되어 있다. 그리스, 터어키, 이탈리아에서는 노동연령에 속해 있는 사람에 대해서는 보편적 최저
소득보장제도가 없다. 미국의 사회부조급부는 푸드스탬프가 유일한 것이며, 빈곤세대 일시부조
(TANF)는 가족급부(후술)로 분류된다. 또 법정최저임금제도가 존재하지 않는 국가에 대해서는
해당 부분은 표시되어 있지 않다.

출처: 山田, 2010, p. 35. raw data는 OECD, 2007; OECD, 2009.

(1) 실업보험, (2) 실업부조, (3) 사회부조(=공적부조), (4) 청년실업자급
부, (5) 주택급부, (6) 가족급부, (7) 한부모급부, (8) 취업조건부급부, (9) 소
득세, (10) 법정최저임금

이하에서는 위의 각각의 항목에 대하여 검토하기 전에 〈최저임금〉, 〈사
회부조〉, 〈노령최저소득보장〉의 수준을 비교, 소개한다(〈도표 7-1〉 참조).

OECD 평균으로 보면, 최저임금이 가장 높고, 이어서 노령최저소득보장,
사회부조 등을 포함하는 순소득으로 되어 있지만, 일본에서는 최저임금과
사회부조의 수준이 가장 접근하고 있으며, 또 노령최저소득보장이 사회부
조보다 낮은 소수파(일본, 오스트레일리아, 핀란드, 아이슬란드)에 속해 있

다. 한편, 일본의 사회부조 '하나'만 보면 그 수준은 상당히 높지만, 국가에 따라서는 병행하여 급부되는 주택급부나 가족급부제도를 고려하면, '사회부조를 포함하는 순소득'은 OECD 평균의 중위권에 머무른다(야마다[山田], 2010, pp. 34-38).

〈도표 7-1〉에서 '사회부조 등을 포함하는 순소득'이 높은 스위스, 스웨덴, 핀란드, 영국, 노르웨이 등에서는 '사회부조 등을 포함하는 순소득'과 '사회부조'와의 간격이 넓다는 것을 알 수 있다(◆을 꺾은 선으로 연결하면 잘 알 수 있다). 일본은 그 간격이 좁다는 것을 알 수 있다.

1) 실업보험

일본의 수급 기간은 비교적 짧은데(최대 10개월), 그것을 밑도는 국가는 오스트리아, 캐나다, 체코, 헝가리, 이탈리아, 한국, 슬로바키아, 영국, 미국의 9개국이다. 일본에 있어서의 급부의 소득대체율(50~80%)은 28개국 중 평균수준에 있다.

흥미로운 것은 첫째, '(파트타임이라도) 취업과 동시에 실업급부를 수급하지 못하게 되는 국가는 일본과 터키뿐'이며, 다른 국가에서는 일정한 취업과 함께 수당을 병행해서 수급하는 것도 인정하고 있다. 예를 들면, 핀란드(노동시간이 풀 타임의 75% 미만인 경우에는 비인정, 근로소득의 50%를 감액), 그리스(소득이 있는 경우에는 급부정지, 단, 파트·임시노동자는 예외), 영국(근로소득이 260파운드[커플인 경우에는 520파운드를 넘으면 초과분을 감액), 미국(근로소득이 급부액보다 적을 경우에는 해당소득의 2분의 1을 감액, 초과했을 경우에는 초과분을 감액) 등이다. 둘째, 일본에는 없지만, 부양가족에 대하여 부가급부제도가 있는 국가는 14개국이다(그 중 2개국은 최저/최고급부액의 인상).

2) 실업 부조

실업부조제도가 있는 국가는 OECD 28개국 중 12개국이다. 일본에는 존재하지 않는다. 국가에 따라 제도의 상세한 내용은 다르지만, 통상 자산조사를 수반하며 (단, 생활보호에 있어서의 자산조사의 경우보다 엄격하지 않은 경우가 많다), 재원은 세금이다. ① 실업보험급부 기간이 종료된 후에 지불되거나, ② 취업기간이 지나치게 짧기 때문에 실업보험급부를 수급할 수 없는 경우에 지불된다. 금액은 정액으로 보험급부보다 상당히 낮으며, 평균 임금의 10%(영국)에서 37%(오스트리아)이다. 많은 국가에서 소득조사의 기준을 만족시키면 급부는 지급되지만, 그리스, 포르투갈, 스페인, 스웨덴에서는 수급 기간의 상한선이 설정되어 있다.

3) 사회부조(공적부조)

수급자 1명에 대한 최고급부액(생활부조의 경우)은 미국은 평균임금의 5%(단, 푸드 스탬프의 경우)에서 아이슬란드의 34%에 이르는 차이가 있다(일본은 20%로, OECD 23개국 중 8위). 배우자나 부양아동의 유무, 인원수 등에 따라서 부가급부가 있는 나라가 많고, 그것을 고려하면 즉, 가족 유형에 따른 급부액수/평균임금의 비율은 OECD리포트에서는 알 수 없다. 특히 주목되는 것은 다음에서 설명하는 것처럼 일본이 핀란드, 한국, 슬로바키아와 같이 나란히 주택, 의료, 교육, 취업지원경비를 보상하는 개별급부가 지급되고 있다는 점이다.

〈기타의 개별급부〉
핀란드: 의료, 주택임대료, 취업을 위한 경비

한국: 의료, 교육, 출산, 장제비, 주택, 자립지원

슬로바키아: 의료, 주택, 취업지원 등

일본: 의료, 개호, 생업, 교육, 출산, 장제비, 주택

물론, 주택임대료에 대해서는 많은 국가에서 사회부조로 커버되고 있지만, 일본에서는 개호서비스지출도 공적부조로 커버되고 있다는 것을 고려하면, 그러한 카테고리별 개별급부가 점점 정비되고, 제도적으로는 가장 '포괄적'·'체계적'인 것이 되어 있다는 것을 알 수 있다.[3] 이러한 카테고리별 개별급부를 생활부조의 수준에 가미하면, OECD에서도 톱 클래스의 수준이 된다는 것을 예상할 수 있다(이 점에 대해서는 우즈하시[埋橋], 1999b를 참조).

  4) 청년실업자급부

이것은 '직업경력이 없는 20세의 실업자'가 이용할 수 있는 급부이다. 직업경력이 없으므로 실업보험에 가입할 수 없다. 부모와 같이 살고 있을 경우에는 감액되는 국가가 많다. 11개국에서 실업보험급부(벨기에, 덴마크, 룩셈부르크) 혹은 실업부조급부(오스트레일리아, 핀란드, 독일, 그리스, 아일랜드, 뉴질랜드, 스웨덴, 영국)를 받을 수 있다. 덴마크에서는 교육급부의 수급이 종료된 직후에 임의의 실업보험에 가입한 청년실업자는 직업경력이 있는 실업자가 수급하는 급부와 동일한 금액의 실업보험급부를 수급한다. 또 벨기에에서는 통상의 실업보험급부의 50%의 금액이 '시용(試用)급부'로서 급부된다. 청년실업자가 급부를 받을 수 없는 국가에서는 실업급부를 수

---

3) 김성원[2011]은 이러한 일본의 공적부조제도의 포괄성을 '실업보험—공적부조'라고 하는 2층 체제로부터 유래하는 것으로 설명하고 있다.

급받기 위해서는 최저한의 직업경력과 보험가입 기간이 필요하다. 그러한 나라는 오스트리아, 캐나다, 체코, 프랑스, 헝가리, 아이슬란드, 이탈리아, 일본, 한국, 네덜란드, 폴란드, 포르투갈, 슬로바키아, 스페인, 스위스, 터키, 미국의 17개국이다.

5) 주택급부

많은 국가에서(21개국) 저소득세대는 주택관련의 비용을 일부보조하는 수당(주택급부)을 받을 수 있다. 이것은 사회부조(생활보호)에 있어서의 주택부조가 아니고, 저소득층에 대한 '일반적인 주택급부'이며, 구체적으로는 '주택임내료보조'가 많다. 이러한 종류의 제도가 없는 국가는 벨기에, 캐나다, 일본, 한국, 룩셈부르크, 슬로바키아, 스위스의 7개국 뿐이다.

일본은 이러한 '주택임대료보조의 부재'를 볼 수 있지만, 이 점에 대해서는 다음의 지적이 참고가 된다. 다소 길기는 하지만 인용하겠다.

> 민간주택을 빌리는 입주자에 대한 주택임대료보조는 주택보장의 불공평을 완화하는 유력한 선택지이다. 공영주택에 입주할 수 있는/할 수 없는 세대의 쌍방에 대하여 정부원조가 도달하기 때문이다. 구미 제국의 저소득대상 주택 정책에서는 1970년대부터 주택건설을 위한 보조가 감소하고, 그것을 대신하여 주택임대료보조가 확대되었다(고다마[兒玉] 외, 1999). 주택공급량이 늘어나고, 그 물적 수준이 향상된 것으로부터 정부원조의 공평성의 확보가 새로운 과제로서 중시되게 되고, 주택건설지원 뿐만 아니라 주택임대료보조를 사용하여 주택을 이용하고, 공평성을 확보하는 정책의 합리성이 높아졌다. 그러나 일본에는 정부에 의한 주택임대료보조제도는 없다. 생활보호제도는 피보호자에게 주택부조를 공급한다. 그러나 주택부조는 지극히 제한된 빈곤자만이 대상자이다(히라야마[平山], 2009).

실제 주택임대료보조액수의 산정에 즈음하여 '기준주택임대료'를 책정하고 있는 국가가 많다. 예를 들면, 핀란드에서는 실제 주택임대료(상한선 있음)와 '공제가능액'의 차액의 80%가 주택임대료보조액이며, 네덜란드에서는 '최저 "표준주택임대료"를 초과한 분의 100%를 "최저한주택기준액"까지 급부. "최저한주택기준액" 초과분에 대해서는 75%를 상한선까지 급부'로 되어 있다.

한편, 주택부조의 수준에 대해서 OECD리포트에서는 최고 급부액(평균임금에 대한 비율)밖에 합계되어 있지 않아서 전반적인 비교는 어렵지만, 이 비율이 높은 국가는 아일랜드(20%), 영국(19%), 핀란드, 폴란드(16%), 프랑스(15%)이며, 낮은 국가는 독일, 헝가리(2%)로, 기타 국가는 6~11%의 수준이다.

6) 가족급부

대부분의 경우, 자녀가 있는 세대에 지불된다. 자녀의 상한연령은 대부분이 15~18세이며, 자녀가 학생인 경우, 조건부이기는 하지만 20세를 넘는 국가도 있다(오스트레일리아, 오스트리아, 벨기에, 독일, 룩셈부르크 등 11개국). 오스트레일리아, 캐나다, 독일, 뉴질랜드는, 세액공제액이 소득세액보다 클 경우 소득세는 징수되지 않고, 차액이 현금으로 지불되는 '급부 조건부세액공제' 방식을 채택하고 있다.

일본에서 9세라는 상한연령(2006년부터는 12세)은 가장 낮은 것이며, 첫 번째 자녀의 최고급부액수의 평균임금에 대한 비율은 그리스, 스페인과 함께 가장 낮다(1%). 높은 국가는 뉴질랜드(9%), 오스트레일리아(8%), 오스트리아, 룩셈부르크(7%), 아이슬란드(6%)이며, 다른 국가는 3~4%이다.

7) 한부모급부

많은 국가에서 소득세를 감세하기 위한 특별한 세제상의 조정을 하고 있다. 조정의 방법으로는 〈특별세율(아일랜드, 룩셈부르크, 미국)〉, 〈비과세 공제(독일, 룩셈부르크, 스페인, 미국)〉, 〈세액공제(오스트리아, 캐나다, 아일랜드, 네덜란드, 폴란드, 포르투갈, 영국)〉의 세 종류가 있다. 한부모를 위한 독자적인 급부 형식을 취하고 있는 국가는 일본을 포함한 8개국이다(프랑스, 아이슬란드, 아일랜드, 뉴질랜드, 노르웨이, 스웨덴, 한국). 통상의 가족급부의 증액조치가 있는 국가도 있으며(7개국), 복수의 세·급부 조치를 취하고 있는 국가가 있다는 점이 주목된다.

자산조사가 없는 국가는 16개국으로, 많다고 할 수 있다. 평균 임금에 대한 첫 번째 자녀의 최고급부액수는 프랑스, 아일랜드, 뉴질랜드, 노르웨이가 높고(28~38%), 일본(10%)이 그 뒤를 잇고 있다.

8) 취업 조건부 급부

일을 함으로써 얻어지는 금전적 보수를 높이기 위해서 즉, 취업에 의한 추가 순소득을 끌어 올리기 위해서 최근 많은 국가에서 이러한 종류의 급부가 도입되고 있다. 그 형태는 첫째, 핀란드, 프랑스, 헝가리, 뉴질랜드, 슬로바키아, 영국, 네덜란드, 미국의 8개국에서 채택되고 있는 세액공제방식이며, 그 가운데에서도 헝가리와 네덜란드 이외에는 '급부 조건부세액공제'(refundable tax credit)제도로 되어 있다.

둘째, 급부의 형태를 취하는 것이지만, 이것은 실업자가 취업했을 때에 지불되는 형태로 되어 있는 것이 많다(오스트레일리아, 벨기에, 아일랜드, 일본, 한국). 즉, 첫 번째의 세액공제는 저소득(취업자)층 일반을 대상으로 하고 있는데 비하여 두 번째의 급부는 실업보험급부 수급자를 대상으로 하고 있으며, 일시금의 형태를 취하고 있다. 일본의 경우는 고용보험의 '재취직수당'이 그에 해당하며, '지급일수가 45일 이상 남아있는 기간에 재취직'했을 경우에 지급되며, '소정의 급부일수의 지급 잔여일수×1/3×기본수당 일액(日額-역자주)'이 일시금으로서 지불된다.

9) 소득세

과세 최저한에 대해서는 일본은 상당히 높은 편이 아닐까라고 예상되었지만, 독신으로 아이가 없는 세대에 한정하면 그렇지도 않으며, 독일이나 한국과 함께 중위권에 속해 있다(평균 임금에 대한 비율 21%).[4]

물론 부양 가족이 있는 경우의 과세 최저한은 상승하지만, 여기에서 주목할 것은 일본과 같은 '소득공제'제도를 취하고 있는 국가는 일본 외에 한국, 룩셈부르크, 슬로바키아, 스페인, 스위스의 6개국이며, 지극히 소수에 머무르고 있다는 것이다. 다른 22개국은 이러한 세대형태·자녀의 수를 고려하는 가족관계세제로서 '세액공제'제도를 채택하고 있다.

잘 알려져 있는 것처럼, 소득공제제도는 세금을 납부하지 않고 있는 층에게는 그 혜택이 돌아가지 않으며, 또 세율이 높은 고소득층의 세금경감효과가 크다는 역진성을 가지고 있다(모리노부[森信] 편저, 2008, pp. 14-18참조). 그 점을 고려하면 즉, 재분배 효과를 높이는 것을 하나의 큰 목표로 하여 최근 많은 국가에서 소득공제제도를 폐지 내지 축소하고, 그에 대신하여 '세액공제'제도를 도입하고 있다.[5]

---

4) 소득공제(근로공제를 포함)나 세액공제를 고려한 가족구성별 과세최저소득의 자세한 국제비교는 앞으로의 과제로 하겠다.

5) 이탈리아는 2007년 예산법에 의하여 종래의 소득공제제도를 폐지하고, 세액공제제도로 전면 이행했지만, 그 이외에도 캐나다, 덴마크, 네덜란드, 터키 등의 국가가 최근에 소득공제제도를 폐지 내지는 축소하고, 세액공제제도로 이행하고 있다.

〈도표 7-2〉는 Taxing Wage 2006-2007을 이용하여 각국의 가족관계세제의 특징을 정리한 것이다.

〈도표 7-2〉 각국의 소득세제도(소득공제, 세액공제, 과세단위 외)

	소득공제 (사회보장거출, 근로공제)	소득공제 (기초, 배우자, 부양)	세액공제 (기초, 배우자, 부양)	과세단위 그 외
오스트레일리아	- X	○ ○ X	X ○ ○	개인
오스트리아	○ ○	○ X X	○ ○ ○	개인
벨기에	○ ○	X X X	X ○ ○	개인, 배우자 간 소득이전 가능
캐나다	제도없음	제도없음	○ ○ ○	개인, 1988년에 소득공제제도에서 세액공제제도에서 세액공제제도로
체코	○ X	2006년 1월 폐지	○ ○ ○	개인, 2005년부터 자녀가 있는 경우 혼인커플 단위의 선택가능
덴마크	○ ○	X X X	○ X X	2004년 세액공제제도 도입, 배우자 간 세액공제이전 가능
핀란드	○ ○	X X X	○ X X	개인
프랑스	○ ○	XN/N제곱방식	○ X ○	세대가 보통
독일	○ ○	X2/2제곱방식	X X ○	세대(커플)가 보통. 개인단위를 선택할 수 있음. 아동세액공제와 수당이 선택가능. 2007년 부유세 도입
그리스	○ X	X X X	X X X	개인
헝가리	X X	X X X	○ X ○	개인. 기초세액공제는 Employ Tax Credit. 2007년 1월부터 아동수당제 도입
아이슬랜드	○ X	X X X	○ ○ X	개인. 배우자 간 기초세액공제 이전 가능
아일랜드	○ ○	X X X	○ ○ X	결혼한 커플이 보통
이탈리아	○ X	2007년 소득공제방식 폐지	○○○	개인. 2007년에 세액공제제도 도입
일본	○ ○	○ ○ X	X X X	개인
한국	○ ○	○ ○ ○	○ X X	개인. 교육비 소득공제 있음. 2008년 1월 1일부터 저소득층에 급부첨부근로세액공제제도 도입
룩셈부르크	○ ○	○ ○ X	X X ○	커플
멕시코	○ X	○ X X	○ X X	개인

네덜란드	O X (사회보험료는 세액공제방식)	X X X	O X O	개인. 2001년에 소득공제제도에서 세액공제제도로 변화
뉴질랜드	- X	X X X	O X X	개인
노르웨이	X X	O X X	X X X	보통은 개인. 세대단위도 선택할 수 있음.
폴란드	O O	X X X 2/2 제곱방식	O X O	커플. 2006년 1월 아동세액공제제도 도입
포르투갈	O X	O X X	O X O	세대
슬로바키아	O X	O O X	X X O	개인. 2004년에 부양아동의 소득공제제도 폐지 급부 조건부 세액공제제도로 변화. 2007년부터 소득공제제도 축소
스페인	O O	X O O	O X O	원칙적으로 개인. 세대(커플, 세대주) 선택가능
스웨덴	X X	O X X	O X X	개인, 사회보장거출은 세액공제. 2007년 in-work tax credit 도입
스위스	O O	X O O	X X X	커플. 사업주가 지불하는 아동수당 있음
터키	O X	X X X	O O O	개인. 2004년부터 세액공제제도 도입
영국	X X	O X X	X X O	개인. 1999년부터 WFTC 도입. 2003년부터 WT6C와 CTC로
미국	X X	O X O	O X O	개인. 세대(커플, 세대주) 선택가능. 1975년 EITC도입. 1994년에 대폭확충

주) 소득공제, 세액공제란 Taxing Wage에서는 시뮬레이션을 위하여 작성된 기준에 따른 정보이며, 예를 들면, 일본의 소득세에 있어서의 배당공제나 '소득차입금 등에 관련되는 세액공제제도' 등 no-standard tax relief는 포함되지 않는다. 다른 국가에 대해서도 동일하다.

출처: OECD, 2007, 森信 편저, 2008를 참고로 필자가 작성.

10) 법정최저임금

OECD리포트의 법정최저임금에 관한 정보는 별로 많지 않고, 현지통화표시의 법정최저임금액과 평균노동자임금액 및 최저임금 대 평균노동자임금비가 표시되어져 있을 뿐이다. 이에 의하면, 이 제도가 있는 국가는 28개국 중 20개국이며, 일본의 비율은 28%로 최하위로부터 3번째이다(비율이 높은 국가는 아일랜드 53%, 오스트레일리아와 뉴질랜드 48%, 프랑스 47%, 다른 많은 국가에서는 35~40%, 낮은 국가는 한국 25%, 터키 27%).

3. 일본의 사회안전망의 특징과 과제

지금까지 세 · 사회보장제도의 각각에 대해서 국제비교의 관점에서 검토한 결과, 다음과 같은 일본의 사회안전망의 특징과 개선해야 할 점이 명확해졌다.

첫째, 법정최저임금의 수준은 낮고, 실업보험의 수급 기간은 짧고, 일단 취업하면 그것이 파트타임이라도 취업과 동시에 급부가 중단된다. 청년실업자급부가 제도화되어 있지 않고, 급부기간이 종료된 사람이나 취업 기간이 없거나 지나치게 짧기 때문에 실업보험급부를 수급할 수 없는 사람을 대상으로 한 실업부조제도도 존재하지 않는다.

둘째, 사회부조(공적부조)제도는 OECD에서도 가장 '포괄적' · '체계적'으로 생활비의 각 분야를 망라하고 있다. 그러한 카테고리별 개별급부를 합계하면 급부 수준은 OECD에서도 톱클래스에 있지만, 수급자의 비율이 지극히 낮고(이것에 대해서는 우즈하시[埋橋], 1999b를 참조), 그 결과, 일을 해도 가난한 근로빈곤층이 다수 존재하게 된다.

셋째, 일본에서는 그러한 근로빈곤층으로 대표되는 저소득층에 대하여 최저소득의 인상이 기대되는 '사회수당'의 정비가 늦어지고 있다. 이것은 전형적으로는 일본에서 주택급부(이것은 저소득층에 대한 '일반적인 주택급부'이며 '주택임대료보조'의 형태를 취하는 경우가 많다)가 존재하지 않는다는 점에 나타나 있다. 28개국 중 21개국에서 이러한 주택급부가 어떠한 형태로든 제도화되고 있다는 점에 주목할 필요가 있다. 또 한부모급부(일본의 경우에는 아동부양수당)의 수준은 그다지 낮은 편은 아니지만, 가족수당(일본의 경우는 아동수당)의 수준은 낮고, 급부를 받는 어린이의 연령이 최근에 높아졌다고는 하지만 아직 낮다.

넷째, 세제로서는 최근 자녀가 있는 저소득층의 취업촉진과 소득보장을 주된 목적으로 하는 세액공제제도(일종의 세지출제도)가 도입되었지만, 일본에서는 아직 도입되지 않고 있다. 세대형태·수에 의한 생활비지출의 차이를 고려·조정하기 위해서 OECD의 대부분의 국가에서(23개국), 역진적 성격을 갖는 소득공제가 아닌 세액공제방식을 채택하고 있다.

위와 같은 네 가지 특징을 갖는 일본의 세·사회보장제도는 어떤 귀결(outcome)을 가져오고 있는 것일까?

OECD리포트에서는 실업자, 사회부조수급자, 장기실업 경험자(사회부조수급자와 비수급자 모두) 등의 순소득(가처분소득)을 조사하고 있다. 이에 의하면, 일본에서는 사회부조를 수급했을 경우의 순소득의 수준은 국제적으로 보았을 때 높다(단신자로는 10위, 자녀가 2명인 한부모에서는 4위, 자녀가 없는 커플에 있어서는 7위, 자녀 2명인 커플에 있어서는 4위). 실업보험수급 기간 중인 사람의 순소득도 거의 중위권에 속해 있다. 그러나 실업보험수급 기간종료 후에 사회부조를 수급하지 않고 있는 사람의 순소득은 미국, 한국, 이탈리아, 터키와 함께 최저 수준에 머무르고 있다(〈도표 7-3〉 참조). 실업보험수급 기간종료 후에 사회부조를 수급하지 않고 있는 사람은 처음부터 실업보험에 가입하지 않고 실직한 사람과 같은 상황에 있으며, '보험'과 '사회부조'의 은혜를 모두 누릴 수 없는 층을 대표하고 있으며, 제도의 틈새에서 생활에 어려움을 겪는 근로빈곤층의 모습을 비추고 있다.

이상의 논의를 통하여 '정규직 노동자와 생활보호수급자의 "틈새"에서 다수 존재하는 근로빈곤층에 대한 소득 "보장"조치가 채택되지 않고 있다'는 것이 여러 측면에서 입증되었다. 일본에서는 사회보장이 기본적으로 사회보험방식으로 운영되고 있으며, 소위 비정규노동자가 그 사회안전망에 흡수되지 않고 있으며, '어떤 형태로든 노동에 포괄되어 있지만, 그 귀속이 애매하여 사회에서 배제되는'(이와타 마사미[岩田正美]) 상황에 있다.

<도표 7-3> 실업기간 60개월 동안의 평균순대체율(2001년, 2005년)

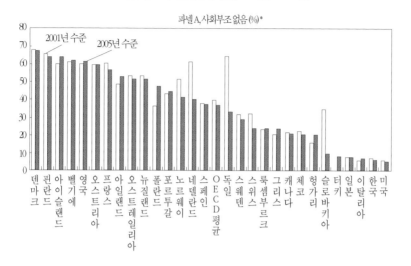

파넬A, 사회부조없음(%)*

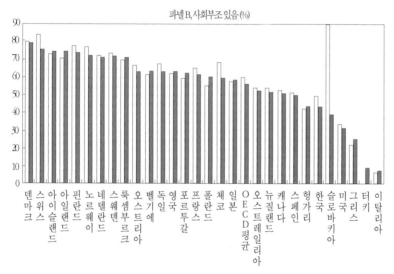

파넬B, 사회부조있음(%)

주) * 수입수준 67%와 100%의 실업기간 60개월간의 비가중평균. 실업급부에 대한 과세액은 최대수급기간이 12개월 미만이라도 연간금액기준(월액x12)으로 결정. 부부에 대해서는 평균임금에 대한 비율(%)은 한 사람의 소득만을 의미하여 배우자는 소득없음. 자녀는 4세와 6세의 두 사람이라고 가정. 보육급부와 보육경비에 대해서는 고려하지 않는다. OECD 평균에 터키는 포함되지 않음.

출처: OECD 편저[2008b], p. 106.

여기에서 밝혀진 것은 본론에서 검토해온 각각의 제도가 전체적으로 가져오는 필연적 귀결이라고 할 수 있다. 비유해서 말하자면, '안전 스톱퍼 (stopper)'가 없는 '미끄럼틀사회'가 가지고 있는 리스크를 가리키고 있다. 안전 스톱퍼라는 것은 많은 OECD 제국에서 제도화되어 있는 것과 같은 제2층의 사회보험과 제3층의 사회부조 사이에서 생활보장기능을 갖고 있는 각종 사회수당을 가리킨다. 일본의 사회안전망은 고용(노동), 사회보험, 공적부조 (사회부조)의 3층으로 구성되어 있지만, 지나치게 넓은 2층과 3층의 사이의 틈새를 막을 수 있는 새로운 사회안전망의 도입이 필요하다.

'3층의 사회안전망에서 4층의 사회안전망으로'의 내용은 〈도표 7-4〉와 같다. 이 가운데 새로운 제3의 사회안전망의 의의에 대해서는 다음 2개의 인용에 알기 쉽게 설명되어 있다.

제3의 사회안전망을 직업훈련으로부터 주택비용, 의료비, 생활비를 모두 포괄적으로 준비하는 생활보호제도와 같은 제도가 아니라 각각 독립적 제도를 병렬적으로 제기하는 것에 대해서는 찬반양론이 있다. 한편으로는, 포괄적인 제도쪽이 "원 스톱"으로 생활의 전부를 볼 수 있으며, 주택은 수당을 받고 있으나, 의료비는 받지 못한다는 제도 간의 차이를 해소할 수 있다. 그러나 다른 한편으로는, 생활보호제도와 같은 "All or Nothing(전부인가, 아무것도 없는가)"라는 일단 제도권안에 들어가면 모두를 충족시킬 수 있지만, 거기에서 빠져 나오기가 어렵거나, 들어가는 입구가 너무 높아 들어갈 수 없는 제도에 대해서는 비판적인 의견도 있다. 각각 개별적으로 되어 있는 제도라면, "주택비용만 어떻게든 해결된다면", "이번 달은 의료비가 많아졌으니, 의료비만 어떻게 해주었으면"이라는 생활의 개별적인 필요에 대하여 세밀하게 대응할 수 있으며, 또 그것들의 수급요건을 생활보호보다도 엄밀하지 않게 폭이 넓고 이용하기 쉬운 제도가 될 가능성도 있다(아베[阿部], 2010b, p. 249).

… 주택임대료보조가 가장 효과를 발휘하는 케이스로서 몇 가지의 시나리오를 생각할 수 있다. 하나는, 수입이 감소했음에도 불구하고, 주택임대료보조를 받음으로써 종래의 주거에 계속해서 살 수 있는 케이스다. … 또 하나의 시나리오

는 생활보호의 수급이 정지된 세대가 지금까지의 주택부조의 기준에 맞춰서 살

고 있던 집을 빌려 계속해서 살 수 있다는 케이스도 있다(무로타[室田], 2010, p.

232).

〈도표 7-4〉 3층의 사회안전망에서 4층의 사회안전망으로

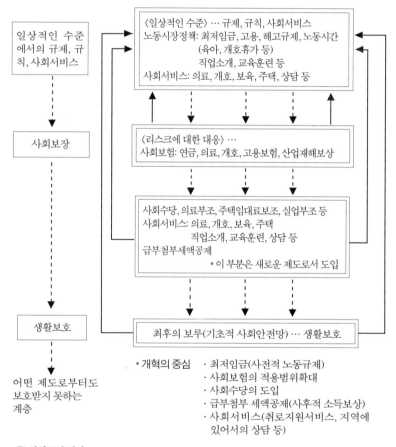

세 단계 사회안전망　　　　　　　　　　네 단계 사회안전망

주) 화살표의 의미

------▶ 실제로 리스크가 발생했을 경우에 어느 제도를 이용할 수 있는가

───▶ 다시 일상생활에 복귀

출처: 우즈하시(埋橋)・連合總硏編[2010], p. 13.

8장

급부 조건부 세액공제제도의 가능성과 과제

1. 소득공제제도와 세액공제제도

이미 앞 장에서 설명한 바와 같이, 오늘날 저소득자에 대한 '급부 조건부 세액공제'제도 등은 일을 함으로써 보답받는(making work pay) 제도를 도입하기 위한 연구를 해나갈 필요성이 제기되고 있다. 최근 많은 국가에서 소득역진성이 강한 '소득공제제도'가 대체되어 '세액공제제도'가 도입되고 있지만, 일본에서는 시도되지 않고 있다. 일반적으로 자조노력을 강조하고, 일하지 않는 사람에 대해서는 엄격한 태도를 취하는 문화가 강한 미국에 있어서도 '일해도 가난한' 근로빈곤층에 대해서 이러한 급부 조건부 세액공제제도(EITC)에 거액의 예산=세금을 투입하여 지원하고 있다(〈도표 8-1〉, 〈도표 8-2〉 참조). 또 2000년 이후 AFDC/TANF의 비중이 금액측면에서도, 그리고 수급자 측면에서도 감소하고 있는 반면, EITC에 있어서는 급증하고 있다.

이 장에서는 일본에서 최근 주목받고 있는 '급부 조건부 세액공제제도(refundable tax credit)'에 대하여 그 개요를 소개하고, 왜 최근에 일본에서 주목받게 되었는지 그 배경을 설명한다. 그 다음으로 그 의의와 문제점에 대하여 설명하겠다.

소득세는 기본적으로 다음과 같은 계산식에 의하여 산정된다.

소득세= 과세 소득(= 총수입―소득공제)×세율―세액공제

급부 조건부 세액공제라는 것은 세금의 금액보다도 세액공제금액이 많을 경우에 그 차액을 지급=‘급부’하는 것이다. 소득공제가 세율을 곱하기 전에 공제되는 것과 다르게, 세액공제는 세율을 곱한 후에 공제된다. 단순한 기술적인 차이인 것 같지만, 재분배 효과는 양자에 있어서 다르다. 즉, 소득공제에서는 같은 금액의 소득공제액이라도 세율이 높은 고소득층의 경우에는 징수되는 세금의 세율이 낮은 저소득층보다도 낮아진다. 이것은 누진세율을 채택하고 있는 경우에는 피할 수 없지만, 예를 들면, 각종의 부양공제 등에 있어서 그러한 현상이 일어나는 것은 바람직하지 않다고 할 수 있다.

〈도표 8-1〉 프로그램별 공적지출액(연방, 주, 시군의 총계)

명목지출(100만 달러)					
년	Medicaid	AFDC/TANF	Food Stamp	SSI	EITC	GA
1980	25,781	13,019	9,576	8,435	2,033	1,386
1990	72,492	21,200	17,686	17,233	5,303	2,924
2000	207,195	14,490	20,341	35,066	25,800	2,649
2002	258,216	13,035	24,054	38,522	27,830	3,251

1인당 실질지출(달러)					
년	Medicaid	AFDC/TANF	Food Stamp	SSI	EITC	GA
1980	1374	694	510	450	108	74
1990	2217	648	541	527	162	89
2000	4276	299	420	724	532	55
2002	4973	251	463	724	536	63

출처: Blank et al.[2006], p. 292.

〈도표 8-2〉 프로그램별 평균 월간 수급자수

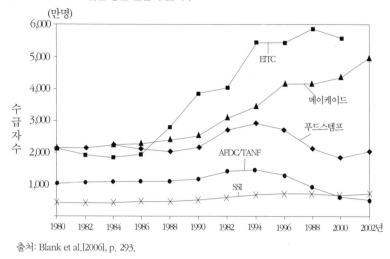

출처: Blank et al.[2006], p. 293.

또 세액공제는 일본에서는 주택취득세액공제 등 일부밖에 도입되지 않고
있지만, 급부 조건부 세액공제제도를 도입하는 것은 세금의 징수를 전적으
로 책임지는 세무당국이 급부업무도 병행하여 담당하는 것을 의미하고, 그
경우에 원활한 업무의 진행이 보장될지 어떨지라는 문제와 원래 세금이라
는 것이 무엇인가라는 원리적인 문제도 야기된다. 또 일본에서 급부 조건부
세액공제제도가 도입되기 위해서는 세무사법의 개정이 필요하지만, 이에
대해서는 세무사회의 반대가 예상되는 등 파급 효과도 크다.

2. 급부 조건부 세액공제제도의 개요

'원형'은 미국의 가득소득세액공제(Earned Income Tax Credit, EITC)이며,
'개정판'으로서의 영국의 근로 가족세액공제(Working Families Tax Credit,

WFTC), '한정판'으로서의 미국, 영국의 아동세액공제, 네덜란드의 사회보험료 부담경감 세액공제(개인단위, 급부 조건부가 아님), 캐나다의 부가세 역진성 대책세액공제 등이 있다. 영국의 그것을 '개정판'이라고 하는 것은 세액공제액이 소득이 아닌 노동시간에 연동되어 있어 노동시간이 16시간을 넘으면 지급이 시작되고, 그 금액은 노동시간이 늘어나도 늘어나지 않고, 주 30시간까지는 거의 일정액수인 것을 가리킨다. 또 '한정판'이라고 하는 것은 각각 보다 범위가 좁은 특정한 목적달성을 목표로 하고 있기 때문이다.

〈도표 8-3〉은 EITC와 사회보장급부의 AFDC(Aid to Families with Dependent Children, 요부양아동가족부조)/TANF(Temporary Assistance for Needy Families, 빈곤가족(일시)한시 부조)와 비교한 것이지만, 일정수준의 가득소득 이하(그림에서는 년간 3만 달러 이하)인 경우에는 세액공제액과 세금의 차액이 급부되므로(소위 부의 소득세), 급부와 같은 역할을 한다. AFDC/TANF의 경우는 소득이 증가함에 따라 급부액수는 줄어들지만(이 점에서는 단순한 형태의 부의 소득세의 경우도 같음), EITC의 경우, 약 1만 달러의 소득까지는 급부액수가 늘어나는 것이 큰 특징이다(소위 페이즈 인의 국면). 그 때문에 그 계층에 속해 있는 소득계층의 노동인센티브를 높이게 된다. 반대로 말하면, 어떤 이유로든 작년도에 소득이 줄어든 경우에는 금년도에 지급되는 급부액도 줄어들게 된다.[1]

---

1) "… 민주당의 클린턴 정권하에서 이 제도(Earned Income Tax Credit, EITC)가 존재했기 때문에 1995년에 대담한 복지개혁도 가능했다고 하는 것이 나의 해석이다"(오카모토 히데오[岡本英男])라는 중요한 지적이 있다(일본재정법학회 편, 2001, p. 124). 사회보장제도와 세제는 본래, 표리일체의 관계에 있으며, 양자에 대한 주의가 필요하다. EITC에 대해서는 아베(阿部) [2002]를 참조.

〈도표 8-3〉 미국의 가득소득세액공제(Earned Income Tax Credit, EITC)

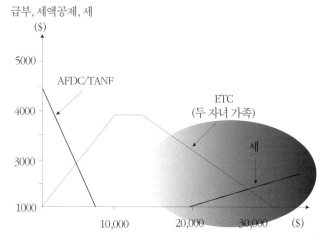

출처: Hoffman and Seidman[2003], pp. 22, 114에서 작성.

급부 조건부 세액공제제도는 그 제도설계가 유연한 것이 특징이며, 어떤
제도설계를 하느냐에 따라 다양한 형태가 생겨난다. 예를 들면, 급부 조건부
로 할 것인가 아닌가, 〈페이즈 인(가득소득이 증가함에 따라 공제액수도 증
가하는 부분)〉, 〈플랫(소득이 증가해도 공제액수가 일정한 부분)〉, 〈페이즈
아웃(소득의 증가에 따라 공제액수가 감액하는 부분)〉을 어떻게 포함시킬
것인가, 취업을 조건으로 할 것인가 아닌가, 개인단위인가 세대단위인가, 수
급조건, 대상으로 하는 개인, 세대를 어떻게 설정할 것인가 등에 따라 다양
하게 제도설계가 가능하다. 그렇지만 공통되는 것은 '일하고 있는 저소득자
층'의 소득보장을 목적으로 한 '정책세제'라는 점이다.

3. 급부 조건부 세액공제제도가 주목받는 이유

급부 조건부 세액공제제도가 주목받게 된 배경으로는 첫째, '수많은 정책

적 배려(연금, 주택투자 등)로부터 소득공제의 도입·확충을 할 수 밖에 없었던 결과, 소득세의 과세베이스가 대폭 축소되고, 세입확보의 문제'가 부상해왔다는 점을 들 수 있다(모리노부[森信] 편저, 2008, p. 14). 둘째, 글로벌화의 진전에 따른 격차의 확대와 저소득자 대책이 부상했다는 점, 셋째, 적극적 사회 정책의 등장과 워크 페어의 국제적 석권이라는 점을 생각할 수 있다.

두 번째의 점에 대해서는 보충 설명을 할 필요가 없을 지도 모르겠지만, 특히 유럽에서는 한편으로는 글로벌화와 신자유주의의 영향을 받아 예를 들면, 공적연금 슬림화 등의 조치를 강구하면서도, 한편으로는 소위 저소득자 대책이 강화되어 오고 있다는 점에 주의할 필요가 있다(아리모리[有森], 2007을 참조). 또 미국에서는 앞에서 언급한 것처럼, 근로빈곤층에 대해 실질적으로는 현금급부제도인 급부 조건부 세액공제제도가 해마다 보완되어 왔으며, 잘 알려지지는 않았지만, 기초적인 소득을 보장하는 사회보장연금(OASDI)은 '현역시절의 소득계층이 낮을수록 높은 소득 대체율이 보장되며, 고소득자에 대한 소득대체율은 낮아지도록' 제도설계가 되어 있으며, 소득재분배 효과가 높게 되어 있다는 것이다(요시다[吉田], 2010).

세 번째로 첫 번째의 흐름과 병행하여 '복지의존(Welfare dependency)'이 문제시되어 그러한 현상을 피하기 위해 복지급부를 받기 위해서는 취업을 조건으로 해야 하는 움직임이 있으며, 또 노동인센티브를 손상시키지 않는 급부의 설계가 중요시되고 있는 것이다. 소위 워크 페어로 기울어지기는 하지만, 그것은 오늘날 '일을 함으로써 보답을 받는'(메이킹 워크 페이) 정책과 표리일체로 실시되고 있다(본서 6장을 참조).

그리고 이러한 메이킹 워크 페이 정책의 대표적인 제도가 급부 조건부 세액공제이지만, OECD 30개국 중에서 7개국(캐나다, 체코, 덴마크, 이탈리아, 네덜란드, 슬로바키아, 터키)이 최근에 소득공제방식을 세액공제 방식으로 전면 전환하였고, 5개국은 부분적으로 전환, 14개국은 이전부터 도입하고 있다. 4개국 (그리스, 노르웨이, 스위스, 일본)만이 도입하지 않고 있다.

4. 급부 조건부 세액공제제도에 대한 두 가지 구체적 제언

급부 조건부 세액공제제도에 대한 관심의 고조에 따라 일본에서는 다음과 같은 구체적 제언이 나오고 있다.

① '일본형 아동세액공제' 도쿄(東京) 재단(모리노부[森信] 편저, 2008, 〈도표 8-4〉 참조)

내용: 부양공제, 배우자공제를 각 20만 엔씩 감액(세수중립), 과세소득 200만 엔(부부와 자녀 2사람이며, 급여소득 600만 엔) 이하로, 23세이하의 부양친족이 있는 납세자에게 부양친족 1명당 년 5만 엔의 세액공제, 연말조정(자영업자는 확정 신고)시에 세액공제, 시정촌을 통해서 급부(환부), 이 제안은 '세수중립'인 것에 그 특색이 있다.

② '근로빈곤층 대책으로서의 급부 조건부 세액공제'(우즈하시[埋橋]·연합종합연구소편, 2010, 〈도표 8-5〉 참조)

내용: 대상은 현역세대의 근로빈곤층(555만 명으로 추정, 미국의 2006년 EITC수급자수 2,240만 명), 소득 제한(세대)=생활보호 기준, 급부 단위는 개인, 세액공제액수의 최고금액 년간 31.2만 엔, 필요재원 1조7,000억 엔. 장기적으로는 소득공제의 축소, 폐지를 시야에 넣고 있다. 이 제안은 이하의 인용에서 가리키는 것처럼, 일하는 것에 대해 '참가수당'의 도입을 주장하고 있다.

이 제도는 생활보호제도와 같이 '최저생활비'까지의 차액분을 모두 보충하는 제도는 아니다. 그 의미에서 이 제도만으로는 근로빈곤층의 최저생활은 보장되지 않는다. 그렇지만 이 제도로부터의 세액공제와 풍요로운 아동에 대한 '아동수당' 및 본서의 각 장에서 서술되어 있는 의료비보조나 주택보조의 현물제공을 보장하는 급부를 추가함으로써 근로빈곤층의 생활의 대폭적인 개선이 기대된다(pp. 259-60).

〈도표 8-4〉 개념도(표준세대)

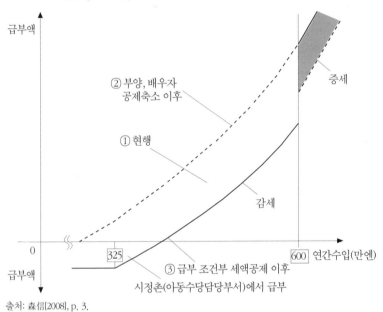

출처: 森信[2008], p. 3.

〈도표 8-5〉 급부 조건부 세액공제액의 설계

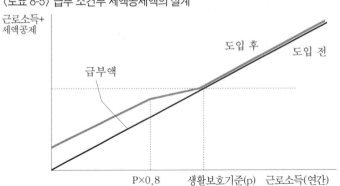

출처: 埋橋·連合総研[2010], p. 257.

급부 조건부 세액공제제도는 저소득층의 소득보장을 도모하는 동시에 최저임금제와 비교해서 타겟 효율성이 좋다고 한다. 최저임금제의 경우, 예를 들면, 세대의 수입이 반드시 낮지만은 않은 노동자 개인에게까지 그 효과가 미치는 것에 비해서 급부 조건부 세액공제제도는 그 단위를 세대로 함으로써 빈곤세대를 주된 수혜자로 하여 그들의 소득을 보장할 수 있기 때문이다. 또 급부 조건부 세액공제제도의 또 하나의 장점은 유연한 제도설계상의 특성을 살리고, 노동인센티브 문제를 회피하면서, 각각의 정책과제(예를 들면 저소득세대에 대한 지원, 자녀가 있는 세대에 대한 지원, 사회보험가입촉진, 부가세부담의 경감, 혹은 일하는 것 자체를 촉진하는 것 등)를 실현할 수 있다는 점에 있다. 앞에서 설명한 것처럼 사회수당·사회 서비스가 빈약하여 그 결과, 사회보험과 생활보호의 양쪽이 안전망에 흡수되지 못하는 근로빈곤층이 많은 일본에서는 그들의 소득저하를 방지해주는 유력한 방법이라고 할 수 있다.

5. 급부 조건부 세액공제제도의 문제점

급부 조건부 세액공제제도와 관련하여 '지옥으로 통하는 길은 선의의 돌로 깔려 있다'(와타나베[渡邊], 2008)라고 전해지는 것처럼, 몇 가지의 검토과제가 지적되고 있다. 그것들의 실시에 영향을 미치는 문제와 원리적인 문제로 나누어 설명하면 다음과 같다.

A) 실시에 관련된 문제
현재의 과세 최저한 이하의 사람들의 소득에 대해 정확한 정보가 없으면, 얼마나 급부하면 좋을 것인가를 알 수가 없고, 또 '신고'형식의 경우에는 부정신고가 발생할 가능성이 있으며, 또 그러한 부정이 일어났을 경우 개별적으로 세무조사를 실행하기 위해서는 지나치게 비용이 많이 드는 점 등이 거론되고 있다(와타나베[渡邊], 2008). 이러한 지적은 단지 기술적인 문제에 그치지 않고, 최저소득보장에 있어 세무당국의 역할은 무엇인가라는 점과 관련된다. 즉, 앞에서 언급한 문제점이 있음에도 불구하고, 저소득층의 소득저하를 막는 일을 왜 사회보장-복지의 '급부'를 통해서 하지 않고, 기본적으로 '징세'를 주요 업무로 하는 조세당국이 그러한 급부를 하지 않으면 안 되는가라는 문제이다.

B) 원리적 문제

우선 경제적 문제로서는 다음의 문제를 지적할 수 있다.

① '사후적'인 소득보상 조치이며, 생활보장 기능이 약한 점(미국의 경우 1년에 1회 급부).

② 미국처럼 페이즈 인 부분이 있으면, 어쩔 수 없는 이유로 인하여 전년의 소득이 줄어들었을 경우에 금년의 급부가 줄어든다. 이 점에서도 생활 보장 기능이 약하다.

③ flow 소득을 기준으로 하기 때문에, 자산이 있는 사람도 급부를 받을 가능성이 있다.

④ 저임금고용에의 실질적인 조성이며, 고용주의 인적자본에의 투자를 억제하고, 저임금고용을 온존시키게 된다.[2]

위의 ①, ②에 대해서는 그것을 완화시키는 조치를 생각할 수 있고, 또 ③의 문제는 다른 많은 사회보장급부 등에서도 공통으로 직면하고 있는 문제이며, 세액공제제도에만 국한된 특유한 문제라고는 할 수 없다. 따라서 특히

2) 마이클 힐은 영국의 세액공제제도의 발달을 스핀햄랜드제도에 비유하고 있다(힐, 2011).

④의 문제가 중요하다. 급부 조건부 세액공제제도가 이러한 난점을 극복하지 못한다면, 다른 조치, 예를 들면 최저임금제 등에 의하여 그러한 난점을 보완할 필요가 있게 된다.

한편, 위의 ④와 같은 문제점을 갖고 있는 급부 조건부 세액공제제도는 '시민은 자유롭게, 또 일이나 소득 혹은 일반적인 후생을 상실하지 않고, 필요하다고 인정했을 때에, 노동으로부터 이탈(opt out) 할 수 있다'(에스핑 안데르센)는 의미에서의 '탈(脫)상품화'를 촉진하는 것은 아니다. 반대로 상품화에 친화적인 측면을 가지고, 굳이 말하자면 '상품화를 지원하고(원상품화, 援商品化)', '상품화를 도와준다(조상품화, 助商品化)'라고 해야 하는 성격을 갖는다.

그 다음으로 세재정법상의 문제점으로서는 부정급부(과대환부신고) 문제가 가장 중요하다. 미국의 EITC에 관련하여 금액을 기준으로 했을 때, 23～28%(2004년, IRS조사)가 부정급부라고 전해지고 있다(이시무라[石村], 2008). 단, 이혼이나 재혼의 비율이 높은 미국의 가족 상황이 그 배경에 있다고 전해지고 있으며 일본에서는 부정율이 별로 높지 않을 것이라는 지적도 있다(아베[阿部], 2002).

일본에 도입할 때에, 해결되지 않으면 안 될 매우 중요한 문제는 세금에 관한 법령준수(tax compliance)의 문제이다. '일을 해도 가난한 사람들은 대개 연말조정의 대상이 되지 않는다.… 시급히 검토가 필요한 것은 비정규 고용인 상태에 있고, 전직 회수도 많은, 일을 해도 가난한 급여소득자층'이며, 그들을 대상으로 하여 미국에서 광범위하게 NPO가 협력해서 실시하고 있는 '신고전 지원', '신고기 지원', '신고후 지원'을 어떻게 보장할 것인가라는 문제이다. 일본의 세무사법에서는 세업무의 절대독점(가령 무상이라고 해도 반복하는 것은 위법)이 있으므로 우선 그것을 어떻게 바꾸어 나아갈지가 문제가 된다(이시무라[石村], 2008).

6. 세제로서의 대응의 필요성

급부 조건부 세액공제제도는 '만병통치약'이 아니라 그 실시를 위한 인프라스트럭처 조건정비의 여지도 크다. 기본적으로는 세 지출의 형태를 취하는 편이 좋은가, 혹은 사회보장급부의 형태가 바람직한가에 대하여 논의할 필요가 있다. 또 납세자번호·사회보장카드의 도입이나 확정 신고의 지원 체제를 어떻게 구축할 것인가라는 과제도 있다.

그러나 제도의 사각지대에서 벗어나지 못하고 있는 500만 명이 넘는 근로 빈곤층에 대한 사회안전망 재구축은 급선무이며, 세제 측면에서 무엇을 할 수 있고, 무엇을 할 수 없는지를 분명히 해둘 필요가 있다. 앞으로 보다 활발한 논의의 전개가 기대되는 부분이며, 그러한 유보조건이 필요하기는 하지만, 예상되는 소비세 도입과 관련한 논의에 있어서 '소비세 역진성 대책 세액공제'를 도입하는 것도, 하나의 선택지('제도설계에 있어서 가장 먼저 필요한 부분을 찾아 내는 일')라고 생각된다.

1. 글로벌화의 진전

이 책은 에스핑 안데르센의 『복지자본주의의 세 개의 세계』가 개척한 지평의 의의를 인정하면서, 그 출판 이후 20년이 경과한 오늘날의 시점에서 보았을 때의 이론적 한계가 다음과 같은 점에 있다는 것을 논의의 출발점으로 하고 있다.

1) 남성부양자의 소득보장(=탈(脫)상품화)에 초점이 맞추어지고 있으며, 그 결과, 성차별 문제와 케어·서비스 급부에 대한 분석이 충실하지 않다.

2) 남유럽과 아시아 제국에 관한 직접적인 분석은 없고, 당연한 일이기는 하지만, 이러한 나라를 검토할 때 중요한 포인트가 되는 세 가지 요인(① 고용보장과 사회보장과의 관계, ② 인구·가족구조상의 특징, ③ '후발성')이 명시적으로는 다루어지지 않고 있다.

3) '세 개의 세계'가 서로 다른 역사적 배경으로부터 생긴 것은 명확하지만, 그 도달점의 구조를 이론화함으로써 '유형론'이 독자적인 논의로서 별개의 문제로 다루어지게 되었으며, 그 결과, '시간축'을 명시적으로 고려한 동태적인 분석이 약해지고 있다.

위의 1은 분석 대상의 확장을 2, 3은 각각 공간적 시야, 시간적 시야의 확대를 필요로 하고 있다.

그 후 '세 개의 세계'에서는 예상되지 않고 있던 새로운 움직임이 1990년대 이후, 전 세계적으로 나타나게 되었다. 즉, 글로벌화의 진전이 그것이며, 그 과정에서 한편에서는 '저변으로의 경쟁'이 격화되었고, 근로빈곤층 문제 등이 나타났으며, '고용지향적 사회 정책'='복지와 노동'의 재편성이 나타났다. 다른 한편에서는, 그 근로빈곤층 문제나 저소득자의 최저소득보장 문제에 어떻게 대응해야 하는가라는 문제가 새로운 어젠다로서 등장하였다. 이 두 가지가 동시 병행적으로 각국에서 나타나는 것이며 (물론 국가마다 두 가지 요인의 강약에는 차이가 있다), 그렇기 때문에 이 과정을 '탈(脫)상품화'와 180도 방향을 달리하는 '재상품화'라고 해서 일률적으로 파악하는 것에는 무리가 있다. 당연한 일이지만, 이러한 과정에서 일본 모델도 큰 변용을 경험하게 되었다.

1990년대 이후의 워크 페어, 메이킹 워크 페이, 세액공제(tax credit), 디센트 워크, 케어 레짐, 베이직 인컴 등 일련의 가타카나(일본어는 히라가나와 가타카나로 되어 있음. 가타카나는 주로 외국어를 표기하는 데 사용됨- 역자주)로 표기되는 새로운 움직임을, 확실한 비교축을 별도로 설정하여 측정하고, 국제비교를 대상으로 하는 본격적인 연구는 아직 나오지 않고 있다. '문제별 비교'나 '그룹 간 비교'를 필요로 하는 새로운 과제가 차례로 나타났지만, 그것들을 총괄하는 '국가와 국가와의 비교'에 도전하기에는 시기상조라고 해야 할까?

그렇지만 위와 같은 가타카나 표기가 새로운 움직임으로 대표되는 복지 정책의 국제동향이 가지고 있는 의미를 일본의 향후 정책적 방향성 설정과 관련시켜서 정확하게 이해하고, 정책선택 논의를 풍부하게 할 필요가 있다. 국제동향의 검토를 포함하는 광의의 국제비교 연구는 자국의 위치와 특징을 이해하기 위한 '거울'로서의 역할을 한다(제2단계). 그러나 이에 머물지 않고 혹은 그렇기 때문이라고 해야 할지도 모르지만, 향후의 정책론에 도움이 되기를 기대한다(제3단계). 물론, 해외의 사례의 맹목적인 이입(移入)이어서는 안된다. 각국의 조건의 차이를 인식하면서, 자신의 모습을 거울에 비추어 '자성'한 뒤에 정책선택과 결정이 필요하게 되는 것이다.

2. 국제동향으로 본 정책과제

가타카나 표기의 개념과 정책이 어우러져서 만든 혼돈된 상태에서 가까운 장래에 모습을 보일 것으로 생각되는 '새로운 복지기버넌스'를 통찰하기 위해서는 〈노동〉, 〈사회 보장·복지〉, 〈세·재정〉에 대한 주의가 필요하다. 그 점을 바탕으로 복지 정책의 국제동향의 검토에 의하여 발견되는 정책상의 과제를 정리하면 다음과 같다.

1) 일본 모델의 변용과 '선별주의' 시책

1980년대 말까지의 일본에서는 '워크페어체제로서의 일본 모델'이 대체로 양호하게 기능하고 있었다. 즉, 왕성한 경제성장에 의해 뒷받침되고, (완전)고용이 사회보장의 기능을 대체함으로써 생활보장을 도모해왔다. 이 책에서는 이것을 거시적인 의미에서의 워크페어체제로 정의하였지만, 이는 1989년 단계의 구미 제국과 비교하여 실업률이 현저하게 낮고, 또 GDP에 차지하는 사회보장비의 비율이 낮다는 점에 단적으로 나타나 있다. 그러나 1990년대에 들어와서 실업률이 상승하고, 또 소득분배의 불평등화가 진전됨과 동시에 이 모델의 한계가 드러나게 되었다.

이러한 상황에 대하여 사회보장이라는 측면에서의 대응은 어떤 것이었는지가 중요하다. 그 사회보장의 영역에서는 '보험료의 지불을 전제로 한 보편주의'이지만, 대상자를 넓게 일반국민으로 하는 '보편주의적' 시책의 보편화를 볼 수 있다(상징적으로는 개호보험법에 나타나 있다). 또 그때까지 응능원칙(應能原則)으로 운영되어 온 분야에도 응익부담원칙(應益負擔原則)이 강화되어(장애인자립지원법), 동시에 그것들과 병행하여 '선별주의'를 취지로 하는 생활보호의 엄격한 운용이라고 하는 1981년 이후의 '적정화' 노선을 답습하게 되었다. 이것은 생활보호의 적용범위=커버하는 인원을 좁게 한정하는 것이다. 다른 국가에 앞서 1970년대 중반부터 실업률의 상승을 경험하고 있던 유럽에서는 결과적으로 소득제한에 의해 대상자를 저소득자로 좁히고, 타겟 효율성을 높이는 정책이 도입된 것과 비교하면 큰 차이가 있다.

2) '자유주의 유형의 요소를 많이 가지는 보수주의 유형'

일본 모델의 또 하나의 특징으로서 '자유주의 유형의 요소를 강하게 가지는 보수주의 유형'이라는 것이 설득력 있게 받아들여져 왔다. 즉, 구조적으로 보아 기본적으로는 보수주의 모델이지만, GDP에 차지하는 사회보장지출의 비율이 낮다는 점 등에 있어서 자유주의 레짐의 성격이 일부 나타나고 있는 하이브리드 모델(hybrid model)이다. 이것은 오늘날에도 기본적으로 타당하다고 생각되지만, 일본처럼 보수주의로 분류되는 남유럽 모델과 비교한 결과, 다음의 세 가지에 있어서 양자는 공통성을 갖고 있다는 점이 밝혀졌다.

① 한편에서는 정규 노동자에 대한 충분한 보호와 다른 한편에서는 비정규직 노동자에 대한 불충분한 보호.

② 사회보장제도 전반에 있어서의 생활보호제도의 주변적(marginal) 역할

과 실업보험의 급부 기간이 짧다는 점. 이것은 기초적 사회안전망이
취약하다는 것을 의미하고 있다.

③ 넓은 의미에 있어서 급속한 인구통계학적(demography) 변화(출생율
의 급격한 저하와 저수준, 고령화의 진전, 최근에 급격하게 상승하고
있는 여성노동력의 비율).

위에서 언급한 ①은 앞에서 언급한 글로벌화의 진전과 같은 맥락에서 비
정규직 노동자와 근로빈곤층이 증가한 '원인'이다('저변으로의 경쟁'). 물이
높은 곳에서 낮은 곳으로 활기차게 흘러내리는 것과 같이, 이러한 격차는 비
정규직 노동자증가의 원인이 된다. 위에서 언급한 ②는 이러한 상황에 대한
사회안전망의 기능부전·무력감을 예상하게 하는 것이다. 위에서 언급한
③은 첫째, 내량의 젊은 노동력의 대량존재, 둘째, 높은 동거율, 셋째, 여성
이 가정 내에서 케어 역할을 담당하는 등의 종래의 특징이 급속히 변화되고
있다는 것을 의미한다. 이러한 넓은 의미의 인구통계학적 측면에서의 '변화'
는 종래 ①과 ②의 부작용을 억제하는 완충장치로서의 역할을 다하고 있었
던 '가족'의 복지기능이 쇠퇴해졌다는 것을 의미한다. 바꾸어 말하면, '사회
적 비용'을 최소화하는 '사회적인 의미에 있어서 후발성 이익'이 급격하게 상
실되고 있다는 것을 의미하며, 이러한 측면으로부터도 일본 모델, 남유럽 모
델은 큰 수정을 요구받고 있다고 할 수 있다.

3) 일본의 경험이 동아시아 복지 정책에 시사하는 점

복지 정책의 국제동향을 검토함으로써 일본의 향후의 정책방향에 대한
시사를 얻을 수 있지만, 반대로 일본의 경험은 근린 아시아 제국에 대하여
무엇을 시사할 수 있을까? 이러한 문제의식을 갖는 논의는 종래에는 별로

많지 않았지만, 앞으로는 더욱 주목받아야 한다고 생각한다.

1990년대 이후, 동아시아에 있어서의 사회보장의 정비와 재편의 움직임은 현저하다. 그 결과, '서로 배울 수 있는 공통 기반', '정책이전을 위한 공통의 장'이 형성되고 있다. 그 경우, 일본은 '후발복지국가의 선두주자'라고 하는 위치를 차지한다. 그것은 GDP의 수준이나 사회보장제도의 정비 상황에만 한정된 것은 아니다. 지금까지 누려 온 인구 보너스를 비롯하여 '사회적인 의미에서의 후발성'이 급속히 상실되어 오고 있는 국면에 놓여 있다고 하는 의미에서도 그런 것이다.

'개발도상국이면서 고령화 사회'라고 하는 일어날 수 있을 지도 모르는 사태를 어떻게 해서든지 피하고자 하는 이유에서 경제성장에 집중하고 있는 중국에 대해서는 고도성장기에 소득분배가 평등화된 일본의 경험이 참고가 될 것이다. 그 경우, 농업 부문이 어떤 위치를 차지하고 있는지가 중요한 포인트가 된다. 또 일본에서는 본격적인 고도성장 이전에 정비된 '개(의료)보험·개연금'의 경험도 시사하는 바가 크다고 생각된다.

급속한 고령화를 경험한 일본은 고령화 '정책' 혹은 '대책'의 분야에서 '달리면서 생각하고 행동할' 필요가 있었지만, 한국의 경우, 저출산·고령화의 속도가 일본보다 급속도로 진행되고 있다는 의미에서는 보다 더 심각하다고 말할 수 있지만, 일본의 경험을 옆에서 보면서 그것을 '참고'로 하여 시책을 생각할 수 있다는 점에서는 일본과는 다른 위치에 있다고 할 수 있다.

이 문제와 관련하여 일본은 특수한 (경제적) 환경에 있었다는 점을 생각해야 한다. 즉, 인구 보너스기가 종료되고, 본격적인 고령화 '정책'이 필요하게 된 시기가 '잃어버린 10년'과 겹치고, 그 결과 연금급부 수준의 저하, 지급 개시연령이 늦어지고, 건강보험 자기부담율의 인상 등 재정적 필요성에 의한 고령화 '대책'으로 기울어지게 된 것이다. '불행한 사건'이라고 표현할 수 있는 일본의 경험으로부터 얻을 수 있는 교훈은 인구 보너스를 향수할 수 있는 기간에 그 이후의 방대한 고령화 비용을 조달할 수 있는 재정적 여유를 갖는다는 것이다. 한국의 경우, 이 점에 유의하여 대응책을 일찍부터 취하고 있다는 점을 알 수 있다. 단, 2008년에 도입된 노인장기요양보험법의 실시 과정에서 볼 수 있는 것처럼, 이른 대응 때문에 발생하는 문제점도 있다. 예를 들면, 일본의 경우는 개호보험법 실시 10년 전부터 골드 플랜의 실시에 의하여 개호서비스공급능력의 증강 등 조건정비가 시도되었지만, 한국의 경우, 그러한 인프라스트럭쳐 정비가 법 시행 이전에 충분히 시도되었다고는 생각되지 않는다. 예상되는 서비스 공급능력의 부족을 민간사업자(개인업자를 포함)의 대폭적인 참여(일본과 다르게 시설서비스 분야를 포함)로 해결했지만, 그렇다고 문제가 해결된 것은 아니고, 서비스의 질이라는 점에서 큰 과제를 남기고 있다고 생각한다.

4) 공적부조제도와 관련된 국제적 동향

일본에서는 1990년대에 접어들어 워크페어체제가 흔들리게 됨으로써 다양한 문제가 분출되었다. 그러나 사회보장제도로서는 그것이 내포하는 문제에 대한 대응을 준비한 적이 없었다. 기초적 사회안전망인 실업보험제도나 공적부조(생활보호)제도에 큰 부하가 걸려 왔음에도 불구하고, 그 문제에 대한 적극적인 대응은 없었다. 오히려 생활보호의 경우, 앞에서 말한 것처럼 문호를 보다 좁게 한 것이 사실이었다. 그 결과, 빈곤선 이하의 생활을 할 수 밖에 없었던 사람들에게 생활보호의 지원의 손길이 미친 적은 없었고, 소위 테이크 업 비율은 낮은 채로 변화되지 않았다. 일본의 경우, 근로빈곤층은 글로벌화와 '저변으로의 경쟁'에 있어서 자동적으로 발생한 것이 아니라 이러한 제도적 대응의 산물이기도 하다.

다른 국가보다 먼저 이러한 문제에 직면한 유럽, 미국에서는 어떤 대응이 이루어졌을까? 일본과는 대조적으로 1980년대 이후, 선별주의를 중심으로 하는 공적부조 시스템, 혹은 소득연동형 급부(income-related benefits)의 '확대'로 대응한 것이다. 그러나 그에 의하여 새로운 과제에 직면하게 되었다. 새로운 과제라는 것은 즉, 공적부조 비용이 복지재정을 압박하게 되었기 때문에 공적부조제도는 종래로부터의 최저생활 보장의 역할에 더하여 '빈곤의 올가미, 복지의존의 올가미를 회피하고, 노동인센티브를 높이는 것에 의한 재정적 부담의 경감'이라는 새로운 역할도 기대되게 되었다. 이른바 이러한 '두 가지 요청'의 틈새에서 시행착오가 나타나게 된 것이다.

공적부조의 급부에는 원리적으로 두 가지 설계방법을 생각할 수 있다. 한계유효세율이 100%를 넘으면, 소위 '빈곤의 올가미'가 발생하기 때문에 그것을 회피하는 것은 당연한 일이지만, 한계유효세율을 100%로 설정하는 방식(북유럽 유형)과 100%보다 낮은, 예를 들면, 60~80%로 설정하는 방식(오스트레일리아 유형)의 두 가지이다. 일반적으로는 후자쪽이 노동인센티브를 높이지만, 이 설계 방법에도 문제가 없는 것은 아니다. 즉, 공적부조 지급 대상의 층·인원수가 확대되고, 실제로 노동공급이 얼마나 늘어날지에 관한 불확실성과 함께, 공적부조에 관한 재정지출을 확실하게 줄인다는 보장은 없는 것이다. 이러한 이유로 인하여 다른 "직접적인" 수단으로 노동인센티브를 상승시키고자 하는 정책이 등장하였다. 그것이 워크 페어이다.

5) 워크 페어의 '근원적 곤란'과 메이킹 워크 페이

한 마디로 워크 페어라고 해도 몇 가지의 종류가 있다. '워크페어체제로서의 일본 모델'이라고 했을 경우, 국가 전체적으로 보아 거시적으로 양호한 고용은 사회보장이나 복지기능을 충분히 대체하고 있다는 것을 의미한다. 충분한가 아닌가는 별개로 하더라도, 이러한 대체관계는 개발도상국에서도 볼 수 있는 것이지만, 이것은 필자에 의한 정의이며, 그다지 보급·일반화되고 있는 것은 아니다. 오히려 이와는 달리 1980년대 이후 많은 선진국이 도입한 '고용지향적 사회 정책'을 워크 페어라고 하는 경우가 많다. 이 경우, 워크 페어는 정책의 방향성과 관련된 용어이다. 이러한 좁은 의미의 워크 페어에도 몇 가지의 종류가 있다.

주의할 점은 일본에서 거시적인 의미에 있어서의 워크페어체제에 균열이 발생된 것과 때를 같이 하여 구미에 있어서 정책으로서의 '복지에서 노동으로'라는 움직임이 가속화되어 온 것이다. 이러한 워크 페어와 관련된 '비틀어져 있다'고 해야 할, 다양한 상황의 차이를 고려할 필요가 있다. 일본에서는 일반적으로 일할 수 있는 연령층의 노동참가율은 높고, 편모의 취직율은 세계적으로 보아도 톱 클래스에 속하고 있다. 그 경우, 정책으로서의 워크 페어의 효과는 한정된 것일 수밖에 없다.

일본에 있어서 정책으로서의 워크 페어가 기능할 여지가 적다고 하는 난점에 더하여 일반적으로 워크 페어 바로 그 자체에 부수되는 근원적인 곤란(아포리아)이 존재한다. 그것은 워크 페어가 제창되기에까지 이르는 다음과 같은 배경에서 생겼다. 즉, ① 경제의 침체→ ② 정부재정의 압박→ ③ 사회보장예산의 삭감→ ④ 사회보장·복지수급자에게 일할 것을 요청(워크 페어)하는 일련의 흐름이다. 그러나 경제가 침체되어 있을 때에 '복지로부터 노동으로 문제를 되던지는' 것만으로는 경제의 침체가 고용정세의 악화를 필연적으로 수반하는 이상, 그 효과에는 한계가 있다. 그것은 개인의 고용가능성을 높이는 것에 의한 취직촉진을 목적으로 하는 소프트한 워크 페어 혹은 액티베이션이라고 해도 별로 다르지 않다. 또 가령 고용된다고 해도 그것이 저임금 직종일 경우, 사회보장·복지급부를 받고 있었을 때보다도 오히려 가처분소득이 줄어드는 경우도 충분히 예상할 수 있다. 그러면 노동인센티브가 작용하지 않는 것은 당연하다. 그래서 등장한 것이

'취직 복지급부'(급부 조건부 세액공제제도가 그 대표) 등의 메이킹 워크 페이 정책이다. 그 목적은 일을 하는 것이 유익하다(월급을 받는다)는 것이며, 구체적으로는 '빈곤의 올가미'를 회피하고, 노동인센티브를 높이는 것이며, 결과적으로는 근로빈곤층을 중심으로 한 저소득계층의 소득을 뒷받침하는 것이 된다.

6) 노동의 내용을 중시하는 디센트워크

워크 페어에서도 메이킹 워크 페이에서도 공통되는 것은 그 자체가 '고용의 성격과 그 일의 성격, 질'(Jane Millar)을 문제시하지 않는다는 것이다. 즉, 그것을 블랙박스화하고 있다는 점에 그 특징이 있다. 이에 비하여, ILO가 제창한 디센트워크는 노동의 내용('노동에 있어서의 다양한 권리의 보장', '고용이나 기타 일하는 방법의 제공' 등)에 직접적으로 관련된다는 점이 다르다. 시점을 바꾸어 보면, 메이킹 워크 페이는 노동의 결과인 소득에 주목하는 것이다. 예를 들면 급부 조건부 세액공제제도는 세제 등을 통하여 그 부족분을 '보상'하는 것이며, 일차 소득분배 후의 재분배에 영향을 미치는 정책이기 때문에 '사후적 소득보상정책'이라고 할 수 있다. 이것에 비하여 디센트워크는 큰 카테고리로서의 '사전적 노동규제 정책'이다.

'사후적 소득보상정책'과 '사전적 노동규제 정책'은 각각 장점과 단점이 있다. 우선, 메이킹 워크 페이로 대표되는 '사후적 소득보상정책'은 저소득계층의 소득을 직접적으로 뒷받침한다는 점에서는 큰 효과를 기대할 수 있지만, 재원조치를 필요로 하고 있다는 점과 함께 간과할 수 없는 문제는 저임금 직종에의 임금보조라고 하는 성격을 가지며, 그러한 저임금 직종을 온존시킨다고 하는 부의 효과를 함께 갖는다는 것이다. 이것은 바람직하지 못한 점이다. 이에 비하여, '사전적 노동규제 정책'은 그 중에서 최저임금규제를 예로 들면, '규제'이기 때문에 재원조치를 필요로 하지 않는다. 이 점에서는 재정이 궁핍할 때에 그 실현가능성이 높아진다. 단지, 하나의 국가만 실시할 경우, 고용에 대한 악영향이 우려된다. 또 저소득세대에 속하지 않는 파트타임 노동자에게도 인상의 효과가 미치게 되며, 타겟 효율성이 낮다고 하는 문제가 있다. 최저임금제의 대상은 어디까지나 개인이지 세대가 아니기 때문이다. 또한 그것이 실현되기 위해서는 노동조합의 지원이 없어서는 안되지만, 노동조합의 세계적인 퇴조라고 하는 현실 때문에 실현가능성이라는 점에서 과제가 있다고 할 수 있다. 이상에서 지적하고 있는 것은 만병통치약과 같은 정책은 존재하지 않는다는 것이다.

마지막으로 확인해두고 싶은 점은 워크 페어는 노동시장이 대상자를 받아들일 수 있다고 하는 조건에 더하여 '사전저 노동규제'와 '사후적 소득보상'제도가 각각 도입되었을때 비로소 충분한 효력을 발휘할 수 있다는 점이다. 바꿔 말하면, 이러한 전후 두 가지 제도가 얼마나 충실한가에 따라 워크 페어의 성패가 좌우된다고 하겠다.

7) 근로빈곤층 문제에는 어떻게 대응해야 하는가?

21세기에 들어와서 근로빈곤층이 일약 주목받게 되었다. 그 배경으로서는 역시 글로벌화의 진전이 선진국에서의 '저변으로의 경쟁'을 야기하고, 그것이 비정규직의 비율을 높였다는 점이 크다. 워크 페어의 진전에 의하여 가령 '복지의존'에서 벗어났다고 해도, 결국은 근로빈곤층으로서 낮은 수준의 불안정한 생활을 할 수 밖에 없었다는 점이 그 주목도를 높였다.

국가에 따라서는 일하는 것이 소득의 증가를 가져오고, 빈곤율의 저하로 연결되는 국가도 있다(전형적인 국가로서는 미국, 영국). 노동연령기의 취직율이 다른 많은 국가와 비교해서 낮은 국가에 있어서 유효한 정책의 하나라고 생각된다. 그러나 빈곤 문제라는 시각에서 보면, 고용되는 것이 반드시 빈곤으로부터의 탈출을 보장하는 것은 아니다. 이 점은 OECD가 '장년기에 있는 사람의 빈곤과 소외'를 문제로 다루어 '일을 가지고 있다는 것이 항상 빈곤의 리스크에 대한 보호를 제공하는 것이 아니며…'(OECD 편저, 2008b)라고 하는 이유이다. 당연한 일이기는 하지만, 근로빈곤층은 이미 고용되어 있는 것이기 때문에 일을 하는 것 혹은 '복지에서 취직으로'라고 하는 워크 페어는 그들에게 있어 의미가 없다. 그렇다면 증가하는 근로빈곤층 문제에 현실적으로 어떻게 대응하고 있는 것일까, 또 어떻게 대응해야 하는 것일까?

OECD의 국제조사에 의하면, 가처분소득으로 보면 고용율과 빈곤율과의 사이에는 상관관계가 없다는 것이 밝혀져 있지만, 이것은 시장소득에 부가되는 소득이전(세금 및 사회보장급부)의 중요성을 시사하고 있으며, 사실, '노동연령인구에 있어서의 상대적 빈곤과 사회지출'의 사이에는 부의 상관관계가 있다(OECD 편저, 2008b). 이하에서는 근로빈곤층에 대한 사회안전망의 기능에 한정하여 그에 대한 대응방식을 생각해보겠다.

일본에서는 최저임금과 사회부조(=공적부조)의 수준이 OECD 제국 중에서 가장 근접하고, 일본의 사회부조 하나만 보면 그 수준은 상당히 높지만, 국가에 따라서는 병행하여 급부되는 주택급부나 가족급부제도를 고려하면, '사회부조를 포함하는 순소득'은 OECD 평균의 중위권에 머무르고 있다. '사회부조 등을 포함한 순소득'과 '사회부조'의 차액은 적다. 이것은 기본적으로는 세금으로 조달하지만 공적부조처럼 엄격한 소득·자산조사를 필요로 하지 않는 '사회수당'이 일본에서는 정비되어 있지 않고, 또 그 급부 수준이 낮다는 이유에서 발생하는 것이다. 이것은 근로빈곤층의 소득을 뒷받침하는 기능이 약하다는 것을 의미한다. 구체적으로는 실업부조, 주택수당, 가족(아동)수당이다. 또 같은 기능을 하고 있다고 할 수 있는 급부 조건부 세액공제제도는 일본에서는 도입되지 않았다.

　일본의 사회보험제도는 오늘날과 같은 비정규직 노동자의 증가를 예상하지 않고 제도설계가 이루어졌다. 후생연금제도, 실업보험제도에서 전형적으로 나타나고 있는 것처럼, 비정규직 노동자가 다수를 차지하는 근로비곤층을 포괄하지 않고 배제하는 성격이 강한 것이다. 한편, 일본의 공적부조제도인 생활보호는 제도로서는 '체계적'이고 '망라적'이기는 하지만, 그 적용대상인원수가 적어 수급자수의 비율은 낮다. 그 결과, 사회보험과 생활보호사이의 제도상의 괴리가 크고, 정규직 노동자와 생활보호수급자의 '틈새'에 근로빈곤층이 다수존재하게 되고, 또 그들에 대한 기타의 정책조치가 실시되지 않고 있다. 이 점이 '안전 스톱퍼가 없는 미끄럼틀 사회'라고 하는 이유이다. 국제비교라는 거울에 비추어 명확히 밝혀지는 이러한 일본의 '모습'을 염두에 두면, 앞으로의 정책 방향은 자연스럽게 제시될 수 있다. 이 책의 1장에서 밝힌 바와 같이, 종래의 '워크페어체제'에 균열이 발생한 상태에 대응하고, 선별주의적 제도인 생활보호제도의 적용대상의 확대를 기대할 수 있을 것이다. 또 7장에서 강조한 바와 같이, 사회수당을 충실하게 함으로써 생활보호제도의 지원을 받기 직전에 근로빈곤층의 소득을 뒷받침해줄 필요가 있다고 하겠다.

8) 하나의 선택지로서의 급부 조건부 세액공제제도

　(급부 조건부) 세액공제제도가 주목받아 온 배경은 하나의 이유에 의한 것이 아니고, 상당히 복잡하다. 세 정책상으로는 소득공제제도가 과세소득의 범위를 좁히는 데 비하여 세액공제제도는 그렇지 않다는 것 그리고 정책상의 목적을 달성하기 위한 효과적 정책수단을 확보하고 싶다는 것이 세-재무당국의 의도일 것이다. 또 하나는 글로벌화의 진전에 따라 근로빈

곤층의 문제, 저소득자층의 최저소득보장 문제가 부상되어 온 것이다. 이 점은 이미 언급한 바와 같이, 경제의 정체→ 정부재정의 궁핍→ 사회보장 예산의 삭감→ 사회보장·복지급부자에게 일을 할 것을 요청(워크 페어) 한다는 일련의 흐름이 전제되어야 한다. 워크 페어→ 사전적 노동규제라는 방향이 아니라 워크 페어→ 사후적 소득보상이라고 하는 방향을 실현하기 위하여 등장한 것이 메이킹 워크 페이 정책이며, 급부 조건부 세액공제제도가 그 대표적인 것이다. 부연하면, 급부 조건부 세액공제제도는 '탈(脫) 상품화'를 목표로 하는 것이 아니라 '원(援)상품화' 혹은 '조(助)상품화'의 방향에 따르는 것이지만, 저소득자의 소득을 뒷받침하는 효과를 발휘할 수 있다.

급부 조건부 세액공제제도는 설계가 유연한 것이 특징이다. 일하는 것 그 자체 혹은 일정시간 이상 일하는 것을 지급조건으로 하는 것에서부터 그러한 조건이 없는 것, 어린이의 양육·교육비용부담의 경감 등으로 정책목적을 한정시킨 것, 소득의 증가에 따라서 급부액수가 증감하는 것, 하지 않는 것 등 다양한 제도설계가 가능하다.

이러한 급부 조건부 세액공제제도가 적절히 기능하기 위해서는 그것을 위한 각종 인프라스트럭처가 정비될 필요가 있다. 인프라스트럭처라는 것은 예를 들면, 사회보장번호제의 도입에 의한 저소득계층의 정보의 정확한 파악이나 그들의 확정신고를 지원하는 체제를 충실하게 정비하는 것 등이다. 또 급부 조건부 세액공제제도에는 항상 저임금고용에의 조성으로부터 생기는 인적자본에의 투자억제, 저임금고용의 온존이라는 문제를 어떻게 파악하고, 또 어떻게 대응할 것인가라는 장애요소들이 수반된다. 이 점은 최저임금제나 디센트워크의 추진 등에 의한 '사전적 노동 규제'와 보조를 맞춰 나갈 필요가 있다는 점을 시사한다. 이러한 유보조건이 있다고는 하지만, 일본에서는 이 책이 강조해온 바와 같이, 사회수당의 제도가 불충분하여 500

만 명을 넘는 근로빈곤층이 제도의 틈새에서 벗어나지 못하고 있는 상황에 비추어 보면, 급부 조건부 세액공제제도는 미래를 향한 하나의 선택지라고 생각된다.

참고문헌(알파벳순)

阿部彩(2002),「アメリカのEITCの歴史と動向」,『公的扶助システムのあり方に関する実証的・理論的研究』,厚生科学研究費補助金政策科学推進研究事業平成13年度総括研究報告書.

阿部彩(2004),「アメリカの福祉改革の効果と批判」,『海外社会保障研究』147.

阿部彩(2008),『子どもの貧困』,岩波新書.

阿部彩(2010a),「時間調査を用いたケアの国際比較—UNRISDの報告書から」,『海外社会保障研究』170.

阿部彩(2010b),「ワーキング・プア対策としての給付つき税額控除」,埋橋孝文・連合総合生活開発研究所 編,『参加と連帯のセーフティネット—人間らしい品格ある社会への提言』,ミネルヴァ書房.

阿部和光(2003),「公的扶助法における権利と法の構造」,日本社会保障法学会 編,『講座蔓社会保障第5巻: 住居保障法・公的扶助法』,法律文化社.

阿部志郎・井岡勉 編(2000),『社会福祉の国際比較—研究の視点・方法と検証』,有斐閣.

アルコック,P. ,G.クレイグ 編(2003),『社会政策の国際的展開—先進諸国における福祉レジーム』(埋橋孝文ほか訳),晃洋書房.

有森美木(2007),「先進各国の公的年金制度と高齢低所得者対策」,『海外社会保障研究』,158.

坂東眞理子(2006),『女性の品格—装いから生き方まで』,PHP新書.

ベック,ウルリヒ(1998),『危険社会—新しい近代への道』(東廉・伊藤美登里訳),法政大学出版局.

ブラッドショー,ジョナサン(1997),「EUにおける社会保障政策の人口動向上の背景」,『海外社会保障研究』,127.

陳小紅(2009),「台湾社会政策の発展―示唆と展望」,埋橋孝文・木村清美・戸谷裕之
　　編,『東アジアの社会保障―日本・韓国・台湾の現状と課題』,ナカニシヤ出版.

張炳元(2001),「医療保険制度の日韓比較―その特質と政策の動向を中心に」,社会
　　政策学会　編,『自己選択と共同性―20世紀の労働と福祉〈社会政策学会誌第5
　　号〉』,御茶の水書房.

同志社大学大学院埋橋ゼミ(2006),「障害者雇用・福祉政策をめぐる国際的動向と日
　　本の位置・課題」,『Int'lecowk(国際経済労働研究)』,61(11・12).

同志社大学社会福祉教育・研究支援センター・プロジェクト(廣野俊輔・咸日佑・
　　孫希叔・崔銀珠)(2008),「福祉サービス供給とマンパワーの日韓比較」,『Int'
　　lecowk(国際経済労働研究)』,63(11・12).

エーレンライク,バーバラ(2006),『ニッケル・アンド・タイムド―アメリカ下流社
　　会の現実』(曽田和子訳),東洋経済新報社.

遠藤公嗣・河添誠・木下武男・後藤道夫ほか(2009),『労働,社会保障政策の転換を
　　―反貧困への提言』,岩波ブックレット.

エスピン苷茶Aンデルセン,G.(2008),『アンデルセン,福祉を語る―女性・子供・高
　　齢者』(京極高宣監修/林昌弘訳/B.パリエ解説),NTT出版.

藤原千沙(2004),「女性の所得保障と公的扶助」,大沢真理　編,『叢書寰現代の経済・
　　社会とジェンダー第4巻福祉国家とジェンダー』,明石書店.

藤原正彦(2005),『国家の品格』,新潮新書.

布川日佐史編著(2002),『雇用政策と公的扶助の交錯―日独比較: 公的扶助における
　　稼働能力の活用を中心に』,御茶の水書房.

布川日佐史(2004),「ドイツにおけるワークフェアの展開―稼働能力活用要件の検
　　討を中心に」,『海外社会保障研究』,147.

布川日佐史(2006),「生活保護改革における稼働能力活用要件の検討」,『社会政策研
　　究』,6.

布川日佐史(2009),『生活保護の論点―最低基準・稼働能力・自立支援プログラム』,

山吹書店.

福原宏幸編著(2007),『社会的排除／包摂と社会政策』,法律文化社.

福井秀夫(2000),「住宅福祉のパラダイム転換―政策の整合性確保」,大山博・炭谷
茂・武川正吾・平岡公一 編著,『福祉国家への視座―揺らぎから再構築へ』,ミ
ネルヴァ書房.

後藤道夫(2005),「現代のワーキングプア労働市場の構造転換と最低限生活保障」,
『ポリティーク』,10.

後藤道夫(2010),「ワーキングプア急増の背景と日本社会の課題」,『社会政策』,1(4).

後藤玲子(2000),「公的扶助」藤田伍一・塩野谷祐一 編,『先進諸国の社会保障7アメ
リカ』,東京大学出版会.

濱口桂一郎(2007),「書評福原宏幸 編著『社会的排除／包摂と社会政策』,埋橋孝文
編著『ワークフェア―排除から包摂へ?』」,『社会福祉研究』,102.

濱口桂一郎(2009),『新しい労働社会―雇用システムの再構築へ』,岩波新書.

八田達夫・八代尚宏(1998),『社会保険改革―年金,介護・医療・雇用保険の再設
計』,日本経済新聞社.

初岡昌一郎・連合総研 編(1998),『社会的公正のアジアをめざして―経済危機の克
服と改革への道』,日本評論社.

ヒル,マイケル(2011),「新旧のリスクに対するイギリス社会的保護システムの対
応」,橘木俊詔・同志社大学ライフリスク研究センター 編,『社会保障改革の最
先端』,ミネルヴァ書房.

平岡公一(2006),「社会福祉の市場化と公益性―介護サービスを中心に」,『社会福祉
研究』,96.

平山洋介(2009),『住宅政策のどこが問題か―〈持家社会〉の次を展望する』,光文
社新書.

広井良典(1999),『日本の社会保障』,岩波書店.

広井良典・駒村康平(2003),『アジアの社会保障』,東京大学出版会.

久本貴志(2007),「アメリカにおける福祉離脱者とワーキングプア」埋橋孝文 編著, 『ワークフェア―排除から包摂へ?』, 法律文化社.

堀勝洋(1997),『現代社会保障・社会福祉の基本問題21世紀へのパラダイム転換』, ミネルヴァ書房.

ホリデイ, I., P. ワイルディング(2007),『東アジアの福祉資本主義―タイガー地域 における教育, 保健・医療, 住宅, 社会保障政策』(埋橋孝文ほか訳)法律文化社.

星野信也(2000),『選別的普遍主義の可能性』, 海声社.

居神浩(2007),「規律訓練型社会政策のアポリア―イギリス若年就労支援政策から の教訓」, 埋橋孝文 編著, 『ワークフェア―排除から包摂へ?』, 法律文化社.

池上岳彦(1999),「地方分権的税財政システムの構築を」, 神野直彦・金子勝 編, 『「福 祉政府」への提言―社会保障の新体系を構想する』, 岩波書店.

今田高俊(2002),「リスク社会と再帰的近代―ウルリッヒ・ベックの問題提起」, 『海 外社会保障研究』, 138.

井岡勉・埋橋孝文(2009),『地域福祉の国際比較』, 現代図書.

石村耕治(2008),「給付(還付)つき税額控除をめぐる税財政法上の課題―アメリカの 『働いても貧しい納税者』対策税制を検証する」, 『白鴎法学』, 15(1).

岩田正美(2007),『現代の貧困―ワーキングプア/ホームレス/生活保護』, ちくま 新書.

『海外社会保障研究』125.(1998),「特集: 就労インセンティブと社会保障」, 所収の諸 論文.

『海外社会保障研究』141.(2002),「特集: 社会的排除概念と各国の動き」, 所収の諸論文.

(財)介護労働安定センター(2001),『介護労働者の労働環境改善に関する調査研究報 告書』.

(財)介護労働安定センター(2004),『平成16年版介護労働者の働く意識と実態』.

(財)家計経済研究所編(1999),『ワンペアレントファミリー(離別母子世帯)に関する 6カ国調査』, 大蔵省印刷局.

カマーマン，シーラ(1997)，「AFDCからTANFへ―アメリカ家族政策の転換と日本への教訓」(濱本知寿香・埋橋孝文訳)，『季刊家計経済研究』34.

上村泰裕(2002)，「台湾の国民年金論議・素描―グローバル経済のなかの後発福祉国家形成」社会政策学会　編，『経済格差と社会変動〈社会政策学会誌第7号〉』，法律文化社.

上村泰裕(2004)，「書評埋橋孝文編著『比較のなかの福祉国家』」，『海外社会保障研究』，148.

上村泰裕・末廣昭　編(2003)，『東アジアの福祉システム構築』，東京大学社会科学研究所.

金子勝(1997)，『市場と制度の政治経済学』，東京大学出版会.

金子勝(1999)，『セーフティネットの政治経済学』，ちくま新書.

菅隆徳(2010)，「民主党税制改正は『公平』か―『所得控除から税額控除へ』を中心に」，『税制研究』57.

勝又幸子(2002)，「社会保障費用の国際比較」，『海外社会保障研究』138.

勝又幸子(2006a)，「社会保障給付の制度的配分―OECDデータと社会保障給付費による動向分析」，『季刊社会保障研究』42(1).

勝又幸子(2006b)，「障害者福祉雇用問題の実態と課題―政府統計調査から見えてくるもの」，『Int'lecowk(国際経済労働研究)』61(11・12).

勝又幸子(2008)，「社会保障給付の国際比較―OECDのデータ」，『世界の労働』58(4).

経済企画庁国民生活局・財団法人家計経済研究所(1996)，『生活構造の日韓比較―雇用・賃金構造と家計構造を中心に』，大蔵省印刷局.

菊地英明(2003)，「生活保護における『母子世帯』施策の変遷―戦後補償と必要即応原則」，『社会福祉学』，43(2).

菊池馨実(2002a)，「最低生活保障のあり方と公的扶助の役割―サービス保障と所得保障の両面から」，『公的扶助システムのあり方に関する実証的・理論的研究』，厚生科学研究費補助金政策科学推進研究事業平成13年度総括研究報告書.

菊池馨実(2002b),「最低生活保障のあり方と公的扶助の役割—主として所得保障の側面から」,『週刊社会保障』56(2195).

金早雪(2001),「韓国／憲法請願が生んだ,権利としての社会保障」,『アジ研ワールド・トレンド』,7(2)No.65.

金成垣(2008a),『後発福祉国家論—比較のなかの韓国と東アジア』,東京大学出版会.

金成垣(2008b),「李明博政権の福祉政策—方向転換か変わらぬ道か」,『Int'lecowk(国際経済労働研究)』,985.

金成垣(2011),「日本と韓国における失業・貧困対策—二層体制の歴史的・構造的特徴」,『週刊社会保障』,No.2611.

金成垣編著(2010),『現代の比較福祉国家論—東アジア発の新しい理論構築に向けて』,ミネルヴァ書房.

金淵明(2005),「東アジア福祉レジーム論の再検討」武川正吾・金淵明 編,『韓国の福祉国家・日本の福祉国家』,東信堂.

金淵明編(2006),『韓国福祉国家性格論争』(韓国社会保障研究会訳),流通経済大学出版会.

金淵明(2009),「韓国における社会保険の危機と改革」埋橋孝文・木村清美・戸谷裕之編,『東アジアの社会保障—日本・韓国・台湾の現状と課題』,ナカニシヤ出版.

木下秀雄(2001),「21世紀の社会保障と生活保護の役割」尾藤廣樹・木下秀雄・中川健太朗 編著,『生活保護法の挑戦—介護保険・ホームレスの時代を迎えて』,高菅出版.

国立社会保障・人口問題研究所 第5回厚生政策セミナー(2001年 1月),『アジアと社会保障 資料編』.

小玉徹・大場茂明・檜谷美恵子・平山洋介(1999),『欧米の住宅政策—イギリス・ドイツ・フランス・アメリカ』,ミネルヴァ書房.

小松理佐子(2006),「社会福祉制度・政策の日韓比較」野口定久 編,『福祉国家の形成・再編と社会福祉政策』,中央法規出版.

駒村康平編(2010),『最低所得保障』,岩波書店.

駒村康平・菊池馨実(2009),『希望の社会保障改革』,旬報社.

熊沢誠(2003),『リストラとワークシェアリング』,岩波新書.

李惠炅(2004),「金大中政府の「生産的福祉」―その歴史的意味と残された課題」,社会政策学会 編,『新しい社会政策の構想―20世紀的前提を問う〈社会政策学会誌第11号〉』,法律文化社.

李惠炅(2006),「金大中政府の『生産的福祉』」社会政策学会 編,『東アジアにおける社会政策学の展開』,法律文化社.

李宣英(2011),『「準市場」概念の再検討と介護サービスシステムの日韓比較』(同志社大学修士論文).

李義圭(2004),「韓国の失業対策と雇用保険―IMF金融危機以降を中心に」,社会政策学会 編,『社会政策学と賃金問題〈社会政策学会誌第12号〉』,法律文化社.

丸谷冷史・永合位行(2007),「ドイツにおける分配問題」,『海外社会保障研究』159.

益子良一(2010),「所得税・改正の方向性の考察―社会保障・税共通の番号制度導入と給付付き税額控除等の問題点」,『税制研究』57.

道中隆(2009),『生活保護と日本型ワーキングプア貧困の固定化と世代間継承』,ミネルヴァ書房.

御船洋(2002),「財政構造改革と社会保障支出」,斎藤愼・山本栄一・一圓光彌 編,『福祉財政論―福祉政策の課題と将来構想』,有斐閣.

ミシュラー, レーミッシュ(1995),『福祉国家と資本主義―福祉国家再生の視点』(丸谷冷史ほか訳)晃洋書房.

ミッチェル, デボラ(1993),『福祉国家の国際比較研究―LIS10カ国の税・社会保障システム』,(埋橋孝文ほか訳)啓文社.

宮寺由佳(2008),「スウェーデンにおける就労と福祉―アクティベーションからワークフェアへの変質」,『外国の立法―立法情報・翻訳・解説』(国立国会図書館調査及び立法考査局).

宮本太郎(1999),『福祉国家という戦略—スウェーデンモデルの政治経済学』,法律文化社.

宮本太郎(2000),「比較福祉国家論の可能性—『日本モデル』の位置問題を素材に」,社会政策学会第101回大会報告要旨,2000年10月28日・29日(於・立命館大学).

宮本太郎(2003),「福祉レジーム論の展開と課題—エスピン・アンデルセンを越えて?」,埋橋孝文 編著,『比較のなかの福祉国家』,ミネルヴァ書房.

宮本太郎(2004),「ワークフェア改革とその対案新しい連携へ?」,『海外社会保障研究』147.

宮本太郎(2006),「ポスト福祉国家のガバナンス新しい政治対抗」,『思想』983.

宮本太郎(2008a),『福祉政治—日本の生活保障とデモクラシー』,有斐閣.

宮本太郎(2008b),「ベーシックインカム資本主義の3つの世界」(座談会補論),武川正吾 編著,『シティズンシップとベーシックインカムの可能性』,法律文化社.

宮本太郎(2009a),「書評と紹介対抗軸は見えたか?,埋橋孝文 編著,『ワークフェア—排除から包摂へ?』をめぐって」,『大原社会問題研究所雑誌』603.

宮本太郎(2009b),『生活保障—排除しない社会へ』,岩波新書.

宮本太郎・I. ペング・埋橋孝文(2003),「日本型福祉国家の位置と動態」エスピン汗茶Aンデルセン,G 編,『転換期の福祉国家—グローバル経済下の適応戦略』(埋橋孝文監訳),早稲田大学出版部.

森信茂樹編著(2008),『給付つき税額控除—日本型児童税額控除の提言』,中央経済社.

森信茂樹(2010),「給付付き税額控除の具体的設計」,『税経通信』,65(4).

室田信一(2010),「『住宅セーフティネット』の拡充」,埋橋孝文・連合総合生活開発研究所 編,『参加と連帯のセーフティネット—人間らしい品格ある社会への提言』,ミネルヴァ書房.

中原耕(2007),「日本における障害者福祉と就労支援」,埋橋孝文 編著,『ワークフェア—排除から包摂へ?』,法律文化社.

根岸毅宏(2006),『アメリカの福祉改革』,日本経済評論社.

根本嘉昭(2003),「生活保護制度の『見直し』に関して」,『社会福祉研究』83.

日本社会福祉学会 編(2008),『福祉政策理論の検証と展望』,中央法規出版.

日本財政法学会 編(2001),『社会保障と財政』,龍星出版.

二木立(1994),「医療・保険制度の国際比較―先進国医療の『三極構造』」,『医療』
　　Vol.12, No.12.

野寺康幸(2004),「講演録ディーセントワーク実現のために」,『世界の労働』54(11).

野口定久 編(2006),『福祉国家の形成・再編と社会福祉政策』,中央法規出版.

落合恵美子・山根真理・宮坂靖子 編(2007),『アジアの家族とジェンダー』,勁草書房.

落合恵美子・阿部彩・埋橋孝文・田宮遊子・四方理人(2010),「日本におけるケアダ
　　イヤモンドの再編成: 介護保険は『家族主義』を変えたか」,『海外社会保障研究』,
　　170.

王(藤原)文亮(2001),『21世紀に向ける中国の社会保障』,日本僑報社.

王文亮(2003),「中国農村年金保険制度の誕生・衰退と再建」,社会政策学会 編,『雇
　　用関係の変貌〈社会政策学会誌第9号〉』,法律文化社.

王文亮(2004),『九億農民の福祉―現代中国の差別と貧困』,中国書店.

OECD 編著(2004),『図表でみる世界の障害者政策―障害を持つ人の不可能を可能
　　に変えるOECDの挑戦』(岡部史信訳),明石書店.

OECD 編著(2005),『世界の社会政策の動向―能動的な社会政策による機会の拡大
　　に向けて』(井原辰雄訳),明石書店.

OECD 編著(2006),『図表でみる世界の社会問題』(高木郁朗監訳・麻生裕子訳),明石
　　書店.

OECD 編著(2008a),『図表でみる世界の社会問題2』(高木郁朗監訳・麻生裕子訳),明
　　石書店.

OECD 編著(2008b),『図表でみる世界の最低生活保障―OECD給付・賃金インディ
　　ケータ』(連合総合政策局訳),明石書店.

小川正雄(2010),「民主党・税制改正大綱と給付付き税額控除」,『税制研究』57.

岡部卓(2003a),「福祉事務所の業務と組織」,岩田正美・岡部卓・杉村宏 編,『公的扶助論』,ミネルヴァ書房.

岡部卓(2003b),「貧困問題と社会保障—生活保護制度の再検証」,『社会福祉研究』,83.

岡沢憲芙・宮本太郎 編(1997),『比較福祉国家論—揺らぎとオルタナティブ』,法律文化社.

岡沢憲芙・連合総合生活開発研究所 編(2007),『福祉ガバナンス宣言—市場と国家を超えて』,日本経済評論社.

小野塚知二,「書評 埋橋孝文 編著『ワークフェア—排除から包摂へ?』」,『社会政策』1 (3),ミネルヴァ書房.

大場茂明(2005),「ドイツにおける社会住宅制度と家賃規制—アフォーダブル住宅の行方」,『海外社会保障研究』152.

大泉啓一郎(2007),『老いてゆくアジア—繁栄の構図が変わるとき』,中公新書.

大野吉輝(1991),『社会サービスの経済学』,頸草書房.

大沢真知子(2007),「非正規(非典型)労働の国際比較—経済のグローバル化と非典型労働増大」,埋橋孝文 編著,『ワークフェア—排除から包摂へ?』,法律文化社.

大沢真知子(2010),『日本型ワーキングプアの本質—多様性を包み込み生かす社会へ』,岩波書店.

大沢真理(1999),「公共空間を支える社会政策—セイフティネットを張り替える」,神野直彦・金子勝 編,『「福祉政府」への提言』,岩波書店.

大沢真理(2004),「座談会アジア諸国の福祉戦略をめぐって」,大沢真理 編著,『アジア諸国の福祉戦略』,ミネルヴァ書房.

大沢真理(2007),『現代日本の生活保障システム—座標とゆくえ』,岩波書店.

大沢真理(2008),「生活保障システムという射程の社会政策研究」,『社会政策』1 (1),ミネルヴァ書房.

大沢真理(2010),『いまこそ考えたい生活保障のしくみ』,岩波ブックレット.

大友信勝(2002),「セーフティネットの社会福祉学—生活保護制度改革の課題」,『東洋大学社会学部紀要』39(2).

大友信勝(2007),「セーフティネットの危機」,『滋賀社会福祉研究』,第9号.

小沢修司,「ワークフェアとベーシック・インカム—福祉国家における新しい対立軸に寄せて」(座談会補論)武川正吾 編著,『シティズンシップとベーシック・インカムの可能性』,法律文化社.

ラザビ, シャーラ(2010),「政治, 社会, 経済からみたケアの国際比較」,『海外社会保障研究』170.

佐口和郎(2005),「福祉社会と雇用社会」佐口和郎・中川清 編著,『福祉社会の歴史—伝統と変容』,ミネルヴァ書房.

齋藤曉子(2010),「発展途上国におけるケアダイヤモンド—UNRISDの6カ国調査から」,『海外社会保障研究』170.

社会政策学会 編(2006),『東アジアにおける社会政策学の展開』,法律文化社.

清水浩一(2003),「社会福祉改革と生活保護法「改正」の展望: 新しいソーシャルワーカー像を求めて」,『賃金と社会保障』1355.

新川敏光(2005),『日本型福祉レジームの発展と変容』,ミネルヴァ書房.

鎮目真人(1998),「書評埋橋孝文 著『現代福祉国家の国際比較—日本モデルの位置づけと展望』」,上井喜彦 編,『アジアの労働と生活〈社会政策学会年報第42集〉』,御茶の水書房.

菅谷広宣(1998),「アジアの発展途上国における社会保障構築への視点」,上井喜彦 編,『アジアの労働と生活〈社会政策学会年報第42集〉』,御茶の水書房.

菅谷広宣(2003),「東南アジアの社会保障—制度における類型化を中心に」,『賃金と社会保障』, 1350.

橘木俊詔(2000),『セーフティ・ネットの経済学』,日本経済新聞社.

橘木俊詔・浦川邦夫(2006),『日本の貧困研究』,東京大学出版会.

田多英範(2010),「日本における福祉国家の変容—第1ステージから第2ステージへ」,

金成垣 編著,『現代の比較福祉国家論―東アジア発の新しい理論構築に向けて』,ミネルヴァ書房, 第13章.

田近栄治・八塩裕之(2008),「所得税改革―税額控除による税と社会保険料負担の一体調整」,『季刊社会保障研究』44(3).

武川正吾(2005),「日本の福祉国家レジーム」武川正吾・金淵明 編,『韓国の福祉国家・日本の福祉国家』,東信堂.

武川正吾(2006),「福祉資本主義の三つの世界―福祉国家形成要因としての国際環境」,野口定久 編,『福祉国家の形成・再編と社会福祉政策』,中央法規出版.

武川正吾(2007),『連帯と承認―グローバル化と個人化のなかの福祉国家』,東京大学出版会.

武川正吾・金淵明 編(2005),『韓国の福祉国家・日本の福祉国家』,東信堂.

武川正吾・イヘギョン 編(2006),『福祉レジームの日韓比較』,東京大学出版会.

武川正吾 編著(2008),『シティズンシップとベーシック・インカムの可能性』,法律文化社.

武川正吾・宮本太郎・小沢修司(2004),「ワークフェアとベーシック・インカム: 福祉国家における新しい対立軸(座談会)」,『海外社会保障研究』147.

武川正吾・岡伸一・埋橋孝文・尾形裕也・沙銀華・島崎謙治(2004),「海外社会保障研究の展望(座談会)」,『海外社会保障研究』148.

玉井金五(2001),「20世紀と福祉システム―日本を中心に」,社会政策学会 編,『自己選択と共同性―20世紀の労働と福祉〈社会政策学会誌第5号〉』,御茶の水書房.

田中滋・二木立 編著(2007),『医療制度改革の国際比較』,勁草書房.

田中聡一郎(2007),「ワークフェアと所得保障―ブレア政権下の負の所得税型の税額控除の変遷」,埋橋孝文 編著,『ワークフェア―排除から包摂へ?』,法律文化社.

田中聡一郎(2009),「給付つき税額控除の活用」,『社会政策研究』9.

谷川喜美江(2009a),「給付付税額控除制度の問題点」,『税務会計研究』(20).

谷川喜美江(2009b),「所得税における控除制度の問題点」,『嘉悦大学研究論集』51(3).

寺西重郎責 任編集(2003),『アジアのソーシャル・セーフティネット』,勁草書房.

栃本一三郎・連合総合開発研究所 編(2006),『積極的な最低生活保障の確立―国際
　　比較と展望』,第一法規.

トインビー, ポリー(2006),『ハードワーク―低賃金で働くということ』(椋田直子訳)
　　東洋経済新報社.

都留民子(2000),『フランスの貧困と社会保護―参入最低限所得(RMI)への途とその
　　経験』,法律文化社.

堤美果(2008),『ルポ貧困大国アメリカ』,岩波新書.

堤美果(2010),『ルポ貧困大国アメリカ II』,岩波新書.

宇佐美耕一 編著(2001),『ラテンアメリカ福祉国家論序説』,アジア経済研究所.

宇佐美耕一 編著(2003),『新興福祉国家論―アジアとラテンアメリカの比較研究』,
　　アジア経済研究所.

埋橋玲子(2007),『チャイルドケア・チャレンジ―イギリスからの示唆』,法律文化社.

埋橋孝文(1997),『現代福祉国家の国際比較―日本モデルの位置づけと展望』, 日本
　　評論社.

埋橋孝文(1999a),「福祉国家の日本モデル―拙著の書評に答えて」,『経済学雑誌』
　　99(5・6).

埋橋孝文(1999b),「公的扶助制度の国際比較―OECD24ケ国のなかの日本の位置」,
　　『海外社会保障研究』127.

埋橋孝文(1999c),「調査の背景と目的・方法」,「生活と生活意識」,家計経済研究所
　　編,『ワンペアレント・ファミリー(離別母子世帯)に関する6カ国調査』, 大蔵省
　　印刷局.

埋橋孝文(1999d),「離別シングルマザーの生活と生活意識」,社会政策学会 編,『日
　　雇労働者・ホームレスと現代日本〈社会政策学会誌第1号〉』, 御茶の水書房.

埋橋孝文(2000),「私の書評阿部志郎・井岡勉 編,『社会福祉の国際比較―研究の視
　　点・情報と検証』」,『書斎の窓』499, 有斐閣.

埋橋孝文(2001),「専業主婦(片働き)世帯への政策的配慮—6カ国の税・社会保障制度」,『経済学論究』(関西学院大学) 56(3).

埋橋孝文(2002),「書評橘木俊詔 著,『セーフティ・ネットの経済学』」,社会政策学会編,『グローバリゼーションと社会政策〈社会政策学会誌第8号〉』,法律文化社.

埋橋孝文 編著(2003),『比較のなかの福祉国家』,ミネルヴァ書房.

埋橋孝文(2006a),「介護保険制度の見直しで問われたこと—『低所得者対策』を中心にして」,『社会政策研究』6.

埋橋孝文(2006b),「アジアの社会開発政策—現状と展望」,社会政策学会 編,『社会政策における福祉と就労〈社会政策学会誌第16号〉』,法律文化社.

埋橋孝文 編著(2007),『ワークフェア—排除から包摂へ?』,法律文化社.

埋橋孝文(2009a),「『労働の品格』と福祉国家の未来」,『世界の労働』,59 (2).

埋橋孝文(2009b),「書評G・エスピン肝茶Aンデルセン 著,『アンデルセン,福祉を語る—女性・子ども・高齢者』」,『月刊福祉』92(6).

埋橋孝文(2009c),「書評武川正吾 編著,『シティズンシップとベーシック・インカムの可能性』」,『大原社会問題研究所雑誌』614.

埋橋孝文(2009d),「日本の生活保護給付と家計所得」,『家計所得の国際比較研究』,財団法人 統計情報研究開発センター.

埋橋孝文(2011),「ディーセントワークをめぐって—実現に向けての『基礎的』作業」,中川清・埋橋孝文 編,『所得再分配と社会サービスの再構築〈現代の社会政策第2巻〉』,明石書店.

埋橋孝文・所道彦・田宮遊子(2004),「補論生活保護制度見直しの論点と視点」,『季刊社会保障研究』39(4).

埋橋孝文・木村清美・戸谷裕之 編(2009),『東アジアの社会保障—日本・韓国・台湾の現状と課題』,ナカニシヤ出版.

埋橋孝文・同志社大学社会福祉教育・研究支援センター(2010),『新しい福祉サービスの展開と人材育成』,法律文化社.

埋橋孝文・連合総合生活開発研究所 編(2010),『参加と連帯のセーフティネット——人間らしい品格ある社会への提言』,ミネルヴァ書房.

渡辺智之(2008),「所得税額はマイナスになりうるか?——いわゆる「給付つき税額控除」の問題点」,『租税研究』707(含抄録).

渡辺利夫(1995),「圧縮された発展——インダストリアリズムの波及と受容」,『成長のアジア停滞のアジア』,東洋経済新報社.

山田篤裕(2010),「国際的パースペクティヴから観た最低賃金・社会扶助の目標性」,『社会政策』2 (2).

山田昌弘(2009),『ワーキングプア時代』,文藝春秋.

山森亮(2009),『ベーシック・インカム入門』,光文社新書.

山村りつ(2011),「障害者の就労および雇用支援政策の現状と課題」,中川清・埋橋孝文 編,『所得再分配と社会サービスの再構築』,明石書店.

安田純子(2009a),「講座欧米諸国の低所得者政策(22)給付付き税額控除①」,『週刊社会保障』63(2552).

安田純子(2009b),「講座欧米諸国の低所得者政策(23)給付付き税額控除②」,『週刊社会保障』63(2553).

吉田健三(2010),「アメリカの年金システム」,『海外社会保障研究』171.

吉永純(2002),「利用者本位の生活保護改革を——セイフティーネット再生のための視点」,『総合社会福祉研究』21.

楊団(2006),「中国の社会政策」社会政策学会 編,『東アジアにおける社会政策学の展開』,法律文化社.

湯浅誠(2008),『反貧困——「すべり台社会」からの脱出』,岩波新書.

尹錫明(2009),「韓国における社会保障支出の展望および示唆——社会保険を中心に」,埋橋孝文・木村清美・戸谷裕之 編,『東アジアの社会保障——日本・韓国・台湾の現状と課題』7章,ナカニシヤ出版.

Alcock, P. and G. Craig eds.(2001) *International Social Policy: Welfare Regimes in the Developed World*, Palgrave. = (2003)『社会政策の国際的展開—先進諸国における福祉レジーム』(埋橋孝文・所道彦ほか訳), 晃洋書房.

Ajzenstadt, M. and J. Gal ed. (2010) *Children, Gender and Families in Mediterranean Welfare States*, Springer.

Behrendt, C.(2002) *At the Margins of the Welfare State: Social Assistance and the Alleviation of Poverty in Germany, Sweden, and the United Kingdom*, Ashgate Publishing Limited.

Berkel, R. van and I. H. Moller(2002) *Active Social Policies in the EU: Inclusion through participation?*, Policy Press.

Bjorklund, A. and R. B. Freeman(1997) "Generating Equality and Eliminating Poverty: The Swedish Way", R. B. Freeman et al. eds., *The Welfare State in Transition: Reforming the Swedish Model*, The University of Chicago Press.

Blank, Rebecca M., Danziger, Sheldon H. and Robert F. Schoeni eds.(2006) *Working and Poor*, Russell Sage Foundation.

Bradshaw, J.(2009) Social Assistance and the Measurement of Minimum Cost of Living in the United Kingdom(本論文は同志社大学社会福祉教育・研究支援センターのホームページ(http://gpsw.doshisha.ac.jp/)からダウンロードできる).

Bradshaw, J. et al.(1993) *Support for Children: A Comparison of Arrangements in Fifteen Countries*, Department of Social Security, Research Report No.21, London HMSO.

Bradshaw, J. et al.(1996) *The Employment of lone Parents: A Comaprison of policy in 20 Countries*, Family Policy Studies Center.

Bradshaw, J. et al.(1996) *Policy and the Employment of Lone Parents in 20 Countries*, Social Policy Research Unit, University of York.

Buti, M., et al. eds. (2001) *Taxation, Welfare and the Crisis of Unemployment in Europe*, Edward Elgar Publishing.

Carolyn, J. et al. (2009) *Making the Work-based Safety Net Work Better*, Russell Sage Foundation.

Castles, F. G. and D. Mitchell(1992) "Identifying Welfare States Regimes: The Links between Politics, Instrument and Outcomes", *Governance*, 5(1).

Cebulla, A., et al.(2005) *Welfare-to-Work: New Labour and the US Experience*, Ashgate Publishing Limited.

Choi, Young Jun(2007) "Coming to a standstill? A New Theoretical Idea of East Asian Welfare Regimes", *paper presented at the 114th Annual Conference of Japan Social Policy Association*, 19th May, University of Tokyo.

Cochrane, A. and J. Clarke(1993) *Britain in International Context*, SAGE Publications.

Cohen, W. J. and M. Friedman(1972) *Social Security: Universal or Selective?*, American Enterprise Institute for Public Policy Research.

Ditch, J., et al.(1997) *Comparative Social Assistance, Localisation and Discretion*, Ashgate.

Dolowitz, D. (1998) *Learning from America: Policy Transfer and the Development of the British Workfare State*, Sussex Academic Press.

Eardley, T., et al.(1996a) *Social Assistance in OECD Countries: Synthesis Report*, Department of Social Security Report(46), London: HMSO.

Eardley, T., et al.(1996b) *Social Assistance in OECD Countries: Country Report*, Department of Social Security Report(47), London: HMSO.

Esping-Andersen, G. (1990) *Three Worlds of Welfare Capitalism*, Polity Press. = (2001)『福祉資本主義の三つの世界―比較福祉国家の理論と動態』(岡沢憲芙・宮本太郎監訳), ミネルヴァ書房.

Esping-Andersen, G., ed.(1996) *Welfare States in Transition, National Adaptations in Global Economies*, SAGE Publications. = (2003)『転換期の福祉国家―グローバ

ル経済下の適応戦略』(埋橋孝文監訳), 早稲田大学出版部.

Esping-Andersen, G. (1997) "Hybrid or Unique? The Disincentiveness of the Japanese Welfare State", *Journal of European Social Policy*, 7/3.

Esping-Andersen, G.(1999) *Social Foundations of Post Industrial Economies*, Oxford University Press. = (2000)『ポスト工業社会の社会的基礎—市場・福祉国家・家族の政治経済学』(渡辺雅男・渡辺景子訳), 桜井書店.

Esping-Andersen, G. with D. Gallie, A. Hemerijck, J. Myles(2002) *Why We Need a New Welfare State*, Oxford University Press.

European Observatory on National Family Policies(1996) *Policy and the Employment on Lone Parents in 20 Countries*, The University of York.

Ferrera, M.(1996) "The Southern Model" of Welfare in Social Europe", in *Journal of European Social Policy*, 6(1).

Gallie, D., and S. Paugam eds.(2000) *Welfare Regimes and the Experience of Unemployment in Europe*, Oxford.

Gerschenkron, Alexander(1962) *Economic Backwardness in Historical Perspective*, Harvard University Press.

Gershenkron, A.(1966) *Economic Backwardness in Historical Perspective*, Belknap Press of Harvard University Press.

Ghai, D. ed.(2006) *Decent Work: Objectives and Strategies*, International Labour Office.

Goodin, R. E., et al. eds.(1999) *The Real Worlds of Welfare Capitalism*, Cambridge University Press.

Gueron, J. M. and E. Pauly(1991) *From Welfare to Work*, Russell Sage Publication.

Handler, Joel. F.(1995) *The Poverty of Welfare Reform*, Yale University Press.

Handler, Joel. F.(2004) *Social Citizenship and Workfare in the United States and Western Europe: The paradox of inclusion*, Cambridge University Press.

Hansen, H.(1998) "Transition from unemployment benefits to social assistance in seven European OECD countries", *Empirical Economics*, 23, 5-30, Springer -Verlag.

Hauser, R. (1993) Approaches to Comparative Social Policy Analysis, in Bergman, J. and B. Cantillon (eds.) *The European Face of Social Security*, Aldershot: Avebury.

Haward, C.(1997) *The Hidden Welfare State: Tax expenditures and social policy in the United States*, Princeton University Press.

Henrici, Jane. ed.(2006) *Doing Without: Women and Work after Welfare Reform*, The University of Arizona Press.

Hill, Michael.(1993) *Understanding Social Policy*(4th edition), Blackwell.

Hoefer, R. and J. Midgrey,. eds.(2006) *International Perspectives on Welfare to Work Policy*, The Haworth Press.

Hoffman, S. D. & L. S. Seidman(1990) *The Earned Income Tax Credit*, W.E.Upjohn Institute.

Hoffman, Saul D. and Laurence S. Seidman(2003) *Helping Working Families: The Earned Income Taxd Credit*, W.E.Upjohn Institute.

Holliday, Ian. and Paul Wilding eds.(2003) *Welfare Capitalism in East Asia: Social Policy in the Tiger Economies*, Palgrave. = (2007)『東アジアの福祉資本主義― 教育, 保健医療, 住宅, 社会保障の動き』(埋橋孝文ほか訳), 法律文化社.

Iversen T. and A. Wren(1998) "Equality, Employment and Budgetary Restraint: The Trirenma of the Service economy", *World Politics*, 49.

Jessop, B.(1994) "The transition to post-Fordism and the Shumpeterian workfare state", Burrows, R., and B. Loader eds. *Towards A Post-Fordism Welfare State?*, Routledge.

Katrougalos, G.(1996) "The South European Welfare Model: The Greek Welfare

State, in Search of an Identity", in *Journal of European Social Policy*, 6(1).

Katrougalos, G. and Lazaridis, G.(2003) *Southern European Welfare States: Problems, Challenges and Prospects*, Palgrave.

Kilkey, M.(2000) *Lone Mothers Between Paid Work and Care: The policy regime in twenty countries*, Ashgate. = (2005)『雇用労働とケアのはざまで—20カ国母子ひとり親政策の国際比較』(渡辺千壽子監訳), ミネルヴァ書房.

Kim, Yeon-Myung(2006) "Beyond East Asian Welfare Productism: The Experience of South Korea", *Paper presented at the 2006 Summer International symposium and Lectures on Social Policy*, 24th-27th August, 2006, Beijing Normal University, Beijing, China.

Kwong-leung Tang(2000) *Social Welfare Development in East Asia*, Palgrave.

Leibfried, S.(1992) "Towards a European Welfare State" in Z. Ferge and J. E. Kolberg eds. *Social Policy in a Changing Europe*, Westview Press, 245-279.

Lodemel, I. and H. Trickey eds.(2001) 'An offer you can't refuse': *Workfare in international Perspective*, The Policy Press.

Madsen, P. K.(2002) "The Danish Model of Flexicurity: a Paradise-with Some Snakes", Sarfati, H. and G.Bonoli eds. *Labour Market and Social Protection Reforms in International Perspective: Parallel or converging tracks?*, Ashgate Publishing Limited.

Meyer, B. D. and D. Holtz-Eakin eds.(2001) *Making Work Pay: The Earned Income Tax Credit and Its Impact on America's Families*, Russell Sage Foundation.

Millar, J.(2005) "Work as Welfare? Lone Mothers, Social Security and Employment", Saunders P. ed. *Welfare to Work in Practice*, Ashgate Publishing Limited.

Ming-Cheng Kuo, Hans F. Zacher and Hou-Sheng Chan eds.(2002) *Reform and Perspectives on Social Insurance: Lessons from the East and West*, Kluwer law International.

Mishra, R.(1990) *The Welfare State in Capitalist Society: Policies of Retrenchment and Maintenance in Europe*, North America and Australia, Harvester Wheatsheaf. = (1995)『福祉国家と資本主義—福祉国家再生への視点』(丸谷冷史ほか訳), 晃洋書房.

OECD(1996a) *The Public Employment Service Austria*, Germany, Sweden.

OECD(1996b) *Enhancing the Effectiveness of Active Labour Market Policies* (The OECD Jobs Strategy).

OECD(1997a) *Managing the Cost of Transfer Programmes* (Public Management Occasional Papers, No.16).

OECD(1997b) *Making Work Pay: Taxation, Benefits, Employment and Unemployment* (The OECD Jobs Strategy).

OECD(1998a) *The Public Employment Service Greece*, Ireland, Portugal.

OECD(1998b) *The Battle against Exclusion, Social assistance in Australia, Finland, Sweden and the United Kingdom*.

OECD(1998c) *The Battle against Exclusion, Volume 2, Social assistance in Belgium, the Czech Republic, the Netherlands and Norway*.

OECD(1998d) *Benefit Systems and Work Incentives*.

OECD(1999a) *Benefit Systems and Work Incentives*.

OECD(1999b) *The Public Employment Service in the United States*.

OECD(1999c) *The Battle against Exclusion, Volume 3, Social assistance in Canada and Switzerland*.

OECD(2001a) *Employment Outlook*.

OECD(2001b) *Labour Market Policies and the Public Employment Service*.

OECD(2002) *Benefits and Wages: OECD Indicators*.

OECD(2005) *Employment Outlook*.

OECD(2007) *Taxing Wage 2006-2007*.

OECD(2009) *Pensions at a Glance*.

Peck, J.(2001) *Workfare States*, The Guilford Press.

Quaid, M.(2002) *Workfare: Why Good Social Policy Ideas Go Bad*, University of Toronto Press.

Rose, Nancy E.(1995) *Workfare or Fair Work: women, welfare,, and government work programs*, Rutgers University Press.

Ramesh, M., M. G. Asher(2000) *Welfare Capitalism in Southeast Asia: Social Security, health and Education Policies*, Palgrave.

Sarfati, H. and G.Bonoli eds.(2002) *Labour Market and Social Protection Reforms in International Perspective: Parallel or converging tracks?*, Ashgate Publishing Limited.

Saunders, P. ed.(2005) *Welfare to Work in Practice: Social Security and Participation in Economic and Social Life*, Ashgate Publishing Limited.

Shragge, E. ed.(1997) *Workfare: Ideology for a New Under-Class*, Garamond Press.

Siaroff, A.(1994) "Work, Welfare and Gender Equality" in Sainsbury (ed.) *Gendering Welfare States*, SAGE.

Symes, V.(1995) *Unemployment in Europe Problems and Politics*, Routledge.

Uzuhashi, T.(1997) "An Attempt to Place Japan on the Map of Comparative Study", *Social Policy Association News*, (Newsletter of the Social policy Association, in Great Britain), Feb./Mar.

Uzuhashi, T.(2001) "Japan: Bidding Farewell to the Welfare Society", in Alcock, Pete. and Gary. Craig eds. *International Social Policy: Welfare Regimes in the Developed World*, Palgrave.

Uzuhashi, T.(2003) "Japanese Model of Welfare State: How it was changed throughout "the lost decade" of the 1990's?", *The Japanese Journal of Social Security Policy*, 2(2), National Institute of Population and Social Security

Research.

Uzuhashi, T.(2005) "Japan as a Workfare Regime: A Note for the Study of Asian Type of Welfare State", *a paper submitted to the EASP (East Asia Social Policy) Conference*, 30th of June –2nd of July, University of Kent at Canterbury.

Uzuhashi, T. (2009, 2010) "The Political and Social Economy of Care: Japan Research Report 1, 4, *United Nations Research Institute of Social Development(UNRISD) Web Journal*, http://www.unrisd.org

Vodopivec, M.,(1998) "Transition from cash benefits to work: The case of Slovenia", *Empirical Economics*, 23,177-202, Springer –Verlag.

Werding, M.(2005) "In-work Benefits: Curing Unemployment among the Low-skilled in Germany" in Saunders P. (ed.) *Welfare to Work in Practice*, Ashgate Publishing Limited.

Wilensky, H.(1975) *The Welfare State and Equality*, University of California Press = (1984)『福祉国家と平等—公共支出の構造的・イデオロギー的起源』(下平好博訳), 木鐸社.

초출일람

序章「社会政策における国際比較研究」(2008), 社会政策学会誌,『社会政策』創刊号, ミネルヴァ書房.

1章「福祉国家戦略と社会保障制度の再設計―論点の整理をかねて」(2001), 社会政策学会誌6号,『「福祉国家」の射程』, ミネルヴァ書房.

2章「福祉国家の南欧モデルと日本―後発福祉国家の2つの事例」(2005), 山口二郎・宮本太郎・坪郷實 編,『ポスト福祉国家とソーシャル・ガヴァナンス』, ミネルヴァ書房, 7章.

3章「東アジア社会政策の新時代」(2006), 社会政策学会 編,『東アジアにおける社会政策学の展開』, 法律文化社, 終章.

4章「日本における高齢化対策を振り返って―東アジア社会保障へのインプリケーション」(2009), 埋橋孝文・木村清美・戸谷裕之共 編著,『東アジアの社会保障―日本・韓国・台湾の現状と課題』, ナカニシヤ出版, 10章.

5章「公的扶助制度をめぐる国際的動向と政策的含意―二つの要請の狭間にあって」(2003), 埋橋孝文 編著,『比較のなかの福祉国家』, ミネルヴァ書房, 10章.

6章「福祉と就労をめぐる社会政策の国際的動向―Making Work Pay政策に関する対立構図を中心に」(2006), 社会政策学会誌16号,『社会政策における福祉と就労』, 法律文化社.

7章「『参加保障・社会連帯型』社会政策を求めて」,「3層のセーフティネットから4層のセーフティネットへ」(2010), 埋橋孝文・連合総合生活開発研究所,『参加と連帯のセーフティネット―人間らしい品格ある社会への提言』, ミネルヴァ書房, 序章, 6章.

8章「給付つき税額控除制度とは?―その概要と意義・問題点」(2010),『学術の動向』

15 (11) No.176.

結章書き下ろし.

資料「2008年度学界回顧と展望国際部門」,『社会福祉学』Vol.50-3(No.91) 2009年12月,「2009年度学界回顧と展望国際部門」,『社会福祉学』Vol.51-3(No.95) 2010年12月.

※이 책의 각 장은 위의 논문들을 대폭 가필·수정한 것이다. 본서에 대한 게재를 허가해주신 사회 정책학회, 일본사회복지학회, 미네르바書房, 나카니시야出版, 일본학술협력재단에 감사드린다.

저자후기

　2005년에 후지와라마사히코(藤原正彦) 씨의『국가의 품격』이 출판되어 베스트 셀러가 되었다. 확실히 이 책은 재미있었다. 식민지주의나 제국주의, 그 위에 공산주의, 실력주의, 혹은 시장원리주의 등 '정확한 논리가 통하고 있는 것'의 위태로움을 지적하고, 직관과 상식과 미직 가치의식의 복권을 호소했다. 다음 해에는, 반도마리코(坂東眞理子) 씨의『여성의 품격』이 똑같이 폭발적으로 팔렸다. 여성들이 '참된 리더'가 되어 주었으면 한다라고 하는 바램이 공감을 불러 일으켰다.

　필자는『국가의 품격』과『여성의 품격』의 다음은『노동의 품격』이 계속될 것이라고 예측했지만, 이 예측은 유감스럽지만 적중하지 않았다. 단, 2008년의 금융 · 경제위기에 앞서서, 파견 노동자, 기간제 장인 등 비정규 노동자가 가지고 있는 문제점이 일본에 있어서 '빈곤의 재발견'이나 '빈곤층(poor)'의 문제와 함께, 크게 클로즈업 되고 있었다. 중요한 복류로서 '노동의 품격'이 문제되고 있다고 생각하고 있다.

　필자의 기본적 입장을 2개의 키워드로 표현하자면, ① 노사의 노력에 의한 '산업민주주의'의 실현과 ② 노동조합에 조직 · 포함되지 않는 사람들을 대상으로 한 '복지국가'시책의 실시이다. 이 입장은 어떤 의미에서는 정통적인 것이지만, 그러나 오늘날, ①과 ②의 양쪽 모두 흔들리고 있다. 게다가, '산업민주주의'와 '복지국가'의 대상은, 지금까지는 틈새없이 접합되어 있었지만, 최근 그 경계선이 불분명해짐과 동시에, 양자 어느 쪽에도 포함되지 않고 있는 층이 확대되고 있다. 그러한 층에 대하여 공공 정책으로서의 복지 정책은 무엇을 할 수 있는지를 묻는 것, 이것이 이 책을 쓰게 된 계기였다고 말할 수 있다.

단, 이 책의 정책제언이 '소득 보장'에 치우쳐져 있다는 것은 부정할 수 없다. 서비스에 대해서는, 최근에 유엔사회개발연구소(United Nations Research Institute of Social Development, UNRISD)의 프로젝트나 오치아이 에미코(落合惠美子) 교수(교토[京都]대학)의 COE연구회에서 '케어 · 다이아 몬드'를 중심으로 검토하고 있다. 그 연구 성과의 발표에 대해서는 훗날을 기하고 싶다. 또한 또 하나의 주된 기둥인 디센트 워크에 대해서는, 유감스 럽지만 아직 그다지 큰 움직임은 보이지 않는다. 따라서 연구자가 할 수 있 는 것은, 그 개념의 명확화와 보급을 향해 필요한 척도의 개발 등의 기초적 인 작업에 머무른다. 이러한 점의 고찰에 대해서는, 이 책의 출판을 전후하 여 출판될 예정인 우즈하시(埋橋) '디센트워크를 둘러싸고 ─실현을 향한 "기초적"인 작업', 나카가와기요시(中川淸) · 우즈하시다카후미(埋橋孝文) 편『소득재분배와 사회 서비스의 재구축─확대되는 빈곤 · 불평등/리스크 사회와 안전네트워크』(가제목, 아카이시[明石] 서점)수록을 참조해 주시면 감사하겠다.

마지막으로, 이하의 많은 분들과의 공동 연구나 토의로부터 시사를 얻었 고, 또 이 책의 초고에 대하여 직접 유익한 조언을 받았다.

아소우유우코(麻生裕子, 연합 종합 생활 개발 연구소), 아베아야(阿部彩, 국립사회보장 · 인구 문제연구소[人口問題研究所]), 오사와마리(大澤眞理, 도쿄[東京]대학), 오치아이에미코(落合惠美子, 교토[京都]대학), 김성원(도 쿄[東京]경제대학), 고바야시하야토(小林勇人, 일본학술진흥회특별연구원

PD), 스가누마다카시(菅沼隆, 릿쿄[立教]대학), 다케카와 쇼고(武川正吾, 도쿄[東京]대학), 타다히데노리(田多英範, 유통경제대학), 다치바나키도시아키(橘木俊詔, 도시샤[同志社] 대학), 다마이킨고(玉井金五, 오사카시립[大阪市立]대학), 도코로미치히코(所道彦, 오사카시립[大阪市立]대학), 나카가와기요시(中川清, 도시샤[同志社]대학), 노구치사다히사(野口定久, 일본복지대학), 후쿠하라히로유키(福原宏幸, 오사카시립[大阪市立]대학), 미야케요이치(三宅洋一, 오사카[大阪]경제대학), 미야모토다로(宮本太郎, 홋카이도대학), 야노히로토시(矢野裕俊, 무코가와[武庫川]여자대학).

책의 완성을 목전에 두고, 힘든 고비를 넘겼던 것을 기억한다. 위에서 언급한 분들께 얻은 것을 소중한 양식으로 삼고, 또 따뜻한 격려가 있었기 때문에 소기의 목적을 달성할 수 있었다. 마지막으로 법률문화사의 다나비키준코(田靡純子) 사장님께는 평소에 여러 가지로 신세를 많이 졌다. 이 자리를 빌어 깊은 감사의 말씀을 드리고 싶다.

2011년 2월
우즈하시 다카후미

색인